한자능력검정시험
기출 · 예상문제집 7급 II

발 행 일 | 2023년 1월 10일
발 행 인 | 한국어문한자연구회
발 행 처 | 한국어문교육연구회
주   소 | 서울시 마포구 독막로 52, 207호
          (합정동, 엘림오피스텔)
전   화 | 02)332-1275, 1276
팩   스 | 02)332-1274
등록번호 | 제313-2009-192호
I S B N | 979-11-91238-46-4   13700

정가 13,000원

공|급|처   푸른하늘   T. 02-332-1275, 1276 | F. 02-332-1274
          www.skymiru.co.kr

한자능력
검정시험

기출·예상문제집
한국어문회가 직접 발간한 문제집

7급Ⅱ

漢字

머리말

우리의 글은 70% 이상이 한자로 이루어져 있다. 비록 우리말이 소리로 표시된다고 하더라도, 결국 그 표시의 근본이 한자였기 때문에 한글이 만들어지기 전까지는 우리의 모든 역사와 생활이 한자로 기록되었고, 한글 창제이후에도 대부분의 기록은 한자로 이루어졌다.

따라서 우리의 학문, 역사, 민속 등 모든 문화유산은 한자를 모르고는 정확히 이해할 수 없으며, 무엇보다 지금 당장의 생활과 공부를 위해서도 한자가 필요한 것이다.

그 동안 어문교육에 대한 이견으로 한자 교육의 방향성이 중심을 잡지 못하고 표류하였으나 아무리 한글전용이 기본이고 어려운 한자어를 우리말로 바꾸는 작업을 꾸준히 한다 하더라도 눈앞에 문장을 이해하지 못하고 어쩔 수 없이 사교육의 영역에서 한자를 공부하는 현실을 부인할 수 없는 것이다. 공교육의 영역에서 충실한 한자교육이 이루어지지 못하는 지금의 상황에서는 한자학습의 주요한 동기부여수단의 하나인 동시에 학습결과도 확인해볼 수 있는 한자능력검정시험의 역할이 더욱 중요하기 때문에, 우선적으로 시험을 위한 문제집으로서 이 책을 출간하게 되었다. 한자공부가 어렵게만 느껴지는 분들에게 이 책이 충분히 도움이 될 것으로 믿으며, 한자학습을 지도하는 부모님들이나 선생님들의 부담도 덜어줄 것이라고 감히 추천하는 바이다.

이 책의 구성

- **출제 및 합격기준**
- **출제유형분석** – 학습이나 지도의 가이드라인을 제시
- **배정한자 및 사자성어 수록**
- **반대자**
- **유의자**
- **약자**
- **예상문제** – 기출문제분석에 의한 배정한자의 문제화
- **실제시험답안지** – 회별로 구성
- **최근 기출문제 8회분 수록**
- **배정한자 쓰기** – 100자 수록

이 책이 여러분들의 한자실력향상에 도움이 되기를 바란다.

편저자 씀

한자능력시험 급수별 출제기준

구 분	특급	특급II	1급	2급	3급	3급II	4급	4급II	5급	5급II	6급	6급II	7급	7급II	8급
읽기 배정 한자	5,978	4,918	3,500	2,355	1,817	1,500	1,000	750	500	400	300	225	150	100	50
쓰기 배정 한자	3,500	2,355	2,005	1,817	1,000	750	500	400	300	225	150	50	0	0	0
독 음	45	45	50	45	45	45	32	35	35	35	33	32	32	22	24
한자 쓰기	40	40	40	30	30	30	20	20	20	20	20	10	0	0	0
훈 음	27	27	32	27	27	27	22	22	23	23	22	29	30	30	24
완성형[성어]	10	10	15	10	10	10	5	5	4	4	3	2	2	2	0
반의어	10	10	10	10	10	10	3	3	3	3	2	2	2	2	0
뜻풀이	5	5	10	5	5	5	3	3	3	3	2	2	2	2	0
동음이의어	10	10	10	5	5	5	3	3	3	3	2	0	0	0	0
부 수	10	10	10	5	5	5	3	3	0	0	0	0	0	0	0
동의어	10	10	10	5	5	5	3	3	3	3	2	0	0	0	0
장단음	10	10	10	5	5	5	3	0	0	0	0	0	0	0	0
약 자	3	3	3	3	3	3	3	3	3	3	0	0	0	0	0
필 순	0	0	0	0	0	0	0	0	3	3	3	3	2	2	2
한 문	20	20	0	0	0	0	0	0	0	0	0	0	0	0	0

- ▶ 상위급수 한자는 모두 하위급수 한자를 포함하고 있습니다.
- ▶ 쓰기 배정 한자는 한두 급수 아래의 읽기 배정한자이거나 그 범위 내에 있습니다.
- ▶ 출제유형표는 기본지침자료로서, 출제자의 의도에 따라 차이가 있을 수 있습니다.
- ▶ 공인급수는 교육과학기술부로부터 국가공인자격 승인을 받은 특급·특급II·1급·2급·3급·3급II이며, 교육 급수는 한국한자능력검정회에서 시행하는 민간자격인 4급·4급II·5급·5급II·6급·6급II·7급·7급II·8급 입니다.
- ▶ 5급II·7급II는 신설 급수로 2010년 11월 13일 시험부터 적용됩니다.
- ▶ 6급II 읽기 배정한자는 2010년 11월 13일 시험부터 300자에서 225자로 조정됩니다.

한자능력검정시험 합격기준

구 분	특급	특급II	1급	2급	3급	3급II	4급	4급II	5급	5급II	6급	6급II	7급	7급II	8급
출제문항수	200	200	200	150	150	150	100	100	100	100	90	80	70	60	50
합격문항수	160	160	160	105	105	105	70	70	70	70	63	56	49	42	35
시험시간	100분	100분	90분	60분	60분	60분	50분	50분	50분	50분	50분	50분	50분	50분	50분

- ▶ 특급, 특급II, 1급은 출제 문항수의 80% 이상, 2급 ~ 8급은 70% 이상 득점하면 합격입니다.

차 례

7급Ⅱ 예상문제

7급Ⅱ 기출문제

7급Ⅱ 배정한자쓰기   77

유형분석(類型分析)

→ 기출문제의 유형들을 분석하여 실제문제에 완벽히 대비할 수 있도록 하였습니다.

7級Ⅱ에서는 8級과 달리 한자어의 讀音(독음), 한자의 訓(훈 : 뜻)과 音(음 : 소리), 筆順(필순 : 한자 낱글자의 쓰는 순서) 문제 외에 한자어의 빈칸을 메워 완성하는 문제, 뜻이 반대되는 글자나 단어를 지문에서 찾아내는 문제, 한자어의 뜻을 풀이하는 문제 등이 추가되며, 총 70문제가 출제된다.

우선 정해진 배정한자 100자 낱글자의 훈음과 쓰는 순서를 모두 익힌 뒤에 그 글자들이 어울려 만들어내는 한자어의 독음과 뜻도 학습하여야 한다. 그리고 반대자[뜻이 반대인 글자], 반대어[뜻이 반대인 한자어]의 개념도 학습하여야 한다.

시험에서 중요한 사항은 우선 출제자가 요구하는 답이 무엇인지 질문을 통해 확인하여야 한다. 기출문제를 풀어 보면 알 수 있지만 대개 질문은 회차에 무관하게 각 급수별로 일정한 유형으로 정해져 있다. 따라서 기출문제를 통하여 질문에 익숙해져야 한다.

❶ 讀音(독음 : 읽는 소리) 문제는 대개 지문과 함께 한자어가 제시된다.

다음 밑줄 친 漢字語(한자어)의 音(음 : 소리)을 쓰세요. (1~5)

보기	漢字 → 한자

1 사람은 <u>萬物</u>의 영장입니다.　　　　　2 철수는 <u>算數</u>를 잘 합니다.

3 누이는 <u>女軍</u>이 되었습니다.　　　　　4 다음 달은 <u>十月</u>입니다.

5 그 문제에 대한 <u>名答</u>으로 평가됩니다.

유형해설

기본적으로 한자 낱글자의 소리를 알고 있으면 답할 수 있다. 다만 8급에서와 마찬가지로 두음법칙이나 속음 등에 주의하면 된다. 여기의 **3** 女軍과 **4** 十月의 답은 '여군', '시월'로 하여야 하고 '녀군', '십월'로 하면 안 된다. '女'는 본래 소리가 '녀'이지만 국어에는 두음법칙이 있어 첫소리에 'ㄴ, ㄹ'이 오는 것을 꺼리는 경우가 있으므로 '여'로 하여야 한다. 물론 한자어가 '男女'로 '女'가 뒤에 온다면 '남녀'로 정상적으로 '녀'로 답하면 된다. 또 '十月'의 경우는 '시월'로 적어야 하며, '십월'로 적으면 틀린 답이 된다. 속음이라 하여 국어에는 한국인이 소리내기 쉽게 한자음이 바뀌는 경우 등이 발생하며 이런 때는 바뀐 한자 소리를 우선하여야 한다. 이런 한자어들은 사례가 많지 않으므로 기본 지침서를 활용하여 익혀두면 된다.

2 한자의 訓(훈 : 뜻)과 音(음 : 소리) 문제는 대개 다음과 같다.

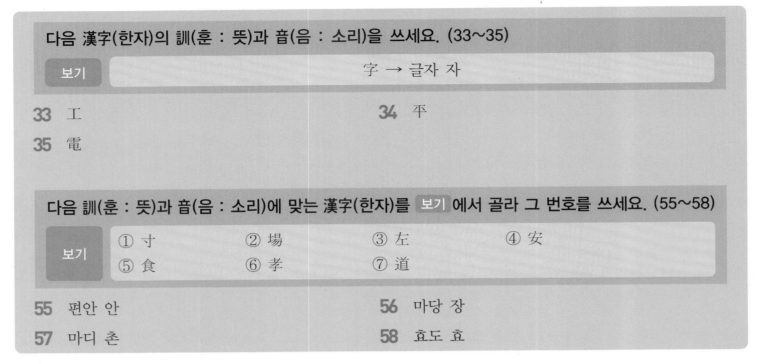

다음 漢字(한자)의 訓(훈 : 뜻)과 音(음 : 소리)을 쓰세요. (33~35)

보기 字 → 글자 자

33 工   34 平

35 電

다음 訓(훈 : 뜻)과 音(음 : 소리)에 맞는 漢字(한자)를 보기 에서 골라 그 번호를 쓰세요. (55~58)

보기
① 寸   ② 場   ③ 左   ④ 安
⑤ 食   ⑥ 孝   ⑦ 道

55 편안 안   56 마당 장

57 마디 촌   58 효도 효

유 형 해 설

위의 訓(훈 : 뜻)과 音(음 : 소리) 문제는 한자 낱글자의 뜻과 소리를 알고 있으면 풀 수 있는 문제들이다.

3 한자의 筆順(필순 : 한자 낱글자의 쓰는 순서) 문제는 8급과 마찬가지로 한자 낱글자의 쓰는 순서를
알고 있으면 풀 수 있다.

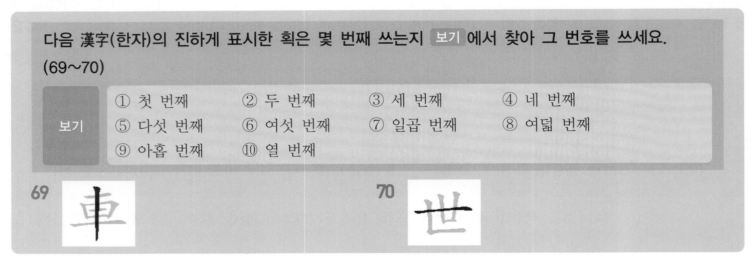

다음 漢字(한자)의 진하게 표시한 획은 몇 번째 쓰는지 보기 에서 찾아 그 번호를 쓰세요.
(69~70)

보기
① 첫 번째   ② 두 번째   ③ 세 번째   ④ 네 번째
⑤ 다섯 번째   ⑥ 여섯 번째   ⑦ 일곱 번째   ⑧ 여덟 번째
⑨ 아홉 번째   ⑩ 열 번째

69 車   70 世

유 형 해 설

위의 문제처럼 대개 특정 획을 지정하여 몇 번째 쓰는 획인지를 물어보므로 한자 낱글자의 쓰는 순서를 평소에 익혀둔 다면 무
리 없이 답할 수 있다. 참고로 획수와 번호는 서로 일치되게 하였으므로 번호를 고를 때는 해당 획수와 일치하는 번호를 고르면
된다. 예로 다섯 번째 획이면 ⑤번을 고르면 된다.

4 한자어의 뜻풀이 문제는 대개 다음과 같다.

> **다음 漢字語(한자어)의 뜻을 쓰세요. (67~68)**
>
> 67 校木   68 安民

유 형 해 설

뜻풀이 문제는 배정한자 범위 내에 있는 자주 쓰이는 한자어들을 익혀 두어야 한다. 대개 한자의 훈음으로 한자어의 뜻을 알 수 있지만 순우리말과 풀이 순서가 다르므로 한자어의 구조에 대하여도 기본적인 것은 학습하여 두어야 한다. 예로 安民은 보통 '편안 안, 백성 민'으로 익혀 '편안한 백성' 식으로 풀이하기 쉬운데, 의미가 달라지므로 뒤에서부터 풀이하여 '백성을 편안하게 함.'이라는 뜻이 드러나도록 표현하여야 한다.

5 상대어(반대어) 문제는 대개 상대(반대)되는 뜻을 지닌 한자를 찾아내는 형태이다.

> **다음 漢字(한자)의 상대 또는 반대되는 漢字(한자)를 보기 에서 골라 그 번호를 쓰세요. (65~66)**
>
> 보기   ① 上   ② 前   ③ 長   ④ 足
>
> 65 [   ] ↔ 下   66 手 ↔ [   ]

유 형 해 설

평소에 상대(반대)의 개념과 상대(반대)자를 학습해 두어야만 풀 수 있다. 반대자는 대개 결합되어 한자어를 만드는 것들이 주로 출제된다. 위의 上下나 手足은 그대로 반대되는 뜻을 지닌 채 결합한 한자어들인 것이다. 따라서 한자어를 학습할 때 이런 점에 관심을 두고 이런 한자어들을 따로 추려 공부해 두면 문제를 쉽게 풀 수 있다.

상대(반대)는 완전히 다른 것은 아니다. 비교의 기준으로서 같은 점이 있어야 하고 하나 이상은 달라야 반대가 되는 것이다. 上下를 예로 들면 둘 다 방향을 나타낸다는 점에서는 같으나 하나는 위쪽을 하나는 아래쪽을 나타낸다는 점에서 반대가 되는 것이다. 五六를 예로 든다면 반대가 되지 않는다. 숫자라는 점에서는 같으나 반대가 되는 것이 없기 때문이다. 五가 아니라고 하여 반드시 六인 것은 아니고 一二三四七八九十 등도 있으므로 六만이 五의 반대가 될 수는 없다.

배정한자(配定漢字)

8급~7급 II(100자)

한자음 뒤에 나오는 ":"는 장음 표시입니다. "(:)"는 장단음 모두 사용되는 한자이며, ":"나 "(:)"이 없는 한자는 단음으로만 쓰입니다.

8급 배정한자(50자)

한자	훈	음	한자	훈	음	한자	훈	음	한자	훈	음
教	가르칠	교:	母	어미	모:	小	작을	소:	中	가운데	중
校	학교	교:	木	나무	목	水	물	수	青	푸를	청
九	아홉	구	門	문	문	室	집	실	寸	마디	촌:
國	나라	국	民	백성	민	十	열	십	七	일곱	칠
軍	군사	군	白	흰	백	五	다섯	오:	土	흙	토
金	쇠	금	父	아비	부	王	임금	왕	八	여덟	팔
	성(姓)	김	北	북녘	북	外	바깥	외:	學	배울	학
				달아날	배:	月	달	월	韓	한국	한(:)
南	남녘	남	四	넉	사:	二	두	이:		나라	한(:)
女	계집	녀	山	메	산	人	사람	인	兄	형	형
年	해	년	三	석	삼	一	한	일	火	불	화(:)
大	큰	대(:)	生	날	생	日	날	일			
東	동녘	동	西	서녘	서	長	긴	장(:)			
六	여섯	륙	先	먼저	선	弟	아우	제:			
萬	일만	만:									

☑ 8급 배정한자는 모두 50자로, 읽기 50자이며, 쓰기 배정한자는 없습니다. 가장 기초적인 한자들로 꼭 익혀 둡시다.

7급 II 배정한자(50자)

한자	훈	음	한자	훈	음	한자	훈	음	한자	훈	음
家	집	가	工	장인	공	內	안	내:	力	힘	력
間	사이	간(:)	空	빌	공	農	농사	농	立	설	립
江	강	강	氣	기운	기	答	대답	답	每	매양	매(:)
車	수레	거	記	기록할	기	道	길	도:	名	이름	명
	수레	차	男	사내	남	動	움직일	동:	物	물건	물

方	모(稜)	방	食	밥	식	全	온전	전	漢	한수	한:
不	아닐	불		먹을	식	前	앞	전		한나라	한:
事	일	사:	安	편안	안	電	번개	전:	海	바다	해:
上	윗	상:	午	낮	오:	正	바를	정(:)	話	말씀	화
姓	성	성:	右	오를	우:	足	발	족	活	살	활
世	인간	세:		오른(쪽)	우:	左	왼	좌:	孝	효도	효:
手	손	수(:)	子	아들	자	直	곧을	직	後	뒤	후:
市	저자	시:	自	스스로	자	平	평평할	평			
時	때	시	場	마당	장	下	아래	하:			

☑ 7급Ⅱ 배정한자는 모두 100자로, 8급 배정한자(50자)를 제외한 50자만을 담았습니다. 8급과 마찬가지로 쓰기 배정한자는 없습니다.

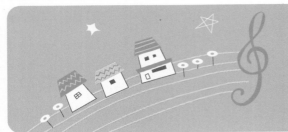

사자성어(四字成語)

8급 사자성어

國 民 年 金
나라 국 백성 민 해 년 쇠 금
일정 기간 또는 죽을 때까지 해마다 지급되는 일정액의 돈 (국민연금)

父 母 兄 弟
아비 부 어미 모 형 형 아우 제
아버지·어머니·형·아우 라는 뜻으로, 가족을 이르는 말

生 年 月 日
날 생 해 년 달 월 날 일
태어난 해와 달과 날

大 韓 民 國
큰 대 한나라 한 백성 민 나라 국
우리나라의 국호(나라이름)

三 三 五 五
석 삼 석 삼 다섯 오 다섯 오
서너 사람 또는 대여섯 사람 이 떼를 지어 다니거나 무슨 일을 함

十 中 八 九
열 십 가운데 중 여덟 팔 아홉 구
열 가운데 여덟이나 아홉 정도 로 거의 대부분이거나 거의 틀림 없음

東 西 南 北
동녘 동 서녘 서 남녘 남 북녘 북
동쪽·서쪽·남쪽·북쪽이 라는 뜻으로, 모든 방향을 이르는 말

7급 Ⅱ 사자성어

南 男 北 女
남녘 남 사내 남 북녘 북 계집 녀
우리나라에서, 남자는 남쪽 지방 사람이 잘나고 여자는 북쪽 지방 사람이 고움을 이르는 말

上 下 左 右
윗 상 아래 하 왼 좌 오른 우
위·아래·왼쪽·오른쪽을 이르는 말로, 모든 방향을 이름

土 木 工 事
흙 토 나무 목 장인 공 일 사
땅과 하천 따위를 고쳐 만드는 공사

四 方 八 方
넉 사 모 방 여덟 팔 모 방
여기저기 모든 방향이나 방면

世 上 萬 事
인간 세 윗 상 일만 만 일 사
세상에서 일어나는 온갖 일

八 道 江 山
여덟 팔 길 도 강 강 메 산
팔도의 강산이라는 뜻으로, 우리나라 전체의 강산을 이르 는 말

四 海 兄 弟
넉 사 바다 해 형 형 아우 제
온 세상 사람이 모두 형제와 같다는 뜻으로, 친밀함을 이르는 말

人 山 人 海
사람 인 메 산 사람 인 바다 해
사람이 수없이 많이 모인 상태 를 이르는 말

江(강) 7급Ⅱ	↔	山(산) 8급	北(북) 8급	↔	南(남) 8급	子(자) 7급Ⅱ	↔	母(모) 8급
敎(교) 8급	↔	學(학) 8급	山(산) 8급	↔	海(해) 7급Ⅱ	前(전) 7급Ⅱ	↔	後(후) 7급Ⅱ
男(남) 7급Ⅱ	↔	女(녀) 8급	上(상) 7급Ⅱ	↔	下(하) 7급Ⅱ	弟(제) 8급	↔	兄(형) 8급
南(남) 8급	↔	北(북) 8급	先(선) 8급	↔	後(후) 7급Ⅱ	左(좌) 7급Ⅱ	↔	右(우) 7급Ⅱ
內(내) 7급Ⅱ	↔	外(외) 8급	手(수) 7급Ⅱ	↔	足(족) 7급Ⅱ	中(중) 8급	↔	外(외) 8급
大(대) 8급	↔	小(소) 8급	水(수) 8급	↔	火(화) 8급	海(해) 7급Ⅱ	↔	空(공) 7급Ⅱ
東(동) 8급	↔	西(서) 8급	右(우) 7급Ⅱ	↔	左(좌) 7급Ⅱ	兄(형) 8급	↔	弟(제) 8급
母(모) 8급	↔	子(자) 7급Ⅱ	月(월) 8급	↔	日(일) 8급	後(후) 7급Ⅱ	↔	先(선) 8급
父(부) 8급	↔	母(모) 8급	日(일) 8급	↔	月(월) 8급			
父(부) 8급	↔	子(자) 7급Ⅱ	子(자) 7급Ⅱ	↔	女(녀) 8급			

유의자(類義字) – 뜻이 비슷한 한자(漢字)

家(가)	_	室(실)	室(실)	_	家(가)	正(정)	_	直(직)
7급Ⅱ		8급	8급		7급Ⅱ	7급Ⅱ		7급Ⅱ
方(방)	_	道(도)	安(안)	_	全(전)	平(평)	_	安(안)
7급Ⅱ		7급Ⅱ	7급Ⅱ		7급Ⅱ	7급Ⅱ		7급Ⅱ
方(방)	_	正(정)	安(안)	_	平(평)			
7급Ⅱ		7급Ⅱ	7급Ⅱ		7급Ⅱ			
生(생)	_	活(활)	正(정)	_	方(방)			
8급		7급Ⅱ	7급Ⅱ		7급Ⅱ			

약자(略字)

國	_	国	萬	_	万
나라 국		8급	일만 만:		8급
氣	_	気	學	_	学
기운 기		7급Ⅱ	배울 학		8급

한자능력검정시험

7급Ⅱ 예상문제 (1~9회)

- 예상문제(1~9회)
- 정답(53p~55p)

➜ 본 예상문제는 수험생들의 기억에 의하여 재생된 기출문제를 토대로 분석하고 연구하여 만든 문제입니다.

01 다음 밑줄 친 漢字語(한자어)의 音(음 : 소리)을 쓰세요. (1~22)

보기	漢字 → 한자

1 우리 집은 학교에서 南東 쪽에 있습니다.
[   ]

2 운동장은 正門으로 들어가야 합니다. [   ]

3 오늘은 午前 수업 밖에 없습니다. [   ]

4 저기에 우리 고을의 市長이 오십니다.
[   ]

5 요새는 시골 마을에도 水道가 들어옵니다.
[   ]

6 산 속은 空氣가 맑습니다. [   ]

7 이 집이 김 선생의 生家입니다. [   ]

8 우리나라는 每年 나무를 심습니다. [   ]

9 학생들은 動物을 사랑합니다. [   ]

10 우리 아버지는 農軍이십니다. [   ]

11 저 집 아저씨는 큰 工場에서 일하십니다.
[   ]

12 이 世上에는 훌륭한 사람이 많습니다. [   ]

13 지구상에는 男子가 거의 반이나 살고 있습니다.
[   ]

14 일을 할 때에는 先後를 가려서 합니다. [   ]

15 자기 姓名은 한자로 쓸 줄 알아야 합니다.
[   ]

16 우리나라는 江山이 아름답습니다. [   ]

17 마을 中間에 큰 밭이 있습니다. [   ]

18 저 집은 兄弟 사이가 좋습니다. [   ]

19 할아버지 연세는 七十입니다. [   ]

20 저 큰 건물이 우리들의 母校입니다. [   ]

21 겨울에는 電力이 모자랍니다. [   ]

22 室內에서는 조용히 하는 것이 좋습니다.
[   ]

02 다음 漢字(한자)의 訓(훈 : 뜻)과 音(음 : 소리)을 쓰세요. (23~42)

보기	字 → 글자 자

23 自 [   ] [   ]
24 車 [   ] [   ]
25 不 [   ] [   ]
26 答 [   ] [   ]
27 事 [   ] [   ]
28 平 [   ] [   ]
29 孝 [   ] [   ]
30 小 [   ] [   ]
31 下 [   ] [   ]
32 立 [   ] [   ]
33 時 [   ] [   ]
34 安 [   ] [   ]
35 全 [   ] [   ]
36 父 [   ] [   ]
37 靑 [   ] [   ]
38 直 [   ] [   ]
39 記 [   ] [   ]
40 學 [   ] [   ]
41 話 [   ] [   ]
42 九 [   ] [   ]
43 金 [   ] [   ]
44 大 [   ] [   ]
45 食 [   ] [   ]
46 活 [   ] [   ]

47	王	[	]
48	萬	[	]
49	民	[	]
50	北	[	]
51	外	[	]
52	火	[	]
53	寸	[	]
54	西	[	]

03 다음 밑줄 친 성어의 빈칸에 들어갈 漢字語(한자어)를 〈보기〉에서 골라 그 번호를 쓰세요. (55~56)

보기 ① 人山   ② 土木   ③ 左右   ④ 八方

55 이번 불꽃놀이에 구경꾼이 (___)人海를 이루었습니다.

56 큰 길을 건너려면 匹方(___)을 잘 살펴야 합니다.

04 다음 漢字(한자)의 상대 또는 반대되는 漢字(한자)를 〈보기〉에서 골라 그 번호를 쓰세요. (57~58)

보기 ① 足   ② 女   ③ 月   ④ 六

57 手 ↔ ( )

58 日 ↔ ( )

05 다음 漢字(한자)의 진하게 표시한 획은 몇 번째 쓰는지 〈보기〉에서 찾아 그 번호를 쓰세요. (59~60)

보기	① 첫 번째	② 두 번째
	③ 세 번째	④ 네 번째
	⑤ 다섯 번째	⑥ 여섯 번째

59

安 [ ]

60

市 [ ]

수험번호 □□□-□□-□□□□　　　성명 □□□□□

생년월일 □□□□□□

※ 유성 싸인펜, 붉은색 필기구 사용 불가.

※ 답안지는 컴퓨터로 처리되므로 구기거나 더럽히지 마시고, 정답 칸 안에만 쓰십시오. 글씨가 채점란으로 들어오면 오답처리가 됩니다.

제　　회 전국한자능력검정시험 7급Ⅱ 답안지(1)　　(시험시간 50분)

번호	정답	1검	2검	번호	정답	1검	2검	번호	정답	1검	2검
1				10				19			
2				11				20			
3				12				21			
4				13				22			
5				14				23			
6				15				24			
7				16				25			
8				17				26			
9				18				27			

감독위원	채점위원(1)		채점위원(2)		채점위원(3)	
(서명)	(득점)	(서명)	(득점)	(서명)	(득점)	(서명)

※ 뒷면으로 이어짐

※ 답안지는 컴퓨터로 처리되므로 구기거나 더럽히지 마시고, 정답 칸 안에만 쓰십시오. 글씨가 채점란으로 들어오면 오답처리가 됩니다.

제　　회 전국한자능력검정시험 7급Ⅱ 답안지(2)

번호	정답	1검	2검	번호	정답	1검	2검	번호	정답	1검	2검
28				39				50			
29				40				51			
30				41				52			
31				42				53			
32				43				54			
33				44				55			
34				45				56			
35				46				57			
36				47				58			
37				48				59			
38				49				60			

제　　회 전국한자능력검정시험 7급Ⅱ 답안지(2)

01 다음 밑줄 친 漢字語(한자어)의 音(음 : 소리)을 쓰세요. (1~22)

보기	漢字 → 한자

1 저는 집에서 어머니 家事를 도웁니다. [　]

2 큰 오빠가 우리 집 長子입니다. [　]

3 우리들 兄弟는 사이가 좋습니다. [　]

4 이 방이 우리가 공부하는 敎室입니다. [　]

5 우리나라는 어느 마을에나 電氣가 들어옵니다.
[　]

6 우리 누나는 씩씩한 여자 空軍입니다. [　]

7 이쪽이 北方으로 가는 길입니다. [　]

8 솜씨 좋은 木手가 새집을 짓습니다. [　]

9 배부른 상전은 배고픈 下人의 사정을 모른다
고 합니다. [　]

10 터널 中間에서 차가 멈추었습니다. [　]

11 우리나라는 男女 차별이 없습니다. [　]

12 그 어른은 平生 동안 훌륭하게 사셨습니다.
[　]

13 이 지역을 江南이라고 합니다. [　]

14 북쪽에는 工場이 많습니다. [　]

15 우리 할아버지께서는 여전히 活動하십니다.
[　]

16 父母님께서 언제나 돌보아 주십니다. [　]

17 우리 ˙마을에는 每年 새집이 늘어납니다.
[　]

18 봄에는 萬物이 기운을 냅니다. [　]

19 그전에는 午後반 학생도 있었습니다. [　]

20 우리나라 農民이 일을 잘합니다. [　]

21 모든 시선들이 一時에 집중하였습니다. [　]

22 저 학생이 저의 四寸 형입니다. [　]

02 다음 漢字(한자)의 訓(훈 : 뜻)과 音(음 : 소리)을 쓰세요. (23~42)

보기	字 → 글자 자

23 答 [　]

24 立 [　]

25 全 [　]

26 食 [　]

27 安 [　]

28 不 [　]

29 姓 [　]

30 世 [　]

31 市 [　]

32 自 [　]

33 右 [　]

34 前 [　]

35 上 [　]

36 足 [　]

37 海 [　]

38 話 [　]

39 孝 [　]

40 直 [　]

41 車 [　]

42 力 [　]

03 다음 밑줄 친 단어의 漢字語(한자어)를 〈보기〉에서 골라 그 번호를 쓰세요. (43~44)

보기	① 左記　② 先山　③ 大金　④ 名門

43 삼촌은 명문 대학을 졸업하였습니다. [　]

44 그는 대금을 주고 꾀어도 흔들리지 않았다.
[　]

04 다음 訓(훈 : 뜻)과 音(음 : 소리)에 맞는 漢字(한자)를 〈보기〉에서 골라 그 번호를 쓰세요. (45~54)

보기	① 小	② 校	③ 水	④ 日
	⑤ 靑	⑥ 月	⑦ 九	⑧ 火
	⑨ 白	⑩ 土		

45 달 월   [   ]

46 학교 교   [   ]

47 불 화   [   ]

48 날 일   [   ]

49 아홉 구   [   ]

50 푸를 청   [   ]

51 흰 백   [   ]

52 흙 토   [   ]

53 작을 소   [   ]

54 물 수   [   ]

05 다음 漢字(한자)의 상대 또는 반대되는 漢字(한자)를 〈보기〉에서 골라 그 번호를 쓰세요. (55~56)

보기	① 外	② 三	③ 西	④ 王

55 東 ↔ (   )

56 內 ↔ (   )

06 다음 漢字語(한자어)의 뜻을 쓰세요. (57~58)

57 六十   [   ]

58 正道   [   ]

07 다음 漢字(한자)의 진하게 표시한 획은 몇 번째 쓰는지 〈보기〉에서 찾아 그 번호를 쓰세요. (59~60)

보기	① 첫 번째	② 두 번째
	③ 세 번째	④ 네 번째
	⑤ 다섯 번째	⑥ 여섯 번째
	⑦ 일곱 번째	⑧ 여덟 번째
	⑨ 아홉 번째	⑩ 열 번째

59

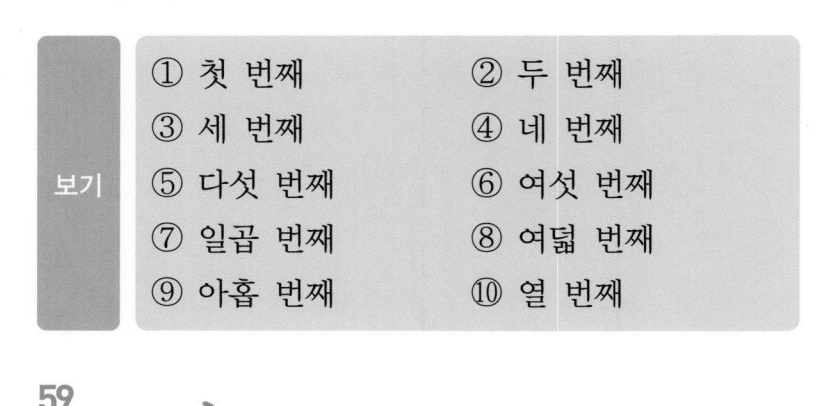

[   ]

60

[   ]

수험번호 □□□-□□-□□□□　　　　**성명** □□□□□

생년월일 □□□□□□　　　　　※ 유성 싸인펜, 붉은색 필기구 사용 불가.

※ 답안지는 컴퓨터로 처리되므로 구기거나 더럽히지 마시고, 정답 칸 안에만 쓰십시오. 글씨가 채점란으로 들어오면 오답처리가 됩니다.

제　　회 전국한자능력검정시험 7급Ⅱ 답안지(1)　　(시험시간 50분)

번호	정답	1검	2검	번호	정답	1검	2검	번호	정답	1검	2검
	답 안 란	채점란			답 안 란	채점란			답 안 란	채점란	
1				10				19			
2				11				20			
3				12				21			
4				13				22			
5				14				23			
6				15				24			
7				16				25			
8				17				26			
9				18				27			

	감독위원	채점위원(1)		채점위원(2)		채점위원(3)	
	(서명)	(득점)	(서명)	(득점)	(서명)	(득점)	(서명)

※ 뒷면으로 이어짐

※ 답안지는 컴퓨터로 처리되므로 구기거나 더럽히지 마시고, 정답 칸 안에만 쓰십시오. 글씨가 채점란으로 들어오면 오답처리가 됩니다.

제　　회 전국한자능력검정시험 7급Ⅱ 답안지(2)

번호	정답	1검	2검	번호	정답	1검	2검	번호	정답	1검	2검
28				39				50			
29				40				51			
30				41				52			
31				42				53			
32				43				54			
33				44				55			
34				45				56			
35				46				57			
36				47				58			
37				48				59			
38				49				60			

01 다음 밑줄 친 漢字語(한자어)의 音(음 : 소리)을 쓰세요. (1~22)

| 보기 | 漢字 → 한자 |

1 이 도시에는 工場이 많습니다. [　　]
2 이번 여름에는 電氣가 모자랍니다. [　　]
3 그 분은 生前에 거짓말을 몰랐습니다. [　　]
4 주말에 市外로 나가 시원한 바람을 맞았습니다. [　　]
5 우리 누나는 여자 空軍입니다. [　　]
6 아버지는 우리집 家長이십니다. [　　]
7 봄에는 萬物이 기운을 냅니다. [　　]
8 그는 자기 姓名도 못 씁니다. [　　]
9 저 어른은 이름난 孝子이십니다. [　　]
10 길을 걸을 때에는 左右로 잘 살펴야 합니다. [　　]
11 오늘은 午後에 현장실습을 나갑니다. [　　]
12 이 문은 自動으로 열립니다. [　　]
13 동쪽 바닷가의 海水는 차갑습니다. [　　]
14 여기는 道立 공원입니다. [　　]
15 오늘은 室內 체육관에서 운동을 합니다. [　　]
16 그 분은 약속 時間을 잘 지킵니다. [　　]
17 이 문제는 正答을 찾기가 어렵습니다. [　　]
18 옛날 보다 살기 좋은 世上이 되었습니다. [　　]
19 여기는 옛날 火山이 있던 곳입니다. [　　]
20 이 나라는 四方이 바다입니다. [　　]
21 여행은 安全이 제일입니다. [　　]
22 이곳이 경치로 유명한 東江입니다. [　　]

02 다음 漢字(한자)의 訓(훈 : 뜻)과 音(음 : 소리)을 쓰세요. (23~42)

| 보기 | 字 → 글자 자 |

23 六 [　　]　[　　]
24 車 [　　]　[　　]
25 不 [　　]　[　　]
26 每 [　　]　[　　]
27 月 [　　]　[　　]
28 足 [　　]　[　　]
29 直 [　　]　[　　]
30 下 [　　]　[　　]
31 話 [　　]　[　　]
32 活 [　　]　[　　]
33 寸 [　　]　[　　]
34 中 [　　]　[　　]
35 王 [　　]　[　　]
36 食 [　　]　[　　]
37 白 [　　]　[　　]
38 民 [　　]　[　　]
39 力 [　　]　[　　]
40 大 [　　]　[　　]
41 手 [　　]　[　　]
42 木 [　　]　[　　]

03 다음 밑줄 친 단어의 漢字語(한자어)를 〈보기〉에서 골라 그 번호를 쓰세요. (43~44)

| 보기 | ① 三韓　② 小學　③ 校門　④ 靑年 |

43 청년은 나라의 기둥입니다. [　　]
44 교문 앞에 담임 선생님이 서 계십니다. [　　]

04 다음 訓(훈 : 뜻)과 音(음 : 소리)에 맞는 漢字(한자)를 〈보기〉에서 골라 그 번호를 쓰세요. (45~54)

보기	① 西	② 敎	③ 九	④ 母
	⑤ 女	⑥ 事	⑦ 平	⑧ 人
	⑨ 弟	⑩ 男		

45 일 사 　　　　　 [　　]

46 아우 제 　　　　 [　　]

47 평평할 평 　　　 [　　]

48 아홉 구 　　　　 [　　]

49 서녘 서 　　　　 [　　]

50 계집 녀 　　　　 [　　]

51 가르칠 교 　　　 [　　]

52 사내 남 　　　　 [　　]

53 사람 인 　　　　 [　　]

54 어미 모 　　　　 [　　]

05 다음 漢字(한자)와 뜻이 상대 또는 반대되는 漢字(한자)를 〈보기〉에서 골라 그 번호를 쓰세요. (55~56)

보기	① 先	② 兄	③ 北	④ 父

55 南 ↔ (　)

56 (　) ↔ 後

06 다음 漢字語(한자어)의 뜻을 쓰세요. (57~58)

57 農土 　　　 [　　　　　　　]

58 日記 　　　 [　　　　　　　]

07 다음 漢字(한자)의 진하게 표시한 획은 몇 번째 쓰는지 〈보기〉에서 찾아 그 번호를 쓰세요. (59~60)

보기	① 첫 번째	② 두 번째
	③ 세 번째	④ 네 번째
	⑤ 다섯 번째	⑥ 여섯 번째
	⑦ 일곱 번째	⑧ 여덟 번째
	⑨ 아홉 번째	⑩ 열 번째

59 母 [　　]

60 長 [　　]

수험번호 □□□-□□-□□□□

성명 □□□□□

생년월일 □□□□□□

※ 유성 싸인펜, 붉은색 필기구 사용 불가.

※ 답안지는 컴퓨터로 처리되므로 구기거나 더럽히지 마시고, 정답 칸 안에만 쓰십시오. 글씨가 채점란으로 들어오면 오답처리가 됩니다.

제　　회 전국한자능력검정시험 7급Ⅱ 답안지(1)　　(시험시간 50분)

번호	정답	1검	2검	번호	정답	1검	2검	번호	정답	1검	2검
	답 안 란	채점란			답 안 란	채점란			답 안 란	채점란	
1				10				19			
2				11				20			
3				12				21			
4				13				22			
5				14				23			
6				15				24			
7				16				25			
8				17				26			
9				18				27			

	감독위원	채점위원(1)		채점위원(2)		채점위원(3)	
	(서명)	(득점)	(서명)	(득점)	(서명)	(득점)	(서명)

※ 답안지는 컴퓨터로 처리되므로 구기거나 더럽히지 마시고, 정답 칸 안에만 쓰십시오. 글씨가 채점란으로 들어오면 오답처리가 됩니다.

제   회 전국한자능력검정시험 7급Ⅱ 답안지(2)

번호	정답	1검	2검	번호	정답	1검	2검	번호	정답	1검	2검
28				39				50			
29				40				51			
30				41				52			
31				42				53			
32				43				54			
33				44				55			
34				45				56			
35				46				57			
36				47				58			
37				48				59			
38				49				60			

01 다음 밑줄 친 漢字語(한자어)의 음(음 : 소리)을 쓰세요. (1~22)

보기	漢字 → 한자

1 황새가 上空을 날고 있습니다. [   ]

2 이 방이 새로 지은 敎室입니다. [   ]

3 운동회 구경꾼이 校門으로 들어옵니다. [   ]

4 대한민국은 우리들의 자랑스러운 國家입니다. [   ]

5 이 도시에는 큰 工場이 많습니다. [   ]

6 어머니께서 군고구마를 間食으로 주셨습니다. [   ]

7 서울에는 漢江이 흐르고 있습니다. [   ]

8 下山하던 길에 뜻하지 않게 다람쥐를 보았습니다. [   ]

9 우리 마을에는 電氣가 일찍 들어왔습니다. [   ]

10 요새는 九十 살까지 사는 분이 많습니다. [   ]

11 이 일은 午前 중에 끝내야 합니다. [   ]

12 오늘 신문에 우리 집안에 관한 記事가 실렸습니다. [   ]

13 우리나라에는 훌륭한 軍人이 많습니다. [   ]

14 머리를 써서 부자가 된 農民도 있습니다. [   ]

15 靑年은 나라의 기둥입니다. [   ]

16 그 댁의 子女는 모두 튼튼합니다. [   ]

17 우리 담임 先生님은 참으로 좋은 분입니다. [   ]

18 우리 兄弟는 사이가 좋습니다. [   ]

19 父母님의 사랑이 너무나도 큽니다. [   ]

20 저 큰 건물은 市立 병원입니다. [   ]

21 이 화초는 南方에서 온 식물입니다. [   ]

22 판사는 平正한 판결을 내렸습니다. [   ]

02 다음 漢字(한자)들의 訓(훈 : 뜻)과 音(음 : 소리)을 쓰세요. (23~52)

보기	字 → 글자 자

23 萬 [   ]

24 力 [   ]

25 大 [   ]

26 東 [   ]

27 木 [   ]

28 月 [   ]

29 長 [   ]

30 足 [   ]

31 中 [   ]

32 話 [   ]

33 手 [   ]

34 世 [   ]

35 西 [   ]

36 五 [   ]

37 答 [   ]

38 北 [   ]

39 王 [   ]

40 不 [   ]

41 學 [   ]

42 寸 [   ]

43 安 [   ]

44 六 [   ]

45 火 [   ]

46 土 [   ]

47 自 [   ]

48 小 [   ]

49 水 [   ]

50 時 [   ]

51 男 [   ]

52 白 [   ]

03 다음 漢字(한자)와 뜻이 상대 또는 반대되는 漢字(한자)를 〈보기〉에서 골라 그 번호를 쓰세요. (53~54)

| 보기 | ① 右 | ② 車 | ③ 七 | ④ 前 |

53 (   ) ↔ 左

54 (   ) ↔ 後

04 다음 漢字語(한자어)의 뜻을 쓰세요. (55~56)

55 每日 [   ]

56 四海 [   ]

05 다음 밑줄 친 단어의 漢字語(한자어)를 〈보기〉에서 골라 그 번호를 쓰세요. (57~58)

| 보기 | ① 活動 | ② 孝道 | ③ 姓名 | ④ 內外 |

57 우리 아버지께서는 세계적으로 <u>활동</u>하고 계십니다. [   ]

58 늙은 <u>내외</u>가 마주 앉아 도란도란 이야기를 나눕니다. [   ]

06 다음 漢字(한자)에서 진하게 나타낸 획은 몇 번째 쓰는지 〈보기〉에서 찾아 그 번호를 쓰세요. (59~60)

보기	① 첫 번째	② 두 번째
	③ 세 번째	④ 네 번째
	⑤ 다섯 번째	⑥ 여섯 번째
	⑦ 일곱 번째	⑧ 여덟 번째
	⑨ 아홉 번째	

59 男 [   ]

60 年 [   ]

수험번호 □□□-□□-□□□□   성명 □□□□□

생년월일 □□□□□□   ※ 유성 싸인펜, 붉은색 필기구 사용 불가.

※ 답안지는 컴퓨터로 처리되므로 구기거나 더럽히지 마시고, 정답 칸 안에만 쓰십시오. 글씨가 채점란으로 들어오면 오답처리가 됩니다.

제   회 전국한자능력검정시험 7급Ⅱ 답안지(1)   (시험시간 50분)

번호	정답	1검	2검	번호	정답	1검	2검	번호	정답	1검	2검
		답안란				채점란				답안란	채점란
1				10				19			
2				11				20			
3				12				21			
4				13				22			
5				14				23			
6				15				24			
7				16				25			
8				17				26			
9				18				27			

	감독위원	채점위원(1)		채점위원(2)		채점위원(3)	
	(서명)	(득점)	(서명)	(득점)	(서명)	(득점)	(서명)

※ 답안지는 컴퓨터로 처리되므로 구기거나 더럽히지 마시고, 정답 칸 안에만 쓰십시오. 글씨가 채점란으로 들어오면 오답처리가 됩니다.

제　　회 전국한자능력검정시험 7급Ⅱ 답안지(2)

번호	정답	1검	2검	번호	정답	1검	2검	번호	정답	1검	2검
	답 안 란	채점란			답 안 란	채점란			답 안 란	채점란	
28				39				50			
29				40				51			
30				41				52			
31				42				53			
32				43				54			
33				44				55			
34				45				56			
35				46				57			
36				47				58			
37				48				59			
38				49				60			

01 다음 밑줄 친 漢字語(한자어)의 音(음 : 소리)을 쓰세요. (1~22)

보기   漢字 → 한자

1 씩씩한 國軍이 나라를 지킵니다. [   ]

2 삼국시대 이전에 있던 마한, 진한, 변한 세 나라를 三韓이라 합니다. [   ]

3 불우이웃돕기 행사에 萬名이 왔습니다. [   ]

4 자손들이 웃어른을 每月 찾아뵙니다. [   ]

5 우리나라 모든 江山에 눈이 내렸습니다. [   ]

6 장군은 적들의 後方을 공격하였습니다. [   ]

7 어른께는 "食事하세요" 보다는 "진지 잡수십시오"라고 합니다. [   ]

8 이 도자기는 王室의 유물입니다. [   ]

9 그동안 平安하셨습니까? [   ]

10 시험 때에는 父母님께서 더 걱정하십니다. [   ]

11 주말에는 여러 집이 시골 農場에 갑니다. [   ]

12 우리 이웃에는 어린 家長도 있습니다. [   ]

13 저 집은 兄弟가 친하게 지내서 보기 좋습니다. [   ]

14 눈이 너무 많이 와서 산속 動物들이 큰 고생을 했습니다. [   ]

15 나이가 많으면 혼자 生活하기가 힘듭니다. [   ]

16 시골은 空氣가 맑습니다. [   ]

17 電話는 짧게 합시다. [   ]

18 우리 學校 옆에 큰 연못이 있습니다. [   ]

19 저 아파트 正門은 아주 큽니다. [   ]

20 도로 中間에 서 있으면 위험합니다. [   ]

21 우리 둘은 四寸 사이가 됩니다. [   ]

22 그 친구는 이름난 孝子입니다. [   ]

02 다음 漢字(한자)의 訓(훈 : 뜻)과 音(음 : 소리)을 쓰세요. (23~42)

보기   字 → 글자 자

23 年 [   ]
24 足 [   ]
25 靑 [   ]
26 敎 [   ]
27 工 [   ]
28 直 [   ]
29 土 [   ]
30 大 [   ]
31 十 [   ]
32 先 [   ]
33 自 [   ]
34 姓 [   ]
35 全 [   ]
36 力 [   ]
37 市 [   ]
38 前 [   ]
39 不 [   ]
40 左 [   ]
41 世 [   ]
42 二 [   ]

03 다음 訓(훈 : 뜻)과 音(음 : 소리)에 맞는 漢字(한자)를 〈보기〉에서 골라 그 번호를 쓰세요. (43~52)

보기	① 午	② 答	③ 車	④ 記
	⑤ 立	⑥ 五	⑦ 日	⑧ 時
	⑨ 木	⑩ 八		

43 낮 오   [   ]

44 나무 목   [   ]

45 여덟 팔   [   ]

46 설 립   [   ]

47 때 시   [   ]

48 수레 거   [   ]

49 날 일   [   ]

50 기록할 기   [   ]

51 다섯 오   [   ]

52 대답 답   [   ]

04 다음 漢字(한자)의 상대 또는 반대되는 漢字(한자)를 〈보기〉에서 골라 그 번호를 쓰세요. (53~54)

보기	① 西	② 內	③ 手	④ 下

53 (   ) ↔ 外

54 東 ↔ (   )

05 다음 성어의 빈칸에 들어갈 漢字(한자)를 〈보기〉에서 골라 그 번호를 쓰세요. (55~56)

보기	① 七	② 人	③ 右	④ 男

55 南(   )北女

56 人山(   )海

06 다음 漢字語(한자어)의 뜻을 쓰세요. (57~58)

57 白金   [   ]

58 水道   [   ]

07 다음 漢字(한자)에서 진하게 나타낸 획은 몇 번째 쓰는지 〈보기〉에서 찾아 그 번호를 쓰세요. (59~60)

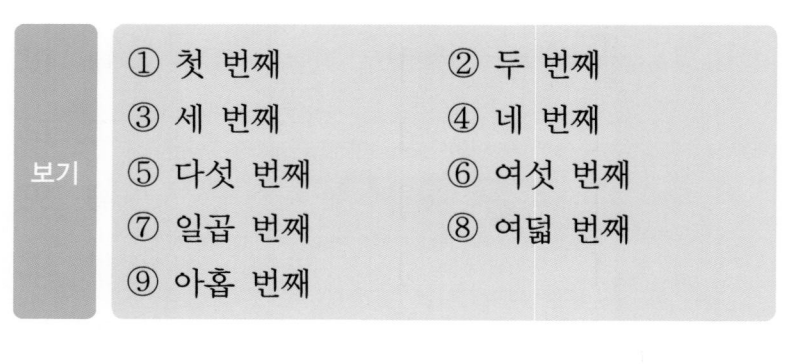

보기	① 첫 번째	② 두 번째
	③ 세 번째	④ 네 번째
	⑤ 다섯 번째	⑥ 여섯 번째
	⑦ 일곱 번째	⑧ 여덟 번째
	⑨ 아홉 번째	

59

金   [   ]

60

民   [   ]

수험번호 □□□-□□-□□□□   **성명** □□□□□

생년월일 □□□□□□   ※ 유성 싸인펜, 붉은색 필기구 사용 불가.

※ 답안지는 컴퓨터로 처리되므로 구기거나 더럽히지 마시고, 정답 칸 안에만 쓰십시오. 글씨가 채점란으로 들어오면 오답처리가 됩니다.

제   회 전국한자능력검정시험 7급Ⅱ 답안지(1)   (시험시간 50분)

번호	정답	1검	2검	번호	정답	1검	2검	번호	정답	1검	2검
1				10				19			
2				11				20			
3				12				21			
4				13				22			
5				14				23			
6				15				24			
7				16				25			
8				17				26			
9				18				27			

	감독위원	채점위원(1)		채점위원(2)		채점위원(3)	
	(서명)	(득점)	(서명)	(득점)	(서명)	(득점)	(서명)

※ 뒷면으로 이어짐

※ 답안지는 컴퓨터로 처리되므로 구기거나 더럽히지 마시고, 정답 칸 안에만 쓰십시오. 글씨가 채점란으로 들어오면 오답처리가 됩니다.

제　　회 전국한자능력검정시험 7급Ⅱ 답안지(2)

번호	정답	1검	2검	번호	정답	1검	2검	번호	정답	1검	2검
28				39				50			
29				40				51			
30				41				52			
31				42				53			
32				43				54			
33				44				55			
34				45				56			
35				46				57			
36				47				58			
37				48				59			
38				49				60			

01 다음 밑줄 친 漢字語(한자어)의 音(음 : 소리)을 쓰세요. (1~22)

1 여름에는 <u>農事</u>일이 바쁩니다. [　　]

2 요새는 <u>男女</u>가 똑같은 일을 많이 합니다.
[　　]

3 도로를 놓기 위해 <u>土木</u> 공사가 한창입니다.
[　　]

4 <u>大門</u> 앞에 개가 앉아 있습니다. [　　]

5 이 <u>工場</u>은 아주 큽니다. [　　]

6 비상계단의 <u>空間</u>을 막으면 안 됩니다. [　　]

7 이번 연주회에는 <u>萬名</u> 이상이 모였습니다.
[　　]

8 그 집 애들은 모두 <u>孝子</u>라고 합니다. [　　]

9 모든 일에는 <u>安全</u>이 제일 중요합니다. [　　]

10 우리 마을에는 <u>電氣</u>가 일찍 들어왔습니다.
[　　]

11 봄에는 <u>學年</u>이 하나씩 올라갑니다. [　　]

12 어느 나라에는 <u>國立</u> 초등학교도 있습니다.
[　　]

13 부모님께서 <u>動物</u>원에 데리고 가셨습니다.
[　　]

14 이 강을 <u>白江</u>이라고 부르는 이도 있습니다.
[　　]

15 구름이 <u>北方</u> 하늘로 몰려갑니다. [　　]

16 복동이는 나와 <u>四寸</u> 사이입니다. [　　]

17 그녀는 <u>平時</u>에도 잘 웃습니다. [　　]

18 우리들은 <u>市內</u>에 자주 나갑니다. [　　]

19 이 일은 <u>午前</u>에 끝내야 합니다. [　　]

20 오늘은 <u>敎室</u> 밖에서 공부합니다. [　　]

21 우리나라는 <u>八道</u>라고 했습니다. [　　]

22 이 그림은 <u>後世</u>에 길이 남을 명작입니다.
[　　]

02 다음 漢字(한자)들의 訓(훈 : 뜻)과 音(음 : 소리)를 쓰세요. (23~52)

23 家 [　　]
24 九 [　　]
25 記 [　　]
26 南 [　　]
27 東 [　　]
28 力 [　　]
29 民 [　　]
30 父 [　　]
31 不 [　　]
32 山 [　　]
33 三 [　　]
34 先 [　　]
35 小 [　　]
36 直 [　　]
37 韓 [　　]
38 食 [　　]
39 十 [　　]
40 王 [　　]
41 外 [　　]
42 五 [　　]
43 人 [　　]
44 校 [　　]
45 自 [　　]
46 正 [　　]
47 弟 [　　]
48 母 [　　]
49 中 [　　]
50 答 [　　]
51 靑 [　　]
52 話 [　　]

03 다음 漢字(한자)의 상대 또는 반대되는 漢字(한자)를 〈보기〉에서 골라 그 번호를 쓰세요. (53~54)

보기	① 車　　② 姓　　③ 七　　④ 水 ⑤ 足　　⑥ 二

53 火 ↔ (　　)

54 手 ↔ (　　)

04 다음 (　) 안에 알맞은 漢字(한자)를 〈보기〉에서 골라 그 번호를 쓰세요. (55~56)

보기	① 一　　② 六　　③ 月　　④ 每 ⑤ 右　　⑥ 軍

55 上下左(　　)

56 生年(　　)日

05 다음 漢字語(한자어)의 뜻을 쓰세요. (57~58)

57 西海　　　　[　　　　　　　　]

58 長兄　　　　[　　　　　　　　]

06 다음 漢字(한자)의 진하게 표시한 획은 몇 번째 쓰는지 〈보기〉에서 찾아 그 번호를 쓰세요. (59~60)

보기	① 첫 번째　　② 두 번째 ③ 세 번째　　④ 네 번째 ⑤ 다섯 번째　⑥ 여섯 번째 ⑦ 일곱 번째　⑧ 여덟 번째 ⑨ 아홉 번째　⑩ 열 번째

59

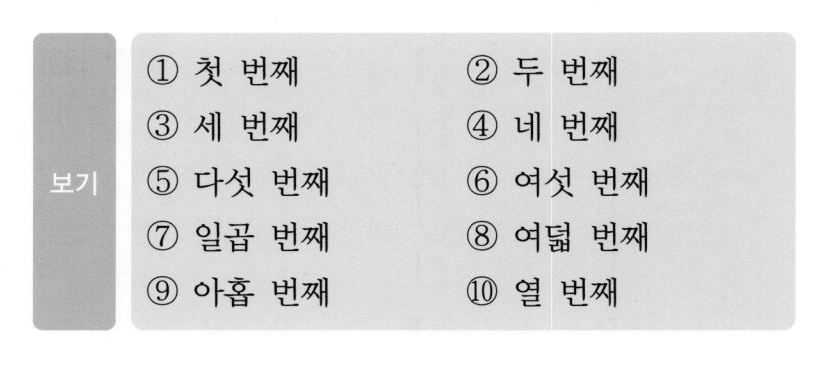

　　　[　　　]

60

　　　[　　　]

수험번호 □□□-□□-□□□□□　　　　**성명** □□□□□

생년월일 □□□□□□

※ 유성 싸인펜, 붉은색 필기구 사용 불가.

※ 답안지는 컴퓨터로 처리되므로 구기거나 더럽히지 마시고, 정답 칸 안에만 쓰십시오. 글씨가 채점란으로 들어오면 오답처리가 됩니다.

제　　회 전국한자능력검정시험 7급Ⅱ 답안지(1)　（시험시간 50분）

번호	정답	1검	2검	번호	정답	1검	2검	번호	정답	1검	2검
1				10				19			
2				11				20			
3				12				21			
4				13				22			
5				14				23			
6				15				24			
7				16				25			
8				17				26			
9				18				27			

	감독위원	채점위원(1)		채점위원(2)		채점위원(3)	
	(서명)	(득점)	(서명)	(득점)	(서명)	(득점)	(서명)

※ 답안지는 컴퓨터로 처리되므로 구기거나 더럽히지 마시고, 정답 칸 안에만 쓰십시오. 글씨가 채점란으로 들어오면 오답처리가 됩니다.

제　　회 전국한자능력검정시험 7급Ⅱ 답안지(2)

번호	정답	1검	2검	번호	정답	1검	2검	번호	정답	1검	2검
28				39				50			
29				40				51			
30				41				52			
31				42				53			
32				43				54			
33				44				55			
34				45				56			
35				46				57			
36				47				58			
37				48				59			
38				49				60			

01 다음 밑줄 친 漢字語(한자어)의 音(음 : 소리)을 쓰세요. (1~22)

보기	漢字 → 한자

1 이 집은 空間이 넓습니다. [   ]

2 이번 마라톤 경기에는 萬名이 참가 했습니다.
[   ]

3 모든 學生은 우리나라의 꿈입니다. [   ]

4 그 분에게는 훌륭한 弟子가 많습니다. [   ]

5 그 아이는 늘 活力이 넘칩니다. [   ]

6 우리 집에서 서울 南山이 보입니다. [   ]

7 門前에 나가 보니 손님이 계셨습니다. [   ]

8 이 工場이 우리나라에서 가장 큽니다. [   ]

9 오늘은 國軍의 날입니다. [   ]

10 요새는 겨울에도 農事를 짓습니다. [   ]

11 일을 수습할 方道를 찾고 있습니다. [   ]

12 서울에는 北漢산이 있습니다. [   ]

13 이곳에서는 男女를 구분하지 않습니다.
[   ]

14 저 분이 이름난 木手입니다. [   ]

15 이 짐승은 보기 드문 動物입니다. [   ]

16 저기 우리 市長이 오십니다. [   ]

17 이곳에 남쪽에서 每年 새들이 날아옵니다.
[   ]

18 父母님의 사랑은 하늘보다도 큽니다. [   ]

19 그 분은 그림의 大家이십니다. [   ]

20 우리나라에는 電氣가 없는 마을이 없습니다.
[   ]

21 그 분은 날마다 正午에 꼭 오십니다. [   ]

22 그 일은 世人들의 관심을 끌었습니다.
[   ]

02 다음 漢字(한자)의 訓(훈 : 뜻)과 음(음 : 소리)을 쓰세요. (23~42)

보기	字 → 글자 자

23 江 [   ]

24 九 [   ]

25 記 [   ]

26 答 [   ]

27 六 [   ]

28 民 [   ]

29 白 [   ]

30 不 [   ]

31 三 [   ]

32 西 [   ]

33 敎 [   ]

34 小 [   ]

35 時 [   ]

36 十 [   ]

37 安 [   ]

38 五 [   ]

39 王 [   ]

40 右 [   ]

41 月 [   ]

42 二 [   ]

03 다음 訓(훈 : 뜻)과 음(음 : 소리)에 맞는 漢字(한자)를 〈보기〉에서 골라 그 번호를 쓰세요. (43~52)

보기	① 自 ② 靑 ③ 日 ④ 八 ⑤ 孝 ⑥ 一 ⑦ 平 ⑧ 全 ⑨ 七 ⑩ 直

43 곧을 직 [   ]

44 스스로 자   [   ]

45 온전 전   [   ]

46 한 일   [   ]

47 푸를 청   [   ]

48 여덟 팔   [   ]

49 평평할 평   [   ]

50 효도 효   [   ]

51 일곱 칠   [   ]

52 날 일   [   ]

04 다음 밑줄 친 漢字語(한자어)의 漢字(한자)를 〈보기〉에서 골라 그 번호를 쓰세요. (53~54)

보기   ① 外食   ② 東海   ③ 中立   ④ 四寸

53 우리나라 동해에 독도가 있습니다. [   ]

54 저 분은 나의 사촌 형입니다. [   ]

05 다음 漢字(한자)의 상대 또는 반대되는 漢字(한자)를 〈보기〉에서 골라 그 번호를 쓰세요. (55~56)

보기   ① 下   ② 金   ③ 先   ④ 兄

55 (   ) ↔ 後

56 上 ↔ (   )

06 다음 漢字語(한자어)의 뜻을 쓰세요. (57~58)

57 室內   [   ]

58 左足   [   ]

07 다음 漢字(한자)의 진하게 표시한 획은 몇 번째 쓰는지 〈보기〉에서 찾아 그 번호를 쓰세요. (59~60)

보기
① 첫 번째   ② 두 번째
③ 세 번째   ④ 네 번째
⑤ 다섯 번째   ⑥ 여섯 번째
⑦ 일곱 번째   ⑧ 여덟 번째
⑨ 아홉 번째   ⑩ 열 번째

59 校 [   ]

60 足 [   ]

■ 사단법인 한국어문회 · 한국한자능력검정회   20 . ( ). ( ).

수험번호 □□□-□□-□□□□   **성명** □□□□□

생년월일 □□□□□□   ※ 유성 싸인펜, 붉은색 필기구 사용 불가.

※ 답안지는 컴퓨터로 처리되므로 구기거나 더럽히지 마시고, 정답 칸 안에만 쓰십시오. 글씨가 채점란으로 들어오면 오답처리가 됩니다.

제　　회 전국한자능력검정시험 7급Ⅱ 답안지(1)　　(시험시간 50분)

번호	정답	1검	2검	번호	정답	1검	2검	번호	정답	1검	2검
	답 안 란	채점란			답 안 란	채점란			답 안 란	채점란	
1				10				19			
2				11				20			
3				12				21			
4				13				22			
5				14				23			
6				15				24			
7				16				25			
8				17				26			
9				18				27			

	감독위원	채점위원(1)		채점위원(2)		채점위원(3)	
	(서명)	(득점)	(서명)	(득점)	(서명)	(득점)	(서명)

■　　　　　　　　　　　　　　　　　　　　　　　　　　　　　　※ 뒷면으로 이어짐　■

※ 답안지는 컴퓨터로 처리되므로 구기거나 더럽히지 마시고, 정답 칸 안에만 쓰십시오. 글씨가 채점란으로 들어오면 오답처리가 됩니다.

제　　회 전국한자능력검정시험 7급Ⅱ 답안지(2)

번호	정답	1검	2검	번호	정답	1검	2검	번호	정답	1검	2검
28				39				50			
29				40				51			
30				41				52			
31				42				53			
32				43				54			
33				44				55			
34				45				56			
35				46				57			
36				47				58			
37				48				59			
38				49				60			

제8회 한자능력검정시험 7급II 예상문제

01 다음 밑줄 친 漢字語(한자어)의 音(음)을 쓰세요.
(1~22)

보기	漢字 → 한자

1 신문에 우리 학교에 관한 記事가 실렸습니다.
[   ]

2 우리 시골에서도 옛날 農家는 보기 힘듭니다.
[   ]

3 室內에서는 뛰지 맙시다. [   ]

4 큰길 中間에 나무가 서 있습니다. [   ]

5 저기 오시는 분이 우리 군의 大長입니다.
[   ]

6 우리 先生님께서 잘 가르쳐 주셔서 고맙습니다.
[   ]

7 요새는 木手도 나무를 기계톱으로 자릅니다.
[   ]

8 이번 가을 경기에서는 西軍이 이겼습니다.
[   ]

9 이 분은 우리 아버지 弟子입니다. [   ]

10 어떤 때는 일반 國道의 길이 안 막힙니다.
[   ]

11 되도록 電氣를 아껴 씁시다. [   ]

12 우리나라 東海에 독도가 있습니다. [   ]

13 이 문제에는 正答이 둘입니다. [   ]

14 어른들은 二世 교육에 대한 관심이 많습니다.
[   ]

15 이곳에서 그곳까지 가려면 三日 걸립니다.
[   ]

16 낮 열두 시가 지나면 午後라고 합니다.
[   ]

17 국악계에는 이름난 名人이 많습니다. [   ]

18 우리 둘은 四寸 사이입니다. [   ]

19 우리들은 다 함께 같은 工場에서 일을 합니다.
[   ]

20 눈이 오면 날씨가 춥다고 不平하는 이도 있습니다. [   ]

21 수출이 前年에 비해 크게 줄어들었습니다.
[   ]

22 五月에 피는 꽃은 참으로 아름답습니다.
[   ]

02 다음 漢字(한자)의 訓(훈 : 뜻)과 音(음 : 소리)을 쓰세요.
(23~42)

보기	字 → 글자 자

23 外 [   ]
24 七 [   ]
25 土 [   ]
26 八 [   ]
27 孝 [   ]
28 活 [   ]
29 食 [   ]
30 話 [   ]
31 兄 [   ]
32 動 [   ]
33 白 [   ]
34 學 [   ]
35 立 [   ]
36 江 [   ]
37 車 [   ]
38 空 [   ]
39 九 [   ]

40 金   [   ]

41 市   [   ]

42 自   [   ]

03 다음 訓(훈 : 뜻)과 音(음 : 소리)에 맞는 漢字(한자)를 〈보기〉에서 골라 그 번호를 쓰세요. (43~52)

보기	① 足	② 小	③ 左	④ 王
	⑤ 民	⑥ 一	⑦ 力	⑧ 十
	⑨ 六	⑩ 敎		

43 발 족   [   ]

44 왼 좌   [   ]

45 백성 민   [   ]

46 한 일   [   ]

47 작을 소   [   ]

48 임금 왕   [   ]

49 가르칠 교   [   ]

50 힘 력   [   ]

51 여섯 륙   [   ]

52 열 십   [   ]

04 다음 밑줄 친 漢字語(한자어)의 漢字(한자)를 〈보기〉에서 골라 그 번호를 쓰세요. (53~54)

보기	① 萬物	② 南北	③ 每時	④ 男女

53 병원에서는 매시마다 입원자의 체온을 잽니다.

                               [   ]

54 봄에는 만물이 기운차게 살아납니다.   [   ]

05 다음 漢字(한자)의 상대 또는 반대되는 漢字(한자)를 〈보기〉에서 골라 그 번호를 쓰세요. (55~56)

보기	① 下	② 安	③ 方	④ 父

55 ( ) ↔ 母

56 上 ↔ ( )

06 다음 漢字語(한자어)의 뜻을 쓰세요. (57~58)

57 校門   [   ]

58 靑山   [   ]

07 다음 漢字(한자)의 진하게 표시한 획은 몇 번째 쓰는지 〈보기〉에서 찾아 그 번호를 쓰세요. (59~60)

보기	① 첫 번째	② 두 번째
	③ 세 번째	④ 네 번째
	⑤ 다섯 번째	⑥ 여섯 번째
	⑦ 일곱 번째	⑧ 여덟 번째
	⑨ 아홉 번째	⑩ 열 번째

59    [   ]

60 長   [   ]

수험번호 □□□-□□-□□□□　　　**성명** □□□□□

생년월일 □□□□□□

※ 유성 싸인펜, 붉은색 필기구 사용 불가.

※ 답안지는 컴퓨터로 처리되므로 구기거나 더럽히지 마시고, 정답 칸 안에만 쓰십시오. 글씨가 채점란으로 들어오면 오답처리가 됩니다.

제　　회 전국한자능력검정시험 7급Ⅱ 답안지(1)　　（시험시간 50분）

번호	정답	1검	2검	번호	정답	1검	2검	번호	정답	1검	2검
1				10				19			
2				11				20			
3				12				21			
4				13				22			
5				14				23			
6				15				24			
7				16				25			
8				17				26			
9				18				27			

	감독위원	채점위원(1)		채점위원(2)		채점위원(3)	
	(서명)	(득점)	(서명)	(득점)	(서명)	(득점)	(서명)

※ 뒷면으로 이어짐

제　　회 전국한자능력검정시험 7급Ⅱ 답안지(2)

번호	정답	1검	2검	번호	정답	1검	2검	번호	정답	1검	2검
28				39				50			
29				40				51			
30				41				52			
31				42				53			
32				43				54			
33				44				55			
34				45				56			
35				46				57			
36				47				58			
37				48				59			
38				49				60			

01 다음 밑줄 친 漢字語(한자어)의 音(음 : 소리)을 쓰세요. (1~22)

보기	漢字 → 한자

1 어머니께서는 언제나 <u>家事</u>일로 바쁘십니다. [   ]

2 아직 <u>五月</u>인데도 날씨가 너무 덥습니다. [   ]

3 오늘 <u>間食</u> 시간은 열 시입니다. [   ]

4 우리나라 <u>江山</u>은 다른 나라들보다 아름답습니다. [   ]

5 우리 <u>父母</u>님께서는 언제나 다정하십니다. [   ]

6 이곳은 <u>空氣</u>가 참 맑습니다. [   ]

7 휴일에는 <u>東海</u> 쪽으로 놀러 가는 사람이 많습니다. [   ]

8 옛날에는 농사짓는 사람을 <u>農軍</u>이라고도 했습니다. [   ]

9 봄에는 <u>萬物</u>이 다시 힘을 냅니다. [   ]

10 <u>敎室</u>에서 뛰어 놀면 좋지 않습니다. [   ]

11 가로수 밑에 우리 <u>先生</u>님께서 서 계십니다. [   ]

12 여기가 <u>道立</u> 공원입니다. [   ]

13 공원에서 <u>男女</u>가 함께 운동을 하고 있습니다. [   ]

14 스승의 날에 옛날 <u>弟子</u>들이 많이 왔습니다. [   ]

15 오늘은 광복절이라 <u>大門</u> 앞에 태극기를 걸었습니다. [   ]

16 이 창문으로 <u>四方</u>이 보입니다. [   ]

17 <u>工場</u>에서 일을 하는 친구가 많습니다. [   ]

18 길을 건널 때에는 <u>左右</u>를 잘 살펴야 합니다. [   ]

19 해마다 <u>國外</u>로 여행하는 사람들이 늘어납니다. [   ]

20 이곳의 기후는 <u>年中</u> 온화한 날씨가 계속됩니다. [   ]

21 요새는 <u>市長</u>도 주민들이 뽑습니다. [   ]

22 우리 선수들이 우승했다는 소식이 <u>全校</u>에 퍼졌습니다. [   ]

02 다음 漢字의 訓(훈 : 뜻)과 音(음 : 소리)을 쓰세요. (23~42)

보기	字 → 글자 자

23 活 [   ]
24 二 [   ]
25 土 [   ]
26 兄 [   ]
27 孝 [   ]
28 自 [   ]
29 人 [   ]
30 小 [   ]
31 足 [   ]
32 話 [   ]
33 八 [   ]
34 時 [   ]
35 九 [   ]
36 一 [   ]
37 學 [   ]
38 十 [   ]
39 世 [   ]

40 車 [   ]

41 水 [   ]

42 手 [   ]

03 다음 밑줄 친 漢字語(한자어)의 漢字를 〈보기〉에서 골라 그 번호를 쓰세요. (43~44)

보기 ① 每日   ② 白金   ③ 南北   ④ 平民

43 이 길을 조금 더 가면 길이 남북으로 갈라집니다.
[   ]

44 그 분은 우리집에 매일 놀러 오십니다.
[   ]

04 다음 訓(훈 : 뜻)과 音(음 : 소리)에 맞는 漢字(한자)를 〈보기〉에서 골라 그 번호를 쓰세요. (45~54)

보기
① 午   ② 木   ③ 正   ④ 電
⑤ 火   ⑥ 直   ⑦ 三   ⑧ 靑
⑨ 內   ⑩ 寸

45 안 내 [   ]

46 불 화 [   ]

47 나무 목 [   ]

48 바를 정 [   ]

49 석 삼 [   ]

50 번개 전 [   ]

51 낮 오 [   ]

52 곧을 직 [   ]

53 푸를 청 [   ]

54 마디 촌 [   ]

05 다음 漢字(한자)의 상대 또는 반대되는 漢字(한자)를 〈보기〉에서 골라 그 번호를 쓰세요. (55~56)

보기 ① 記   ② 後   ③ 王   ④ 下

55 前 ↔ (   )

56 上 ↔ (   )

06 다음 漢字語(한자어)의 뜻을 쓰세요. (57~58)

57 姓名 [   ]

58 動力 [   ]

07 다음 漢字(한자)의 진하게 표시한 획은 몇 번째 쓰는지 〈보기〉에서 찾아 그 번호를 쓰세요. (59~60)

보기
① 첫 번째   ② 두 번째
③ 세 번째   ④ 네 번째
⑤ 다섯 번째   ⑥ 여섯 번째
⑦ 일곱 번째   ⑧ 여덟 번째

59 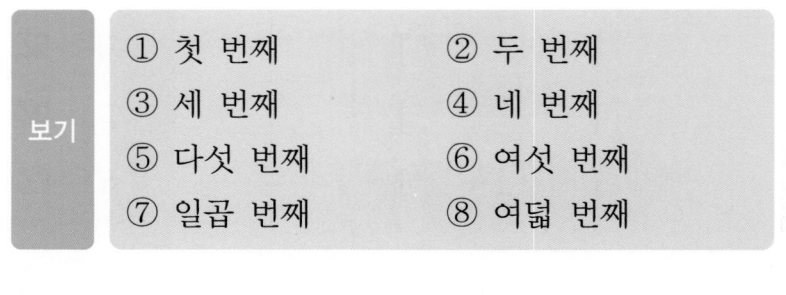 長 [   ]

60 世 [   ]

수험번호 ☐☐☐-☐☐-☐☐☐☐   **성명** ☐☐☐☐☐

생년월일 ☐☐☐☐☐☐   ※ 유성 싸인펜, 붉은색 필기구 사용 불가.

※ 답안지는 컴퓨터로 처리되므로 구기거나 더럽히지 마시고, 정답 칸 안에만 쓰십시오. 글씨가 채점란으로 들어오면 오답처리가 됩니다.

제   회 전국한자능력검정시험 7급Ⅱ 답안지(1) (시험시간 50분)

번호	정답	1검	2검	번호	정답	1검	2검	번호	정답	1검	2검
1				10				19			
2				11				20			
3				12				21			
4				13				22			
5				14				23			
6				15				24			
7				16				25			
8				17				26			
9				18				27			

	감독위원	채점위원(1)		채점위원(2)		채점위원(3)	
	(서명)	(득점)	(서명)	(득점)	(서명)	(득점)	(서명)

※ 답안지는 컴퓨터로 처리되므로 구기거나 더럽히지 마시고, 정답 칸 안에만 쓰십시오. 글씨가 채점란으로 들어오면 오답처리가 됩니다.

제　　회 전국한자능력검정시험 7급Ⅱ 답안지(2)

번호	정답	1검	2검	번호	정답	1검	2검	번호	정답	1검	2검
28				39				50			
29				40				51			
30				41				52			
31				42				53			
32				43				54			
33				44				55			
34				45				56			
35				46				57			
36				47				58			
37				48				59			
38				49				60			

【제1회】 예상문제(17p~18p)

1 남동	2 정문	3 오전	4 시장
5 수도	6 공기	7 생가	8 매년
9 동물	10 농군	11 공장	12 세상
13 남자	14 선후	15 성명	16 강산
17 중간	18 형제	19 칠십	20 모교
21 전력	22 실내	23 스스로 자	24 수레 거/차
25 아닐 불	26 대답 답	27 일 사	28 평평할 평
29 효도 효	30 작을 소	31 아래 하	32 설 립
33 때 시	34 편안 안	35 온전 전	36 아비 부
37 푸를 청	38 곧을 직	39 기록할 기	40 배울 학
41 말씀 화	42 아홉 구	43 쇠 금/성 김	44 큰 대
45 먹을 식	46 살 활	47 임금 왕	48 일만 만
49 백성 민	50 북녘 북/달아날 배	51 바깥 외	
52 불 화	53 마디 촌	54 서녘 서	55 ① 人山
56 ④ 八方	57 ① 足	58 ③ 月	59 ④ 네 번째
60 ③ 세 번째			

【제3회】 예상문제(25p~26p)

1 공장	2 전기	3 생전	4 시외
5 공군	6 가장	7 만물	8 성명
9 효자	10 좌우	11 오후	12 자동
13 해수	14 도립	15 실내	16 시간
17 정답	18 세상	19 화산	20 사방
21 안전	22 동강	23 여섯 륙	24 수레 거/차
25 아닐 불	26 매양 매	27 달 월	28 발 족
29 곧을 직	30 아래 하	31 말씀 화	32 살 활
33 마디 촌	34 가운데 중	35 임금 왕	36 먹을 식
37 흰 백	38 백성 민	39 힘 력	40 큰 대
41 손 수	42 나무 목	43 ④ 靑年	44 ③ 校門
45 ⑥ 事	46 ⑨ 弟	47 ⑦ 平	48 ③ 九
49 ① 西	50 ⑤ 女	51 ② 敎	52 ⑩ 男
53 ⑧ 人	54 ④ 母	55 ③ 北	56 ① 先
57 농사짓는 땅	58 날마다 적는 기록		59 ③ 세 번째
60 ⑦ 일곱 번째			

【제2회】 예상문제(21p~22p)

1 가사	2 장자	3 형제	4 교실
5 전기	6 공군	7 북방	8 목수
9 하인	10 중간	11 남녀	12 평생
13 강남	14 공장	15 활동	16 부모
17 매년	18 만물	19 오후	20 농민
21 일시	22 사촌	23 대답 답	24 설 립
25 온전 전	26 먹을 식	27 편안 안	28 아닐 불
29 성 성	30 인간 세	31 저자 시	32 스스로 자
33 오를/오른 우	34 앞 전	35 윗 상	36 발 족
37 바다 해	38 말씀 화	39 효도 효	40 곧을 직
41 수레 거/수레 차		42 힘 력	43 ④ 名門
44 ③ 大金	45 ⑥ 月	46 ② 校	47 ⑧ 火
48 ④ 日	49 ⑦ 九	50 ⑤ 靑	51 ⑨ 白
52 ⑩ 土	53 ① 小	54 ③ 水	55 ③ 西
56 ① 外	57 예순	58 올바른 길	59 ④ 네 번째
60 ③ 세 번째			

【제4회】 예상문제(29p~30p)

1 상공	2 교실	3 교문	4 국가
5 공장	6 간식	7 한강	8 하산
9 전기	10 구십	11 오전	12 기사
13 군인	14 농민	15 청년	16 자녀
17 선생	18 형제	19 부모	20 시립
21 남방	22 평정	23 일만 만	24 힘 력
25 큰 대	26 동녘 동	27 나무 목	28 달 월
29 긴 장	30 발 족	31 가운데 중	32 말씀 화
33 손 수	34 인간 세	35 서녘 서	36 다섯 오
37 대답 답	38 북녘 북	39 임금 왕	40 아니 불
41 배울 학	42 마디 촌	43 편안 안	44 여섯 륙
45 불 화	46 흙 토	47 스스로 자	48 작을 소
49 물 수	50 때 시	51 사내 남	52 흰 백
53 ① 右	54 ④ 前	55 날마다	56 네 바다
57 ① 活動	58 ④ 內外	59 ⑥ 여섯 번째	
60 ⑤ 다섯 번째			

【제5회】예상문제(33p~34p)

1 국군	2 삼한	3 만명	4 매월
5 강산	6 후방	7 식사	8 왕실
9 평안	10 부모	11 농장	12 가장
13 형제	14 동물	15 생활	16 공기
17 전화	18 학교	19 정문	20 중간
21 사촌	22 효자	23 해 년	24 발 족
25 푸를 청	26 가르칠 교	27 장인 공	28 곧을 직
29 흙 토	30 큰 대	31 열 십	32 먼저 선
33 스스로 자	34 성 성	35 온전 전	36 힘 력
37 저자 시	38 앞 전	39 아니 불	40 왼 좌
41 인간 세	42 두 이	43 ① 午	44 ⑨ 木
45 ⑩ 八	46 ⑤ 立	47 ⑧ 時	48 ③ 車
49 ⑦ 日	50 ④ 記	51 ⑥ 五	52 ② 答
53 ② 內	54 ① 西	55 ④ 男	56 ② 人
57 흰색의 금	58 물길	59 ③ 세 번째	60 ④ 네 번째

【제7회】예상문제(41p~42p)

1 공간	2 만명	3 학생	4 제자
5 활력	6 남산	7 문전	8 공장
9 국군	10 농사	11 방도	12 북한
13 남녀	14 목수	15 동물	16 시장
17 매년	18 부모	19 대가	20 전기
21 정오	22 세인	23 강 강	24 아홉 구
25 기록할 기	26 대답 답	27 여섯 륙	28 백성 민
29 흰 백	30 아닐 불	31 석 삼	32 서녘 서
33 가르칠 교	34 작을 소	35 때 시	36 열 십
37 편안 안	38 다섯 오	39 임금 왕	40 오른 우
41 달 월	42 두 이	43 ⑩ 直	44 ① 自
45 ⑧ 全	46 ⑥ 一	47 ② 靑	48 ④ 八
49 ⑦ 平	50 ⑤ 孝	51 ⑨ 七	52 ③ 日
53 ② 東海	54 ④ 四寸	55 ③ 先	56 ① 下
57 방 안	58 왼발	59 ⑦ 일곱 번째	
60 ⑤ 다섯 번째			

【제6회】예상문제(37p~38p)

1 농사	2 남녀	3 토목	4 대문
5 공장	6 공간	7 만명	8 효자
9 안전	10 전기	11 학년	12 국립
13 동물	14 백강	15 북방	16 사촌
17 평시	18 시내	19 오전	20 교실
21 팔도	22 후세	23 집 가	24 아홉 구
25 기록할 기	26 남녘 남	27 동녘 동	28 힘 력
29 백성 민	30 아비 부	31 아닐 불	32 메 산
33 석 삼	34 먼저 선	35 작을 소	36 곧을 직
37 한국/나라 한	38 먹을 식	39 열 십	40 임금 왕
41 바깥 외	42 다섯 오	43 사람 인	44 학교 교
45 스스로 자	46 바를 정	47 아우 제	48 어미 모
49 가운데 중	50 대답 답	51 푸를 청	52 말씀 화
53 ④ 水	54 ⑤ 足	55 ⑤ 右	56 ③ 月
57 서쪽 바다	58 맏 형, 큰 형	59 ⑦ 일곱 번째	
60 ⑤ 다섯 번째			

【제8회】예상문제(45p~46p)

1 기사	2 농가	3 실내	4 중간
5 대장	6 선생	7 목수	8 서군
9 제자	10 국도	11 전기	12 동해
13 정답	14 이세	15 삼일	16 오후
17 명인	18 사촌	19 공장	20 불평
21 전년	22 오월	23 바깥 외	24 일곱 칠
25 흙 토	26 여덟 팔	27 효도 효	28 살 활
29 먹을 식	30 말씀 화	31 형 형	32 움직일 동
33 흰 백	34 배울 학	35 설 립	36 강 강
37 수레 거(차)	38 빌 공	39 아홉 구	40 쇠 금/성 김
41 저자 시	42 스스로 자	43 ① 足	44 ③ 左
45 ⑤ 民	46 ⑥ 一	47 ② 小	48 ④ 王
49 ⑩ 敎	50 ⑦ 力	51 ⑨ 六	52 ⑧ 十
53 ③ 每時	54 ① 萬物	55 ④ 父	56 ① 下
57 학교 문	58 푸른 산	59 ④ 네 번째	
60 ⑦ 일곱 번째			

【제9회】 예상문제(49p~50p)

1 가사	2 오월	3 간식	4 강산
5 부모	6 공기	7 동해	8 농군
9 만물	10 교실	11 선생	12 도립
13 남녀	14 제자	15 대문	16 사방
17 공장	18 좌우	19 국외	20 연중
21 시장	22 전교	23 살 활	24 두 이
25 흙 토	26 형 형	27 효도 효	28 스스로 자
29 사람 인	30 작을 소	31 발 족	32 말씀 화
33 여덟 팔	34 때 시	35 아홉 구	36 한 일
37 배울 학	38 열 십	39 인간 세	40 수레 거
41 물 수	42 손 수	43 ③ 南北	44 ① 每日
45 ⑨ 內	46 ⑤ 火	47 ② 木	48 ③ 正
49 ⑦ 三	50 ④ 電	51 ① 午	52 ⑥ 直
53 ⑧ 靑	54 ⑩ 寸	55 ② 後	56 ④ 下

57 성과 이름   58 움직이게 하는 힘   59 ⑥ 여섯 번째

60 ② 두 번째

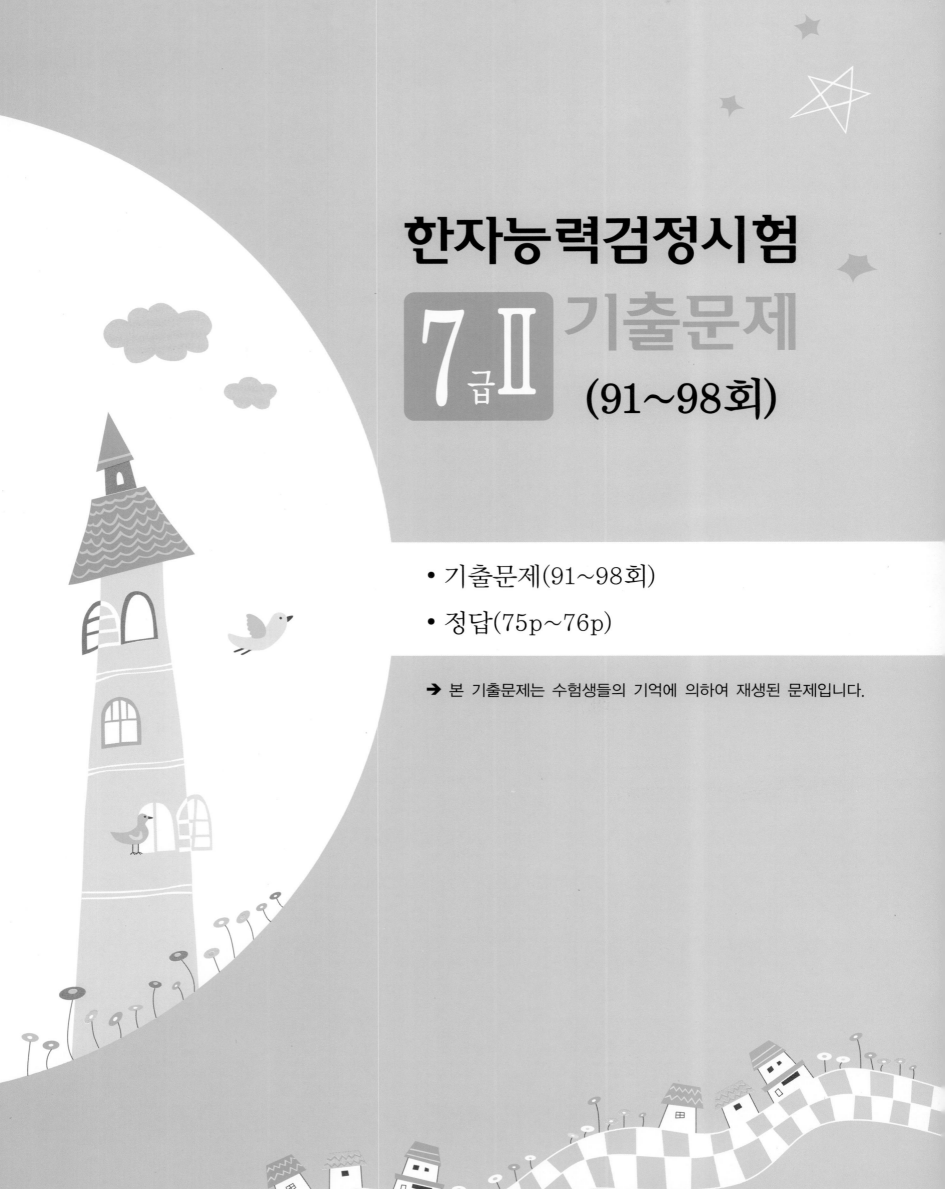

한자능력검정시험

7급II 기출문제 (91~98회)

- 기출문제(91~98회)
- 정답(75p~76p)

➜ 본 기출문제는 수험생들의 기억에 의하여 재생된 문제입니다.

제91회
2020. 11. 21 시행
(社) 한국어문회 주관·한국한자능력검정회 시행
한자능력검정시험 7급Ⅱ 기출문제
문 항 수 : 60문항
합격문항 : 42문항
제한시간 : 50분

01 다음 밑줄 친 漢字語(한자어)의 音(음: 소리)을 쓰세요. (1~22)

보기   漢字 → 한자

1 우리나라의 <u>空軍</u>은 한반도의 하늘을 지킵니다. [   ]

2 일 년 <u>農事</u>를 잘 지어야 나라가 넉넉해집니다. [   ]

3 <u>校長</u> 선생님께서 학생들에게 훈화를 하십니다. [   ]

4 <u>電子</u> 상가에는 냉장고, 텔레비전 등이 진열되어 있습니다. [   ]

5 <u>市場</u>에는 야채들이 가득합니다. [   ]

6 약속한 사람은 오지 않고 <u>時間</u>만 흘러갑니다. [   ]

7 십년이 지나면 <u>江山</u>도 변한다는 속담이 있습니다. [   ]

8 <u>午前</u>에 용무를 마치고 일찍 귀가하는 중입니다. [   ]

9 전염병이 <u>四方</u>으로 퍼졌습니다. [   ]

10 <u>姓名</u>과 주민등록번호를 확인한 후에 마스크를 살 수 있습니다. [   ]

11 훌륭한 인재들이 <u>全國</u>에서 모여들었습니다. [   ]

12 화목한 가정에는 부모님께 <u>孝道</u>하는 착한 자녀들이 있습니다. [   ]

13 부지런한 학생들이 여러 가지 <u>活動</u>을 열심히 합니다. [   ]

14 그는 거짓말을 모르는 <u>正直</u>한 학생입니다. [   ]

15 올림픽에서 금메달을 따는 것은 <u>家門</u>의 영광입니다. [   ]

16 집안이 <u>平安</u>하면 재물도 불어난다. [   ]

17 학교 운동장에 학생들이 <u>左右</u>로 정렬하여 서 있었습니다. [   ]

18 경제적으로 <u>自立</u>하기 위해서는 열심히 공부해야 합니다. [   ]

19 그는 <u>每日</u> 하루도 쉬지 않고 아침마다 운동을 합니다. [   ]

20 그 집은 <u>內外</u>가 부지런하여 알뜰하게 살아갑니다. [   ]

21 엘리베이트는 <u>上下</u>로 움직이면서 사람들을 이동시킵니다. [   ]

22 조국을 위해 목숨을 버린 그는 <u>後世</u>에 열사로 칭송받았습니다. [   ]

02 다음 漢字(한자)의 訓(훈: 뜻)과 音(음: 소리)을 쓰세요. (23~42)

보기   漢 → 한나라 한

23 火 [   ]

24 九 [   ]

25 海 [   ]

26 白 [   ]

27 八 [   ]

28 靑 [   ]

29 寸 [   ]

30 三 [   ]

31 足 [   ]

32 王 [   ]

33 月 [   ]

34	氣	[	]
35	不	[	]
36	十	[	]
37	力	[	]
38	東	[	]
39	南	[	]
40	七	[	]
41	車	[	]
42	木	[	]

03 다음 밑줄 친 漢字語(한자어)를 〈보기〉에서 골라 그 번호를 쓰세요. (43~44)

| 보기 | ① 食水 ② 兄弟 ③ 先手 ④ 萬民 |

43 그는 상대방을 먼저 공격하기 위하여 <u>선수</u>를 잡았습니다. [ ]

44 가뭄이 계속되어 <u>식수</u>가 점점 더 부족해지고 있습니다. [ ]

04 다음 訓(훈: 뜻)과 音(음: 소리)에 맞는 漢字(한자)를 〈보기〉에서 골라 그 번호를 쓰세요. (45~54)

보기	① 母 ② 記 ③ 室 ④ 北
	⑤ 西 ⑥ 六 ⑦ 父 ⑧ 韓
	⑨ 二 ⑩ 答

45 한국/나라 한 [ ]
46 기록할 기 [ ]
47 어미 모 [ ]
48 대답 답 [ ]
49 아비 부 [ ]
50 집 실 [ ]
51 서녘 서 [ ]
52 여섯 륙 [ ]
53 북녘 북 [ ]
54 두 이 [ ]

05 다음 漢字(한자)의 상대 또는 반대되는 漢字(한자)를 〈보기〉에서 골라 그 번호를 쓰세요. (55~56)

| 보기 | ① 土 ② 男 ③ 工 ④ 大 |

55 ( ) ↔ 女
56 ( ) ↔ 小

06 다음 뜻에 맞는 漢字語(한자어)를 〈보기〉에서 찾아 그 번호를 쓰세요. (57~58)

| 보기 | ① 敎學 ② 人物 ③ 一生 ④ 中年 |

57 청년과 노년 사이의 나이. [ ]
58 가르치고 배우는 일. [ ]

07 다음 漢字(한자)의 진하게 표시한 획은 몇 번째 쓰는지 〈보기〉에서 찾아 그 번호를 쓰세요. (59~60)

보기	① 첫 번째	② 두 번째
	③ 세 번째	④ 네 번째
	⑤ 다섯 번째	⑥ 여섯 번째
	⑦ 일곱 번째	⑧ 여덟 번째
	⑨ 아홉 번째	⑩ 열 번째
	⑪ 열한 번째	⑫ 열두 번째

59

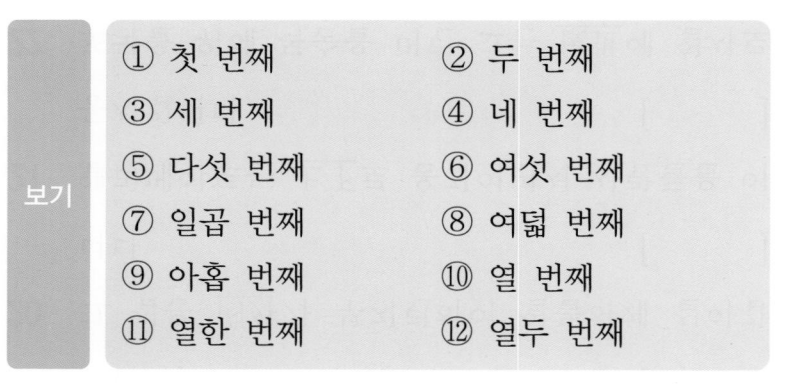

[ ]

60

[ ]

제92회
2021. 5. 15 시행

(社) 한국어문회 주관·한국한자능력검정회 시행

한자능력검정시험 7급Ⅱ 기출문제

문 항 수 : 60문항
합격문항 : 42문항
제한시간 : 50분

01 다음 밑줄 친 漢字語(한자어)의 音(음: 소리)을 쓰세요. (1~22)

보기	漢字 → 한자

1 그는 훌륭한 家長이 되려고 노력했다. [　　　]

2 그는 자기 姓을 한자로 써서 벽에 걸어 놓았다.
[　　　]

3 장작을 넣었더니 火力이 두 배로 세졌다.
[　　　]

4 오늘 여기서 南北의 화합을 돕는 행사가 열린다.
[　　　]

5 事後에 욕을 먹지 않도록 조심했다. [　　　]

6 사람은 直立을 한 후에 손을 자유롭게 쓰게 되었다. [　　　]

7 市場에는 사람들이 넘쳐났다. [　　　]

8 그는 살을 빼려고 間食을 전혀 먹지 않는다.
[　　　]

9 나는 每日 한자를 한 자씩 익힌다. [　　　]

10 그는 우리 동네에서 孝子로 유명하다. [　　　]

11 그녀는 動物을 관찰하는 것을 좋아한다.
[　　　]

12 나는 당당하게 건물 正門으로 들어갔다. [　　　]

13 萬一 비가 오면 모든 경기는 취소된다. [　　　]

14 이 世上에서 우리 엄마가 제일 좋다. [　　　]

15 추운 날은 감기 걸릴까 봐 따뜻한 室內에서만 지냈다. [　　　]

16 그는 農民을 위한 정책을 많이 제안했다.
[　　　]

17 下校하는 길에 우연히 초등학교 동창을 만났다.
[　　　]

18 여름에 특히 電氣를 아껴 써야 한다. [　　　]

19 이 글이야말로 名答이다. [　　　]

20 우리는 그 집안의 平安을 빌어 주었다. [　　　]

21 대통령은 전쟁이 나자 全軍을 동원했다.
[　　　]

22 青年들의 사기가 떨어지지 않도록 해야 한다.
[　　　]

02 다음 漢字(한자)의 訓(훈: 뜻)과 音(음: 소리)을 쓰세요. (23~42)

보기	漢 → 한나라 한

23 右　[　　　]

24 五　[　　　]

25 活　[　　　]

26 道　[　　　]

27 話　[　　　]

28 海　[　　　]

29 寸　[　　　]

30 木　[　　　]

31 水　[　　　]

32 外　[　　　]

33 方　[　　　]

34 中　[　　　]

35 生　[　　　]

36 時　[　　　]

37 自　[　　　]

38 左　[　　　]

39 父　[　　　]

40 九　[　　　]

41 八　[　　　]

42 金　[　　　]

03 다음 밑줄 친 漢字語(한자어)를 〈보기〉에서 골라 그 번호를 쓰세요. (43~44)

보기 　① 不足　② 西山　③ 兄弟　④ 手工

43 그녀는 돈이 부족해서 사업을 접었다. [　　]

44 그들은 형제간의 우애가 깊었다. [　　]

04 다음 訓(훈: 뜻)과 音(음: 소리)에 맞는 漢字(한자)를 〈보기〉에서 골라 그 번호를 쓰세요. (45~54)

보기 　① 人　② 韓　③ 江　④ 土
　　　⑤ 王　⑥ 先　⑦ 東　⑧ 四
　　　⑨ 月　⑩ 記

45 기록할 기 [　　]

46 임금 왕 [　　]

47 동녘 동 [　　]

48 강 강 [　　]

49 먼저 선 [　　]

50 한국 한 [　　]

51 사람 인 [　　]

52 흙 토 [　　]

53 달 월 [　　]

54 넉 사 [　　]

05 다음 漢字(한자)의 상대 또는 반대되는 漢字(한자)를 〈보기〉에서 골라 그 번호를 쓰세요. (55~56)

보기 　① 學　② 空　③ 白　④ 大

55 (　　) ↔ 小

56 敎 ↔ (　　)

06 다음 뜻에 맞는 漢字語(한자어)를 〈보기〉에서 찾아 그 번호를 쓰세요. (57~58)

보기 　① 六十　② 午前　③ 三國　④ 母女

57 낮 12시 이전 [　　]

58 엄마와 딸 [　　]

07 다음 漢字(한자)의 진하게 표시한 획은 몇 번째 쓰는지 〈보기〉에서 찾아 그 번호를 쓰세요. (59~60)

보기 　① 첫 번째　② 두 번째
　　　③ 세 번째　④ 네 번째
　　　⑤ 다섯 번째　⑥ 여섯 번째
　　　⑦ 일곱 번째

59

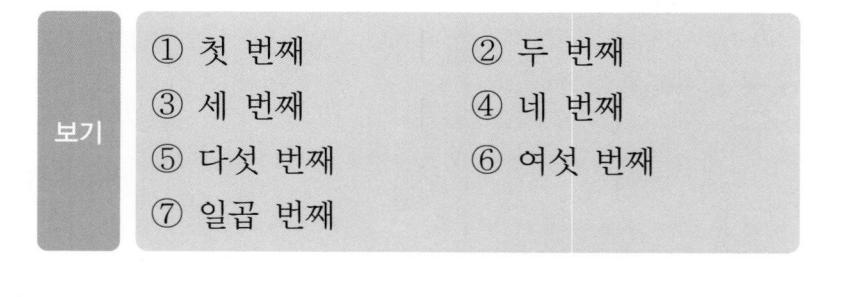

[　　]

60

[　　]

제93회
2021. 7. 10 시행

(社) 한국어문회 주관·한국한자능력검정회 시행

한자능력검정시험 7급Ⅱ 기출문제

문 항 수 : 100문항
합격문항 : 70문항
제한시간 : 50분

01 다음 밑줄 친 漢字語(한자어)의 音(음: 소리)을 쓰세요. (1~22)

보기	漢字 → 한자

1 지난 <u>七月</u>에는 우리가 사는 동네에도 많은 비가 내렸습니다. [   ]

2 우리 <u>江山</u>에 피어나는 들풀들을 소개해 주셨습니다. [   ]

3 1<u>校時</u>에는 우리가 사는 마을의 지도를 그려 보기로 했습니다. [   ]

4 하루 동안 있었던 일과 생각을 <u>日記</u>장에 적어 봅니다. [   ]

5 우리 반 친구들 모두 <u>安全</u>하게 돌다리를 건넜습니다. [   ]

6 건강을 위해 규칙적인 <u>生活</u>을 하기로 했습니다. [   ]

7 이 공원은 많은 <u>市民</u>들이 쉬러 오는 곳입니다. [   ]

8 <u>每年</u> 이맘때쯤엔 여러 가지 나물을 보내 주십니다. [   ]

9 겨울이 시작되자 아침 <u>大氣</u>가 제법 싸늘해졌습니다. [   ]

10 옆집에 사시는 <u>木手</u> 아저씨께서 의자를 만들어 주셨습니다. [   ]

11 아직 <u>不足</u>한 부분은 마저 채워 나가도록 하겠습니다. [   ]

12 시골에 계신 할아버지께 <u>電話</u>를 드렸습니다. [   ]

13 오늘 <u>午後</u>부터는 많은 눈이 내린다고 합니다. [   ]

14 여기까지 오는데 걸어서 <u>四十</u> 분 정도 걸렸습니다.

니다. [   ]

15 아버지는 <u>工場</u>에서 기계를 다루는 일을 하십니다. [   ]

16 이 우물이 <u>食水</u>로 사용이 가능한지 알아보기로 했습니다. [   ]

17 미술관에 가기 위해서는 이번 역에서 <u>下車</u>하면 됩니다. [   ]

18 작은 아버지는 <u>空軍</u> 부사관으로 복무하고 계십니다. [   ]

19 돌담 <u>左右</u>로 풀꽃들이 피어나기 시작했습니다. [   ]

20 이번 주말에는 동생과 <u>室內</u> 놀이를 하기로 했습니다. [   ]

21 이 마을 사람들은 갯벌을 메워 <u>農土</u>를 늘려갔습니다. [   ]

22 우리는 연극 무대 앞 <u>中間</u>쯤에 자리를 잡았습니다. [   ]

02 다음 漢字(한자)의 訓(훈: 뜻)과 音(음: 소리)을 쓰세요. (23~42)

보기	漢 → 한나라 한

23 教 [   ]

24 直 [   ]

25 長 [   ]

26 五 [   ]

27 答 [   ]

28 先 [   ]

29 海 [   ]

30 正 [   ]

31 學 [   ]

32 姓   [   ]
33 父   [   ]
34 動   [   ]
35 上   [   ]
36 名   [   ]
37 小   [   ]
38 家   [   ]
39 靑   [   ]
40 孝   [   ]
41 白   [   ]
42 力   [   ]

03 다음 밑줄 친 漢字語(한자어)를 〈보기〉에서 골라 그 번호를 쓰세요. (43~44)

| 보기 | ① 二世 | ② 事前 | ③ 三寸 | ④ 人物 |

43 이 책에 나오는 <u>인물</u>에게 하고 싶은 말을 적어 봅시다.   [   ]

44 이번에는 <u>사전</u>에 철저하게 준비를 하기로 했습니다.   [   ]

04 다음 訓(훈: 뜻)과 音(음:소리)에 맞는 漢字(한자)를 〈보기〉에서 골라 그 번호를 쓰세요. (45~54)

보기	① 平	② 外	③ 六	④ 東
	⑤ 金	⑥ 男	⑦ 八	⑧ 萬
	⑨ 九	⑩ 火		

45 사내 남   [   ]
46 여섯 륙   [   ]
47 바깥 외   [   ]
48 동녘 동   [   ]
49 여덟 팔   [   ]
50 평평할 평   [   ]
51 일만 만   [   ]
52 쇠 금 | 성(姓) 김 [   ]

53 아홉 구   [   ]
54 불 화   [   ]

05 다음 漢字(한자)의 상대 또는 반대되는 漢字(한자)를 〈보기〉에서 골라 그 번호를 쓰세요. (55~56)

| 보기 | ① 母 | ② 南 | ③ 兄 | ④ 西 |

55 (   ) ↔ 北

56 弟 ↔ (   )

06 다음 뜻에 맞는 漢字語(한자어)를 〈보기〉에서 찾아 그 번호를 쓰세요. (57~58)

| 보기 | ① 自立 | ② 韓國 | ③ 王子 | ④ 方道 |

57 남에게 예속되거나 의지하지 아니하고 스스로 섬.   [   ]

58 어떤 일을 하거나 문제를 풀어 가기 위한 방법과 도리.   [   ]

07 다음 漢字(한자)의 진하게 표시한 획은 몇 번째 쓰는지 〈보기〉에서 찾아 그 번호를 쓰세요. (59~60)

보기	① 첫 번째	② 두 번째
	③ 세 번째	④ 네 번째
	⑤ 다섯 번째	⑥ 여섯 번째
	⑦ 일곱 번째	⑧ 여덟 번째

59

[   ]

60

[   ]

제94회
2021. 9. 11 시행

(社) 한국어문회 주관·한국한자능력검정회 시행

한자능력검정시험 7급Ⅱ 기출문제

문 항 수 : 100문항
합격문항 : 70문항
제한시간 : 50분

01 다음 밑줄 친 漢字語(한자어)의 讀音(독음: 읽는 소리)을 쓰세요. (1~22)

보기	漢字 → 한자

1 저녁에 온갖 海物을 넣어 맛있게 먹었습니다.
[   ]

2 이 약은 하루 세 번 食後 30분마다 먹으라고 합니다. [   ]

3 토요일에 市立 도서관에 가서 책을 보았습니다.
[   ]

4 저 그림은 마치 생명이 生動하는 것처럼 보입니다. [   ]

5 孝子라는 말을 들으면 기분이 좋아집니다.
[   ]

6 校長선생님이 교실에 들어오셨습니다. [   ]

7 나는 姓名을 한자로 쓸 수 있습니다. [   ]

8 부모님의 平安과 건강을 빌었습니다. [   ]

9 수학문제의 正答을 알아냈습니다. [   ]

10 우리는 全力을 다해 힘껏 달렸습니다. [   ]

11 올해 줄다리기는 靑軍이 이겼습니다. [   ]

12 주말마다 農場에 가서 채소에 물을 줍니다.
[   ]

13 준비 운동을 하기 위해 手足을 힘껏 움직였습니다. [   ]

14 자기 전에 매일 日記를 쓰고 있습니다.
[   ]

15 電話를 할 때에는 용건만 간단히 합니다.
[   ]

16 숙제를 午前에 다 마칠 수 있었습니다.
[   ]

17 기침이 심하여 氣道가 막힐 뻔 했습니다.

18 온 世上에 흰 눈이 가득 내렸습니다. [   ]

19 工事 때문에 통행에 어려움이 많았습니다.
[   ]

20 오늘 간식 時間을 알려주세요. [   ]

21 우리나라는 東方의 예의바른 나라입니다.
[   ]

22 家內가 모두 행복해 보였습니다. [   ]

02 다음 漢字(한자)의 訓(훈: 뜻)과 音(음: 소리)을 쓰세요. (23~42)

보기	漢 → 한나라 한

23 萬 [   ]

24 民 [   ]

25 室 [   ]

26 直 [   ]

27 活 [   ]

28 火 [   ]

29 自 [   ]

30 中 [   ]

31 人 [   ]

32 水 [   ]

33 二 [   ]

34 不 [   ]

35 先 [   ]

36 母 [   ]

37 六 [   ]

38 一 [   ]

39 白 [   ]

40 木 [   ]

41 王 [ ]

42 敎 [ ]

03 다음 밑줄 친 漢字語(한자어)를 〈보기〉에서 골라 그 번호를 쓰세요. (43~44)

보기 ① 三寸 ② 下山 ③ 兄弟 ④ 學年

43 아버지의 형제를 삼촌이라 부릅니다. [ ]

44 하산하던 중에 친구를 만났습니다. [ ]

04 다음 訓(훈: 뜻)과 音(음: 소리)에 맞는 漢字(한자)를 〈보기〉에서 골라 그 번호를 쓰세요. (45~54)

보기 ① 外 ② 五 ③ 大 ④ 江
⑤ 父 ⑥ 八 ⑦ 九 ⑧ 韓
⑨ 小 ⑩ 七

45 일곱 칠 [ ]

46 바깥 외 [ ]

47 다섯 오 [ ]

48 큰 대 [ ]

49 강 강 [ ]

50 아비 부 [ ]

51 작을 소 [ ]

52 한국 한 [ ]

53 아홉 구 [ ]

54 여덟 팔 [ ]

05 다음 漢字(한자)의 상대 또는 반대되는 漢字(한자)를 〈보기〉에서 골라 그 번호를 쓰세요. (55~56)

보기 ① 南 ② 右 ③ 車 ④ 金

55 ( ) ↔ 北

56 左 ↔ ( )

06 다음 뜻에 맞는 漢字語(한자어)를 〈보기〉에서 찾아 그 번호를 쓰세요. (57~58)

보기 ① 十月 ② 男女 ③ 國土 ④ 西門

57 열두 달 가운데 열 번째 달 [ ]

58 서쪽의 문 [ ]

07 다음 漢字(한자)의 진하게 표시한 획은 몇 번째 쓰는지 〈보기〉에서 찾아 그 번호를 쓰세요. (59~60)

보기 ① 첫 번째 ② 두 번째
③ 세 번째 ④ 네 번째
⑤ 다섯 번째 ⑥ 여섯 번째
⑦ 일곱 번째 ⑧ 여덟 번째

59

空
[ ]

60

每
[ ]

(社) 한국어문회 주관·한국한자능력검정회 시행

한자능력검정시험 7급Ⅱ 기출문제

01 다음 밑줄 친 漢字語(한자어)의 음(음: 소리)을 쓰세요. (1~22)

보기	漢字 → 한자

1 놀이터 놀이기구들이 <u>安全</u>한지 검사를 한다고 합니다. [   ]

2 그 할머니는 <u>每日</u> 공원에 오셔서 쓰레기를 주우십니다. [   ]

3 우리 집은 '<u>生活</u> 속 플라스틱 줄이기' 캠페인에 참여합니다. [   ]

4 오늘 아침 <u>學校</u> 가는 길에 소나기를 만났습니다. [   ]

5 이 <u>世上</u>에는 궁금한 것들이 너무도 많습니다. [   ]

6 집 안에 들어서자마자 <u>電話</u>벨이 울리기 시작했습니다. [   ]

7 우리는 손수 만든 부채를 <u>市民</u>과 함께 나누기로 했습니다. [   ]

8 어머니는 <u>木手</u> 아저씨에게 창틀을 고쳐달라고 하셨습니다. [   ]

9 역에서 할머니 집까지는 걸어서 <u>三十</u>분 정도 걸립니다. [   ]

10 겨울철에 <u>室內</u>에서 키우기 좋은 화초를 골랐습니다. [   ]

11 안개가 자욱해서 <u>前方</u>이 잘 보이지 않습니다. [   ]

12 큰 소리가 나자 많은 사람들의 눈길이 <u>一時</u>에 쏠렸습니다. [   ]

13 이 동네에 새로 이사 온지도 벌써 <u>四年</u>이 지났습니다. [   ]

14 어제는 <u>國軍</u> 아저씨께 위문편지를 보냈습니다. [   ]

15 똑바로 서서 양쪽 팔을 <u>水平</u>이 되게 뻗어봅시다. [   ]

16 마지막 수업은 아름다운 우리 <u>江山</u> 그리기입니다. [   ]

17 미술관 입구 <u>左右</u>에 작은 동상이 서 있습니다. [   ]

18 아버지는 다음 달에 <u>海外</u> 출장을 가십니다. [   ]

19 각자 소원을 적은 풍등을 <u>空中</u>으로 날려 보냅니다. [   ]

20 오늘은 <u>大氣</u>가 건조하고 온도도 낮다고 합니다. [   ]

21 왕은 세 <u>王子</u>들과 함께 사냥을 나갔습니다. [   ]

22 마을 한쪽에는 김치 <u>工場</u>이 들어서 있습니다. [   ]

02 다음 漢字(한자)의 訓(훈: 뜻)과 음(음: 소리)을 쓰세요. (23~42)

보기	漢 → 한나라 한

23 敎 [   ]
24 直 [   ]
25 道 [   ]
26 農 [   ]
27 答 [   ]
28 食 [   ]
29 先 [   ]
30 門 [   ]

31 正 [　　　]
32 足 [　　　]
33 間 [　　　]
34 立 [　　　]
35 姓 [　　　]
36 自 [　　　]
37 動 [　　　]
38 家 [　　　]
39 靑 [　　　]
40 韓 [　　　]
41 孝 [　　　]
42 力 [　　　]

03 다음 밑줄 친 漢字語(한자어)를 〈보기〉에서 골라 그 번호를 쓰세요. (43~44)

보기　① 父母　② 人物　③ 午後　④ 九月

43 이 책에 나오는 인물들을 소개해 봅시다.
[　　　]

44 어제는 오후 내내 비가 내렸습니다. [　　　]

04 다음 訓(훈: 뜻)과 音(음: 소리)에 맞는 漢字(한자)를 〈보기〉에서 골라 그 번호를 쓰세요. (45~54)

보기　① 白　② 六　③ 金　④ 萬　⑤ 五　⑥ 八　⑦ 東　⑧ 不　⑨ 土　⑩ 男

45 사내 남 [　　　]
46 동녘 동 [　　　]
47 여섯 륙 [　　　]
48 아닐 불 [　　　]
49 여덟 팔 [　　　]
50 흙 토 [　　　]
51 일만 만 [　　　]
52 쇠 금 ┃ 성(姓) 김 [　　　]

53 흰 백 [　　　]
54 다섯 오 [　　　]

05 다음 漢字(한자)의 상대 또는 반대되는 漢字(한자)를 〈보기〉에서 골라 그 번호를 쓰세요. (55~56)

보기　① 西　② 南　③ 寸　④ 弟

55 (　　　) ↔ 兄
56 北 ↔ (　　　)

06 다음 뜻에 맞는 漢字語(한자어)를 〈보기〉에서 찾아 그 번호를 쓰세요. (57~58)

보기　① 漢名　② 下車　③ 小火　④ 記事

57 사실을 적음. 또는 그런 글. [　　　]
58 타고 있던 차에서 내림. [　　　]

07 다음 漢字(한자)의 진하게 표시한 획은 몇 번째 쓰는지 〈보기〉에서 찾아 그 번호를 쓰세요. (59~60)

보기　① 첫 번째　② 두 번째　③ 세 번째　④ 네 번째　⑤ 다섯 번째　⑥ 여섯 번째　⑦ 일곱 번째　⑧ 여덟 번째

59
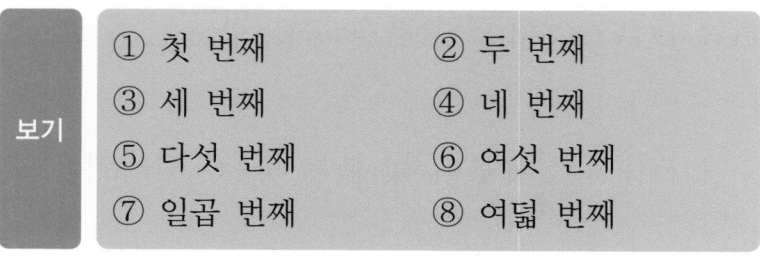
[　　　]

60
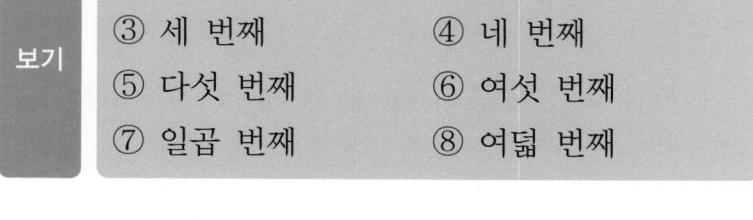
[　　　]

제96회
2022. 2. 26 시행
(社) 한국어문회 주관·한국한자능력검정회 시행
한자능력검정시험 7급 II 기출문제
문 항 수 : 60문항
합격문항 : 42문항
제한시간 : 50분

01 다음 밑줄 친 漢字語(한자어)의 音(음: 소리)을 쓰세요. (1~22)

보기   漢字 → 한자

1 볼에 부딪치는 <u>空氣</u>가 하루가 다르게 차가워 졌습니다. [   ]

2 이 <u>世上</u>을 바른 길로 이끌어가는 사람이 되어 야 합니다. [   ]

3 솔직하고 <u>正直</u>한 사람은 주변 사람들을 편안 하게 만듭니다. [   ]

4 세계 속에서 <u>韓國</u>의 위상이 날로 높아지고 있 습니다. [   ]

5 시청에 가려면 다음 정류장에서 <u>下車</u>해야 합 니다. [   ]

6 최근 집안의 모든 <u>事物</u>을 네트워크로 연결하 고 있습니다. [   ]

7 공공장소에서는 <u>電話</u> 예절을 지켜야 합니다. [   ]

8 도로의 <u>左右</u>를 살핀 뒤 횡단보도를 건너야 합 니다. [   ]

9 다른 사람의 도움 없이 <u>自立</u>할 수 있는 능력을 길러야 합니다. [   ]

10 최근 몇 년 사이에 <u>海水</u>의 온도가 높아졌습니다. [   ]

11 부모님께 <u>孝道</u>하는 사람이 성공할 수 있어야 합니다. [   ]

12 <u>萬一</u>의 경우에 대비하여 상비약을 준비해야 합니다. [   ]

13 일의 <u>大小</u>와 경중을 따져서 그에 맞게 대처해 야 합니다. [   ]

14 신청서에는 <u>姓名</u>을 정확하게 기입해야 합니다. [   ]

15 <u>靑年</u>들이 건강하고 행복해야 우리의 미래가 밝습니다. [   ]

16 처지를 <u>不平</u>하기보다 이를 극복하기 위해 노 력해야 합니다. [   ]

17 의좋은 <u>兄弟</u> 이야기는 사람들의 마음을 훈훈 하게 만듭니다. [   ]

18 건축 현장에서는 무엇보다도 <u>安全</u>이 중요합니다. [   ]

19 스승과 <u>學生</u>은 가르치고 배우면서 함께 성장 합니다. [   ]

20 요즘에는 <u>手動</u> 변속기를 단 자동차를 보기 어 렵습니다. [   ]

21 과거에는 <u>長男</u>에게 가업을 물려주는 일이 많 았습니다. [   ]

22 <u>時間</u>이 날 때에는 책을 읽는 습관을 들여야 합 니다. [   ]

02 다음 漢字(한자)의 訓(훈: 뜻)과 音(음: 소리)을 쓰세요. (23~42)

보기   漢 → 한나라 한

23 午 [   ]
24 記 [   ]
25 白 [   ]
26 寸 [   ]
27 答 [   ]
28 中 [   ]
29 活 [   ]
30 母 [   ]
31 敎 [   ]
32 土 [   ]

33 五 [　　　]

34 八 [　　　]

35 工 [　　　]

36 足 [　　　]

37 軍 [　　　]

38 七 [　　　]

39 南 [　　　]

40 月 [　　　]

41 校 [　　　]

42 民 [　　　]

03 다음 밑줄 친 漢字語(한자어)를 〈보기〉에서 골라 그 번호를 쓰세요. (43~44)

보기	① 市場 ② 東門 ③ 江山 ④ 北西

43 전통 시장에서는 훈훈한 인정을 느낄 수 있습니다. [　　　]

44 아름다운 강산을 미래 세대에게 물려주어야 합니다. [　　　]

04 다음 訓(훈: 뜻)과 音(음: 소리)에 맞는 漢字(한자)를 〈보기〉에서 골라 그 번호를 쓰세요. (45~54)

보기	① 木 ② 力 ③ 父 ④ 女 ⑤ 九 ⑥ 六 ⑦ 人 ⑧ 食 ⑨ 金 ⑩ 子

45 사람 인 [　　　]

46 아비 부 [　　　]

47 여섯 륙 [　　　]

48 나무 목 [　　　]

49 아들 자 [　　　]

50 힘 력 [　　　]

51 쇠 금 [　　　]

52 아홉 구 [　　　]

53 먹을 식 [　　　]

54 계집 녀 [　　　]

05 다음 漢字(한자)의 상대 또는 반대되는 漢字(한자)를 〈보기〉에서 골라 그 번호를 쓰세요. (55~56)

보기	① 火 ② 室 ③ 後 ④ 內

55 (　　) ↔ 外

56 前 ↔ (　　)

06 다음 뜻에 맞는 漢字語(한자어)를 〈보기〉에서 찾아 그 번호를 쓰세요. (57~58)

보기	① 先王 ② 農家 ③ 每日 ④ 四方

57 농사를 짓는 사람이 사는 집. [　　　]

58 하루하루. 하루하루마다. [　　　]

다음 漢字(한자)의 진하게 표시한 획은 몇 번째 쓰는지 〈보기〉에서 찾아 그 번호를 쓰세요. (59~60)

보기	① 첫 번째 ② 두 번째 ③ 세 번째 ④ 네 번째 ⑤ 다섯 번째 ⑥ 여섯 번째 ⑦ 일곱 번째 ⑧ 여덟 번째 ⑨ 아홉 번째 ⑩ 열 번째

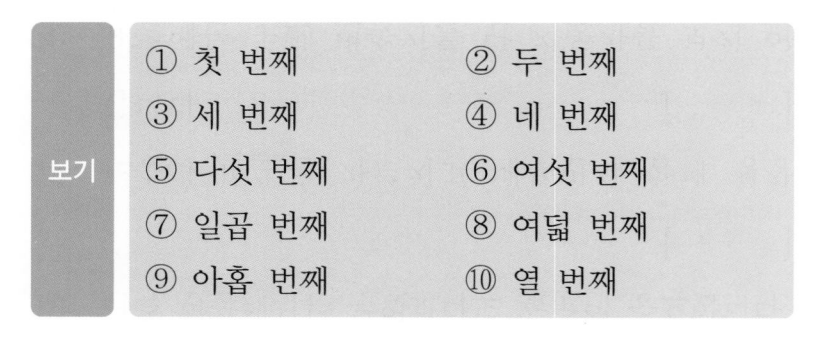

59 [　　　]

60 [　　　]

제97회
2022. 5. 28 시행
(社) 한국어문회 주관·한국한자능력검정회 시행
한자능력검정시험 7급Ⅱ 기출문제
문 항 수 : 60문항
합격문항 : 42문항
제한시간 : 50분

01 다음 밑줄 친 漢字語(한자어)의 讀音(독음: 읽는 소리)을 쓰세요. (1~22)

보기   漢字 → 한자

1 이웃집은 兄弟간에 우애가 좋기로 소문이 났습니다. [   ]

2 집수리가 끝날 때까지 당분간 이모네서 生活하기로 했습니다. [   ]

3 선생님은 수업 中間에 학생들에게 질문을 하셨습니다. [   ]

4 봄이 오면 江山에 예쁜 꽃들이 피어나기 시작합니다. [   ]

5 책에 나오는 人物에게 하고 싶은 말을 정리해 봅시다. [   ]

6 다음 주말에는 三寸네 가족과 야구장에 가기로 했습니다. [   ]

7 누나의 달리기 실력은 全校에서 손가락 안에 꼽힙니다. [   ]

8 할아버지 댁에 도착하자마자 집에 電話를 드렸습니다. [   ]

9 '풍속화의 大家 김홍도'를 읽고 물음에 답하여 봅시다. [   ]

10 지난주부터 水道 공사를 하느라 도로가 통제되었습니다. [   ]

11 할머니는 솜씨 좋은 木手를 불러 옷장을 짜 달라고 했습니다. [   ]

12 이번 행사에는 子女들과 함께 참여하시기 바랍니다. [   ]

13 그들은 헤어진 지 四十 년 만에 극적으로 상봉했습니다. [   ]

14 큰 아버지는 空軍으로 복무하고 계십니다. [   ]

15 이 음악은 海外에서 먼저 인기를 끌기 시작했습니다. [   ]

16 우리 가족이 모두 平安하고 건강하기를 빌었습니다. [   ]

17 답안지에는 수험번호와 姓名, 생년월일을 적습니다. [   ]

18 내일 午前까지 전국적으로 많은 눈이 내린다고 합니다. [   ]

19 그는 아르바이트를 하며 학비를 自力으로 마련했습니다. [   ]

20 世上에는 우리가 알지 못하는 신비한 일들이 많습니다. [   ]

21 커다란 나무들이 우리가 걷는 길 左右에 늘어서 있습니다. [   ]

22 열차가 잠시 멈추고 車內 방송이 흘러나오기 시작했습니다. [   ]

02 다음 漢字(한자)의 訓(훈: 뜻)과 音(음: 소리)을 쓰세요. (23~42)

보기   漢 → 한나라 한

23 教 [   ]
24 直 [   ]
25 農 [   ]
26 五 [   ]
27 答 [   ]
28 場 [   ]
29 食 [   ]
30 方 [   ]
31 門 [   ]
32 正 [   ]

33 足 [   ]

34 學 [   ]

35 火 [   ]

36 下 [   ]

37 動 [   ]

38 事 [   ]

39 工 [   ]

40 靑 [   ]

41 韓 [   ]

42 孝 [   ]

03 다음 밑줄 친 漢字語(한자어)를 〈보기〉에서 골라 그 번호를 쓰세요. (43~44)

| 보기 | ① 東西   ② 南北   ③ 每年   ④ 七月 |

43 냇물이 마을의 <u>남북</u>을 가로지르고 있습니다.
[   ]

44 철새들이 <u>매년</u> 겨울이면 이곳으로 날아듭니다.
[   ]

04 다음 訓(훈: 뜻)과 音(음: 소리)에 맞는 漢字(한자)를 〈보기〉에서 골라 그 번호를 쓰세요. (45~54)

보기	① 男 ② 漢 ③ 白 ④ 六
	⑤ 金 ⑥ 萬 ⑦ 不 ⑧ 八
	⑨ 土 ⑩ 記

45 아닐 불 [   ]

46 여섯 륙 [   ]

47 일만 만 [   ]

48 기록할 기 [   ]

49 사내 남 [   ]

50 흙 토 [   ]

51 흰 백 [   ]

52 여덟 팔 [   ]

53 쇠 금 | 성(姓) 김 [   ]

54 한수/한나라 한 [   ]

05 다음 漢字(한자)의 상대 또는 반대되는 漢字(한자)를 〈보기〉에서 골라 그 번호를 쓰세요. (55~56)

| 보기 | ① 先   ② 父   ③ 小   ④ 王 |

55 (   ) ↔ 母

56 後 ↔ (   )

06 다음 뜻에 맞는 漢字語(한자어)를 〈보기〉에서 찾아 그 번호를 쓰세요. (57~58)

| 보기 | ① 市長   ② 一時   ③ 日氣   ④ 國立 |

57 그날그날의 비, 구름, 바람, 기온 따위가 나타나는 기상 상태.
[   ]

58 공공의 이익을 위하여 나라의 예산으로 세우고 관리함.
[   ]

07 다음 漢字(한자)의 진하게 표시한 획은 몇 번째 쓰는지 〈보기〉에서 찾아 그 번호를 쓰세요. (59~60)

보기	① 첫 번째 ② 두 번째
	③ 세 번째 ④ 네 번째
	⑤ 다섯 번째 ⑥ 여섯 번째
	⑦ 일곱 번째 ⑧ 여덟 번째
	⑨ 아홉 번째

59

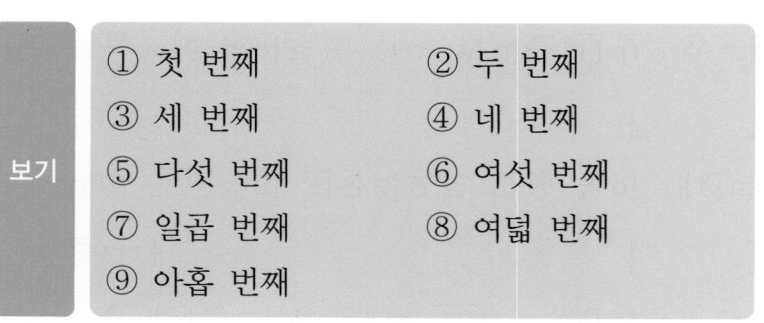

[   ]

60

[   ]

제98회
2022. 8. 27 시행

(社) 한국어문회 주관·한국한자능력검정회 시행

한자능력검정시험 7급Ⅱ 기출문제

문 항 수 : 60문항
합격문항 : 42문항
제한시간 : 50분

01 다음 밑줄 친 漢字語(한자어)의 音(음: 소리)을 쓰세요. (1~22)

보기	漢字 → 한자

1 봄이면 온 江山에 진달래꽃이 흐드러지게 핍니다.
　　　　　　　　　　　　　　　　　[　　　]

2 체육 시간은 오늘 삼 校時입니다. [　　　]

3 삼촌은 海外 출장을 자주 나갑니다. [　　　]

4 김홍도는 풍속화의 大家입니다. [　　　]

5 이 工場은 내년부터 가동됩니다. [　　　]

6 韓方 의학이 세계에 알려지기 시작했습니다.
　　　　　　　　　　　　　　　　　[　　　]

7 몇 년 사이에 世上이 많이 변하였습니다.
　　　　　　　　　　　　　　　　　[　　　]

8 계곡을 막아 水力 발전소를 만들었습니다.
　　　　　　　　　　　　　　　　　[　　　]

9 이장님은 솜씨 좋은 木手입니다. [　　　]

10 생선 가시가 食道에 걸려 목이 따끔거립니다.
　　　　　　　　　　　　　　　　　[　　　]

11 아버지는 매주 할머니께 電話를 걸어 안부를 묻습니다. [　　　]

12 가구별 평균 子女 수가 점점 줄어들고 있습니다.
　　　　　　　　　　　　　　　　　[　　　]

13 독수리가 左右 날개를 활짝 펴고 날아오릅니다.
　　　　　　　　　　　　　　　　　[　　　]

14 사방이 차단된 室內는 몹시 더웠습니다.
　　　　　　　　　　　　　　　　　[　　　]

15 학교 正門에서 철수를 만나기로 했습니다.
　　　　　　　　　　　　　　　　　[　　　]

16 마당극은 平民들의 문화를 잘 보여줍니다.
　　　　　　　　　　　　　　　　　[　　　]

17 석유는 절대 火氣 옆에 보관해서는 안 됩니다.
　　　　　　　　　　　　　　　　　[　　　]

18 어머니는 每月 5만 원씩 용돈을 주십니다.
　　　　　　　　　　　　　　　　　[　　　]

19 우리나라의 年間 수출량이 늘었습니다.
　　　　　　　　　　　　　　　　　[　　　]

20 승객 여러분들을 목적지까지 安全하게 모시겠습니다. [　　　]

21 서류에 주소와 姓名을 적었습니다. [　　　]

22 가람이는 매일 日記를 씁니다. [　　　]

02 다음 漢字(한자)의 訓(훈: 뜻)과 音(음: 소리)을 쓰세요. (23~42)

보기	漢 → 한나라 한

23 六 [　　　]
24 孝 [　　　]
25 白 [　　　]
26 立 [　　　]
27 四 [　　　]
28 二 [　　　]
29 寸 [　　　]
30 學 [　　　]
31 王 [　　　]
32 東 [　　　]
33 一 [　　　]
34 中 [　　　]
35 敎 [　　　]
36 母 [　　　]
37 五 [　　　]
38 金 [　　　]

39 九 [   ]

40 弟 [   ]

41 午 [   ]

42 男 [   ]

03 다음 밑줄 친 漢字語(한자어)를 〈보기〉에서 골라 그 번호를 쓰세요. (43~44)

보기 ① 人事 ② 農父 ③ 生物 ④ 市長

43 물과 공기가 없다면 생물이 살 수 없습니다.
[   ]

44 평생 농사일만 해온 농부가 쟁기질을 합니다.
[   ]

04 다음 訓(훈: 뜻)과 音(음: 소리)에 맞는 漢字(한자)를 〈보기〉에서 골라 그 번호를 쓰세요. (45~54)

보기 ① 八 ② 兄 ③ 西 ④ 萬
⑤ 土 ⑥ 七 ⑦ 小 ⑧ 十
⑨ 三 ⑩ 答

45 대답 답 [   ]

46 형 형 [   ]

47 서녘 서 [   ]

48 일곱 칠 [   ]

49 작을 소 [   ]

50 흙 토 [   ]

51 일만 만 [   ]

52 석 삼 [   ]

53 열 십 [   ]

54 여덟 팔 [   ]

05 다음 漢字(한자)의 상대 또는 반대되는 漢字(한자)를 〈보기〉에서 골라 그 번호를 쓰세요. (55~56)

보기 ① 下 ② 後 ③ 北 ④ 足

55 ( ) ↔ 先

56 南 ↔ ( )

06 다음 뜻에 맞는 漢字語(한자어)를 〈보기〉에서 찾아 그 번호를 쓰세요. (57~58)

보기 ① 不動 ② 自活 ③ 直前 ④ 空車

57 사람이나 짐을 싣지 않은 비어 있는 차.
[   ]

58 움직이지 않음. [   ]

07 다음 漢字(한자)의 진하게 표시한 획은 몇 번째 쓰는지 〈보기〉에서 찾아 그 번호를 쓰세요. (59~60)

보기 ① 첫 번째 ② 두 번째
③ 세 번째 ④ 네 번째
⑤ 다섯 번째 ⑥ 여섯 번째
⑦ 일곱 번째 ⑧ 여덟 번째
⑨ 아홉 번째

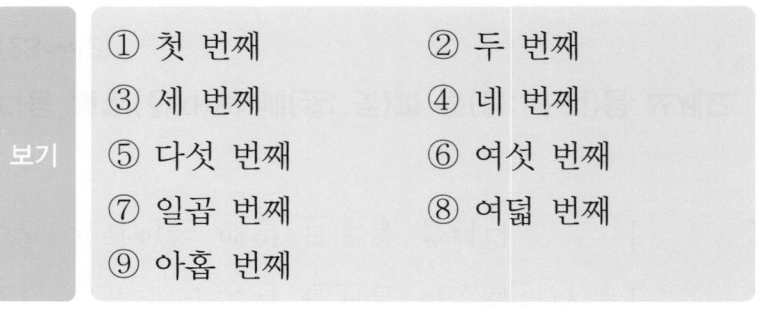

59 [   ]

60 [   ]

【제91회】기출문제(59p~60p)

1 공군	2 농사	3 교장	4 전자
5 시장	6 시간	7 강산	8 오전
9 사방	10 성명	11 전국	12 효도
13 활동	14 정직	15 가문	16 평안
17 좌우	18 자립	19 매일	20 내외
21 상하	22 후세	23 불 화	24 아홉 구
25 바다 해	26 흰 백	27 여덟 팔	28 푸를 청
29 마디 촌	30 석 삼	31 발 족	32 임금 왕
33 달 월	34 기운 기	35 아니 불	36 열 십
37 힘 력	38 동녘 동	39 남녘 남	40 일곱 칠
41 수레 거/차	42 나무 목	43 ③	44 ①
45 ⑧	46 ②	47 ①	48 ⑩
49 ⑦	50 ③	51 ⑤	52 ⑥
53 ④	54 ⑨	55 ②	56 ④
57 ④	58 ①	59 ⑤	60 ⑩

【제93회】기출문제(63p~64p)

1 칠월	2 강산	3 교시	4 일기
5 안전	6 생활	7 시민	8 매년
9 대기	10 목수	11 부족	12 전화
13 오후	14 사십	15 공장	16 식수
17 하차	18 공군	19 좌우	20 실내
21 농토	22 중간	23 가르칠 교	24 곧을 직
25 긴 장	26 다섯 오	27 대답 답	28 먼저 선
29 바다 해	30 바를 정	31 배울 학	32 성 성
33 아비 부	34 움직일 동	35 윗 상	36 이름 명
37 작을 소	38 집 가	39 푸를 청	40 효도 효
41 흰 백	42 힘 력	43 ④	44 ②
45 ⑥	46 ③	47 ②	48 ④
49 ⑦	50 ①	51 ⑧	52 ⑤
53 ⑨	54 ⑩	55 ②	56 ③
57 ①	58 ④	59 ③	60 ⑧

【제92회】기출문제(61p~62p)

1 가장	2 성	3 화력	4 남북
5 사후	6 직립	7 시장	8 간식
9 매일	10 효자	11 동물	12 정문
13 만일	14 세상	15 실내	16 농민
17 하교	18 전기	19 명답	20 평안
21 전군	22 청년	23 오른 우	24 다섯 오
25 살 활	26 길 도	27 말씀 화	28 바다 해
29 마디 촌	30 나무 목	31 물 수	32 바깥 외
33 모 방	34 가운데 중	35 날 생	36 때 시
37 스스로 자	38 왼 좌	39 아비 부	40 아홉 구
41 여덟 팔	42 쇠 금/성 김	43 ①	44 ③
45 ⑩	46 ⑤	47 ⑦	48 ③
49 ⑥	50 ②	51 ①	52 ④
53 ⑨	54 ⑧	55 ⑨	56 ①
57 ②	58 ④	59 ⑥	60 ⑦

【제94회】기출문제(65p~66p)

1 해물	2 식후	3 시립	4 생동
5 효자	6 교장	7 성명	8 평안
9 정답	10 전력	11 청군	12 농장
13 수족	14 일기	15 전화	16 오전
17 기도	18 세상	19 공사	20 시간
21 동방	22 가내	23 일만 만	24 백성 민
25 집 실	26 곧을 직	27 살 활	28 불 화
29 스스로 자	30 가운데 중	31 사람 인	32 물 수
33 두 이	34 아니 불	35 먼저 선	36 어미 모
37 여섯 륙	38 한 일	39 흰 백	40 나무 목
41 임금 왕	42 가르칠 교	43 ①	44 ②
45 ⑩	46 ①	47 ②	48 ③
49 ④	50 ⑤	51 ⑨	52 ⑧
53 ⑦	54 ⑥	55 ①	56 ②
57 ①	58 ④	59 ⑤	60 ⑦

【제95회】기출문제(67p~68p)

1 안전	2 매일	3 생활	4 학교
5 세상	6 전화	7 시민	8 목수
9 삼십	10 실내	11 전방	12 일시
13 사년	14 국군	15 수평	16 강산
17 좌우	18 해외	19 공중	20 대기
21 왕자	22 공장	23 가르칠 교	24 곧을 직
25 길 도	26 농사 농	27 대답 답	28 밥/먹을 식
29 먼저 선	30 문 문	31 바를 정	32 발 족
33 사이 간	34 설 립	35 성 성	36 스스로 자
37 움직일 동	38 집 가	39 푸를 청	40 한국/나라 한
41 효도 효	42 힘 력	43 ②	44 ③
45 ⑩	46 ⑦	47 ②	48 ⑧
49 ⑥	50 ⑨	51 ④	52 ③
53 ①	54 ⑤	55 ④	56 ②
57 ④	58 ②	59 ③	60 ⑦

【제97회】기출문제(71p~72p)

1 형제	2 생활	3 중간	4 강산
5 인물	6 삼촌	7 전교	8 전화
9 대가	10 수도	11 목수	12 자녀
13 사십	14 공군	15 해외	16 평안
17 성명	18 오전	19 자력	20 세상
21 좌우	22 차내	23 가르칠 교	24 곧을 직
25 농사 농	26 다섯 오	27 대답 답	28 마당 장
29 밥/먹을 식	30 모[棱] 방	31 문 문	32 바를 정
33 발 족	34 배울 학	35 불 화	36 아래 하
37 움직일 동	38 일 사	39 장인 공	40 푸를 청
41 한국/나라 한	42 효도 효	43 ② 南北	44 ③ 每年
45 ⑦ 不	46 ④ 六	47 ⑥ 萬	48 ⑩ 記
49 ① 男	50 ⑨ 土	51 ③ 白	52 ⑧ 八
53 ⑤ 金	54 ② 漢	55 ② 父	56 ① 先
57 ③ 日氣	58 ④ 國立	59 ③ 세 번째	60 ⑨ 아홉 번째

【제96회】기출문제(69p~70p)

1 공기	2 세상	3 정직	4 한국
5 하차	6 사물	7 전화	8 좌우
9 자립	10 해수	11 효도	12 만일
13 대소	14 성명	15 청년	16 불평
17 형제	18 안전	19 학생	20 수동
21 장남	22 시간	23 낮 오	24 기록할 기
25 흰 백	26 마디 촌	27 대답 답	28 가운데 중
29 살 활	30 어미 모	31 가르칠 교	32 흙 토
33 다섯 오	34 여덟 팔	35 장인 공	36 발 족
37 군사 군	38 일곱 칠	39 남녘 남	40 달 월
41 학교 교	42 백성 민	43 ①	44 ③
45 ⑦	46 ③	47 ⑥	48 ①
49 ⑩	50 ②	51 ⑨	52 ⑤
53 ⑧	54 ④	55 ④	56 ③
57 ②	58 ③	59 ⑤	60 ⑩

【제98회】기출문제(73p~74p)

1 강산	2 교시	3 해외	4 대가
5 공장	6 한방	7 세상	8 수력
9 목수	10 식도	11 전화	12 자녀
13 좌우	14 실내	15 정문	16 평민
17 화기	18 매월	19 년간	20 안전
21 성명	22 일기	23 여섯 륙	24 효도 효
25 흰 백	26 설 립	27 넉 사	28 두 이
29 마디 촌	30 배울 학	31 임금 왕	32 동녘 동
33 한 일	34 가운데 중	35 가르칠 교	36 어미 모
37 다섯 오	38 쇠 금 ┃ 성 김	39 아홉 구	40 아우 제
41 낮 오	42 사내 남	43 ③ 生物	44 ② 農父
45 ⑩ 答	46 ② 兄	47 ③ 西	48 ⑥ 七
49 ⑦ 小	50 ⑤ 土	51 ④ 萬	52 ⑨ 三
53 ⑧ 十	54 ① 八	55 ② 後	56 ③ 北
57 ④ 空車	58 ① 不動	59 ⑧	60 ⑤

한자능력검정시험

7급Ⅱ 배정한자 (100자 쓰기)

➜ 배정한자 100자를 반복하여 쓰면서 자연스럽게 익힐 수 있도록 하였습니다.

배정한자 쓰기

한자음 뒤에 나오는 ":"는 장음 표시입니다. "(:)"는 장단음 모두 사용되는 한자이며, ":"나 "(:)"이 없는 한자는 단음으로만 쓰입니다.

7급 II

丶 丷 宀 宀 宀 宇 宇 家 家 家

家

집 가

부수 : 宀(갓머리)
획수 : 총 10획

家 家 家 家 家 家 家 家

7급 II

丨 丨 丿 卩 卩 門 門 門 門 問 間 間

間

사이 간(:)

부수 : 門(문 문)
획수 : 총 12획

間 間 間 間 間 間 間 間

7급 II

丶 丶 氵 氵 江 江 江

江

강 강

부수 : 水(물 수)
획수 : 총 6획

江 江 江 江 江 江 江 江

7급Ⅱ 一 厂 厂 万 百 亘 車

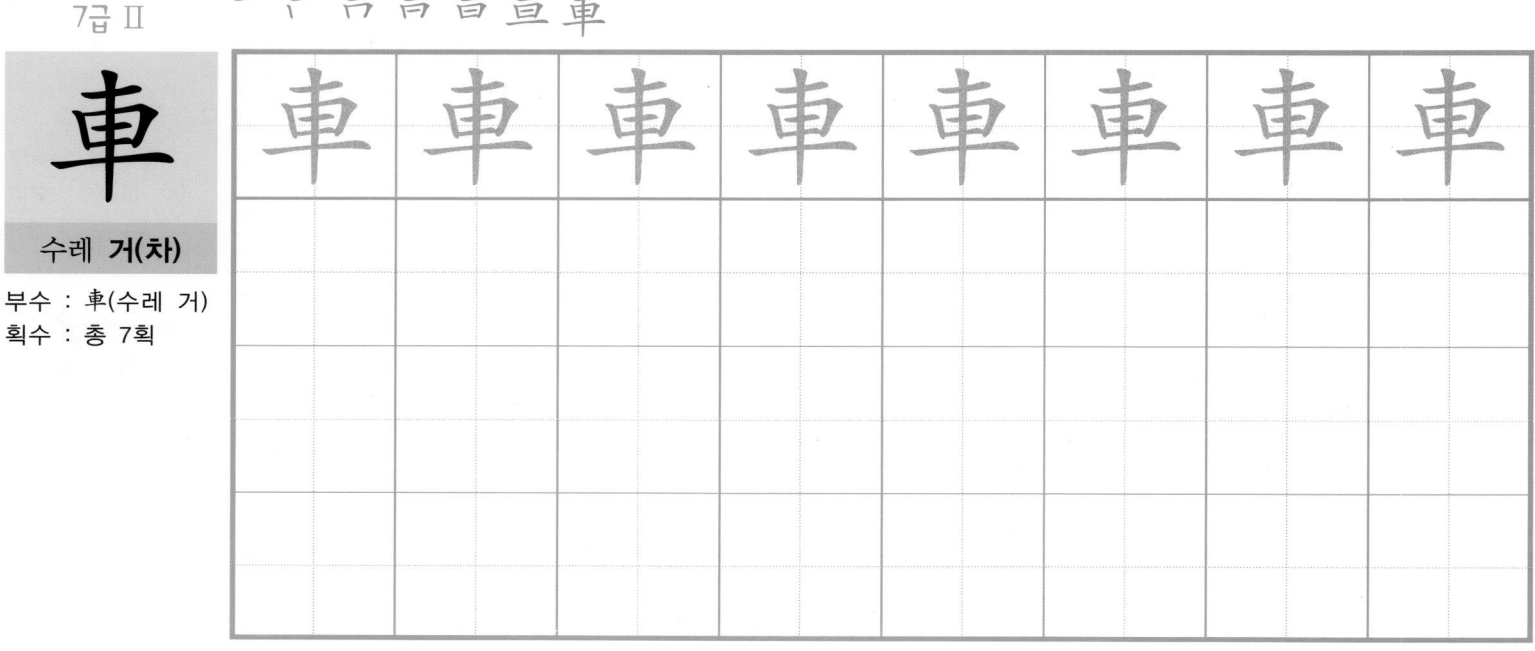

車

수레 거(차)

부수 : 車(수레 거)
획수 : 총 7획

7급Ⅱ 一 丁 工

工

장인 공

부수 : 工(장인 공)
획수 : 총 3획

7급Ⅱ 丶 宀 宀 宀 空 空 空 空

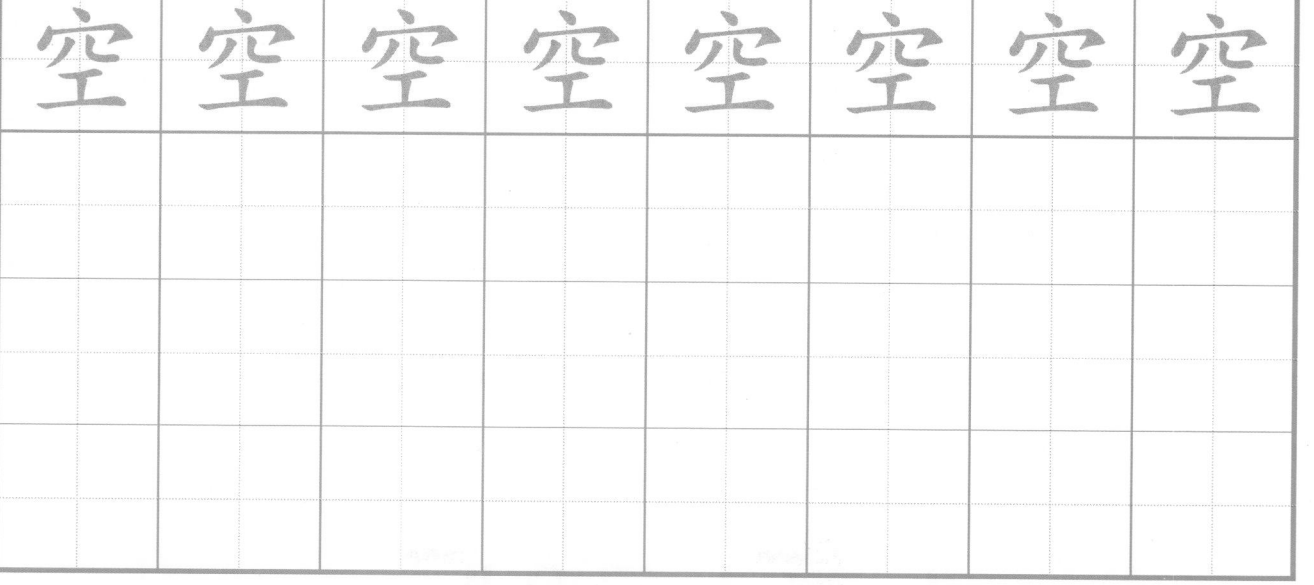

空

빌 공

부수 : 穴(구멍 혈)
획수 : 총 8획

8급

ノ メ ユ チ チ 孝 孝 孝 教 教

教
가르칠 교:

부수 : 攵(攴)(등글월 문)
획수 : 총 11획

教	教	教	教	教	教	教	教

8급

一 十 才 木 木 杧 栌 栌 栌 校

校
학교 교

부수 : 木(나무 목)
획수 : 총 10획

校	校	校	校	校	校	校	校

8급

ノ 九

九
아홉 구

부수 : 乙(새 을)
획수 : 총 2획

九	九	九	九	九	九	九	九

8급

丨 冂 冂 冂 冋 同 同 國 國 國 國

國

나라 국

부수 : 口(큰입 구)
획수 : 총 11획

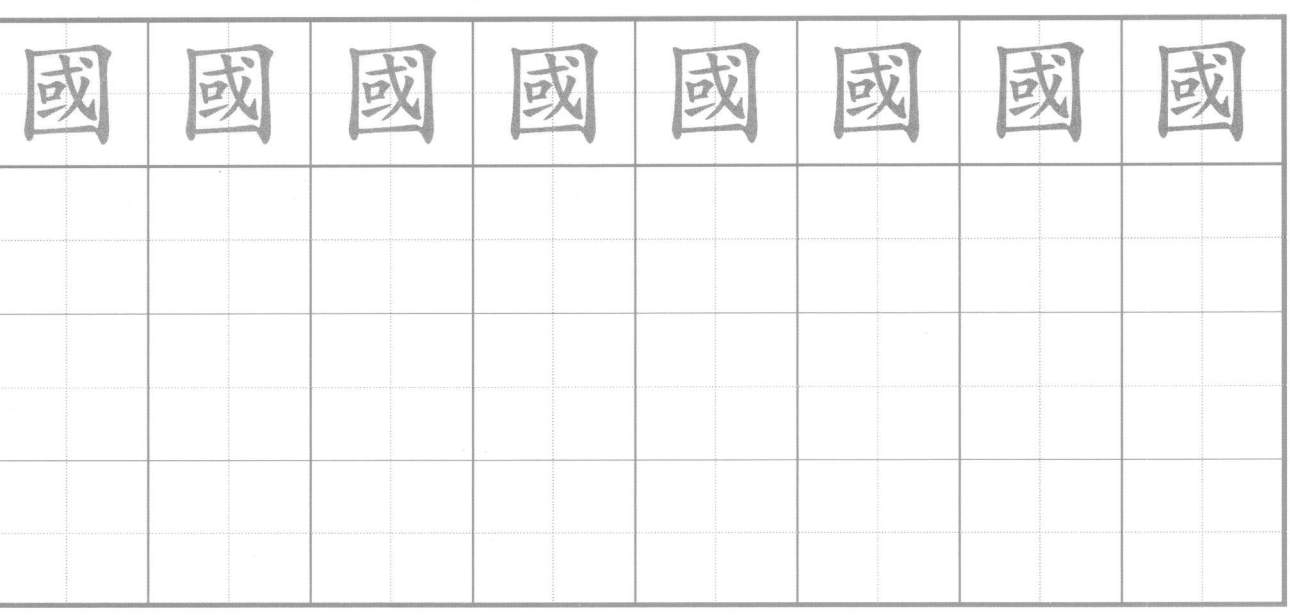

8급

丿 冖 冖 冒 冒 冒 宣 軍

軍

군사 군

부수 : 車(수레 거)
획수 : 총 9획

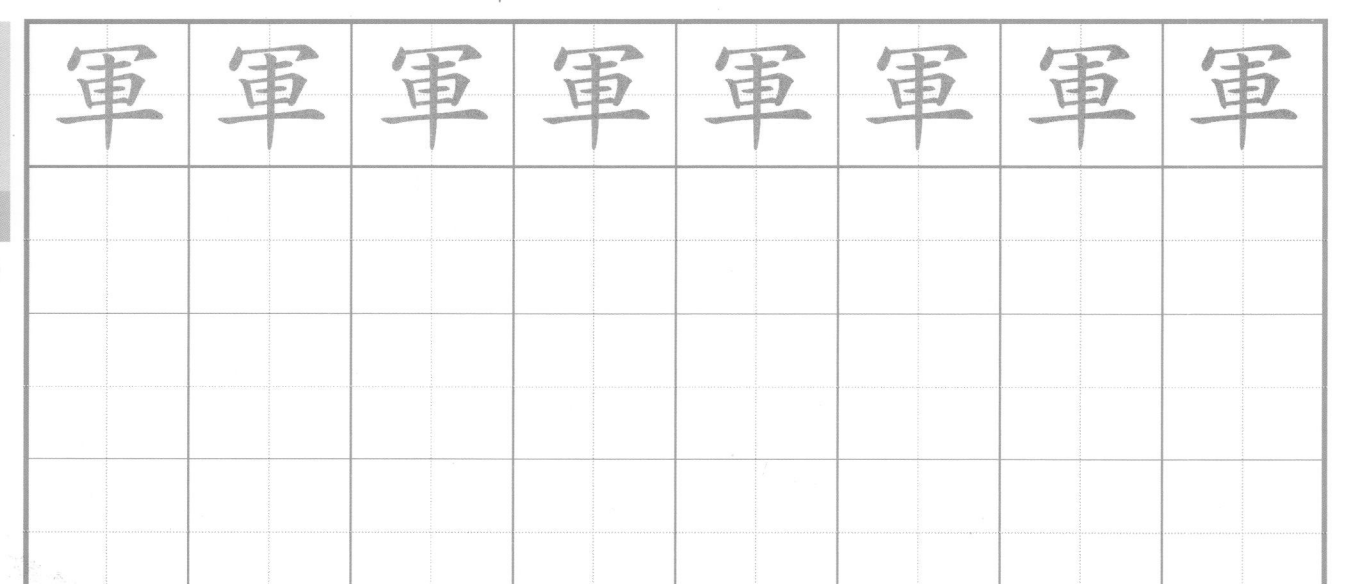

7급 II

丿 广 广 气 气 气 氧 氣 氣 氣

氣

기운 기

부수 : 气(기운 기)
획수 : 총 10획

7급 II `丶 亠 亠 言 言 言 言 記 記 記`

記

記 記 記 記 記 記 記 記

기록할 **기**

부수 : 言(말씀 언)
획수 : 총 10획

8급 `丿 人 人 今 今 今 余 金`

金

金 金 金 金 金 金 金 金

쇠 금 / 성 **김**

부수 : 金(쇠 금)
획수 : 총 8획

8급 `一 十 广 內 內 內 內 南 南 南`

南

南 南 南 南 南 南 南 南

남녘 **남**

부수 : 十(열 십)
획수 : 총 9획

7급Ⅱ

丨 冂 冂 冃 田 田 咢 男

男

男 男 男 男 男 男 男 男

사내 **남**

부수 : 田(밭 전)
획수 : 총 7획

7급Ⅱ

丨 冂 冃 內

內

內 內 內 內 內 內 內 內

안 **내:**

부수 : 入(들 입)
획수 : 총 4획

8급

く 女 女

女

女 女 女 女 女 女 女 女

계집 **녀**

부수 : 女(계집 녀)
획수 : 총 3획

8급

ノ ト ヒ ヒ 上 年

年

해 **년**

부수 : 干(방패 간)
획수 : 총 6획

年	年	年	年	年	年	年	年

7급 II

丶 冂 曰 由 曲 曲 曲 芦 芦 芦 農 農 農

農

농사 **농**

부수 : 辰(별 진)
획수 : 총 13획

農	農	農	農	農	農	農	農

7급 II

ノ ト ﾟ ﾟ 竹 竹 竺 笃 笁 签 答 答

答

대답 **답**

부수 : 竹(대(나무) 죽)
획수 : 총 12획

答	答	答	答	答	答	答	答

8급 　一 ナ 大

大

큰 대(:)

부수 : 大(큰 대)
획수 : 총 3획

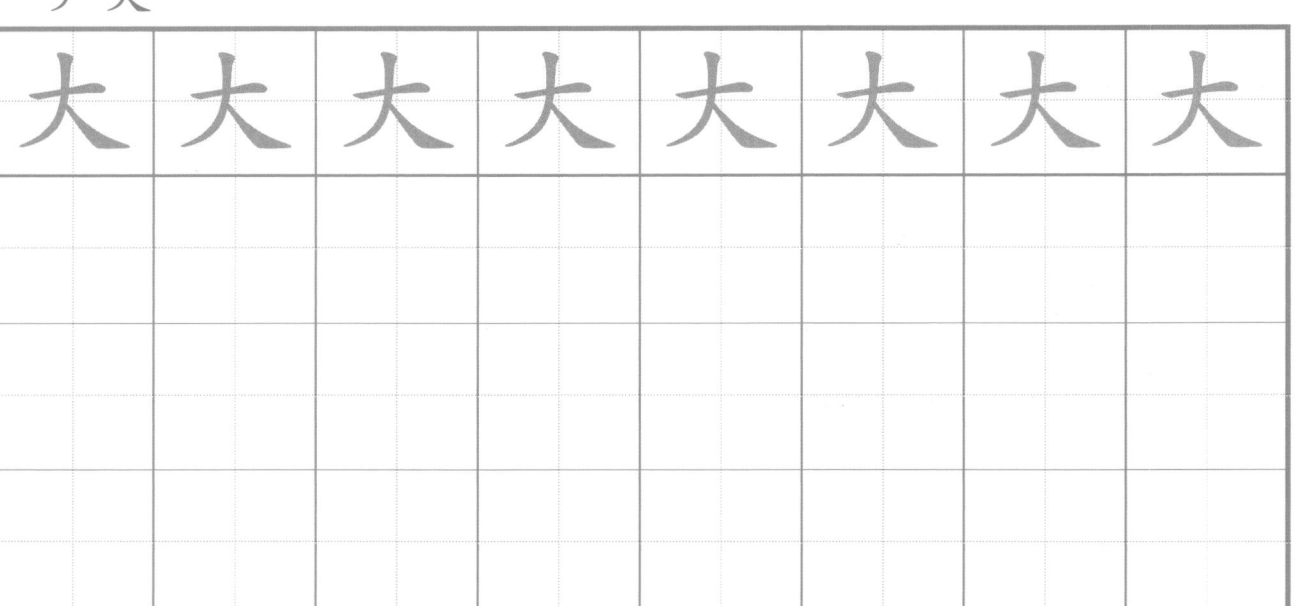

7급 II 　丶 丷 丷 丷 产 芍 芍 首 首 首 渞 道 道 道

道

길 도

부수 : 辶(책받침)
획수 : 총 13획

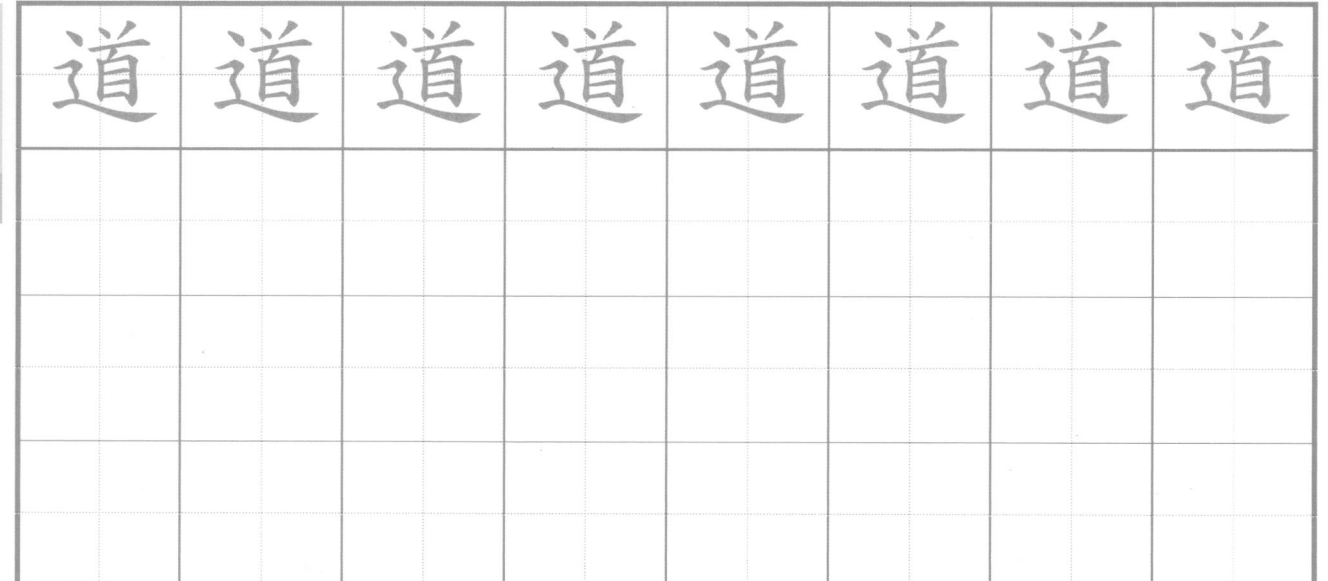

7급 II 　丿 二 千 台 台 台 亘 重 重 動 動

動

움직일 동:

부수 : 力(힘 력)
획수 : 총 11획

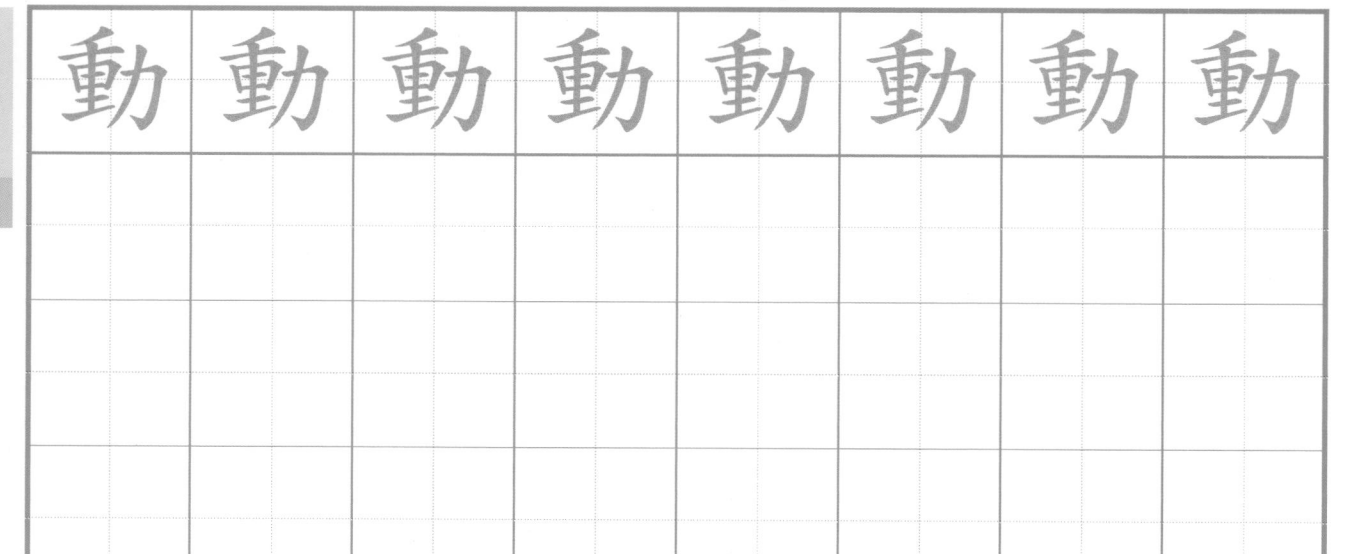

8급

一 厂 百 百 百 亘 東 東

東

동녘 **동**

부수 : 木(나무 목)
획수 : 총 8획

東	東	東	東	東	東	東	東

7급 Ⅱ

フ カ

力

힘 **력**

부수 : 力(힘 력)
획수 : 총 2획

力	力	力	力	力	力	力	力

8급

丶 亠 六 六

六

여섯 **륙**

부수 : 八(여덟 팔)
획수 : 총 4획

六	六	六	六	六	六	六	六

7급 Ⅱ

`` ` 亠 亠 立 立 ``

立

설 립

부수 : 立(설 립)
획수 : 총 5획

立 立 立 立 立 立 立 立

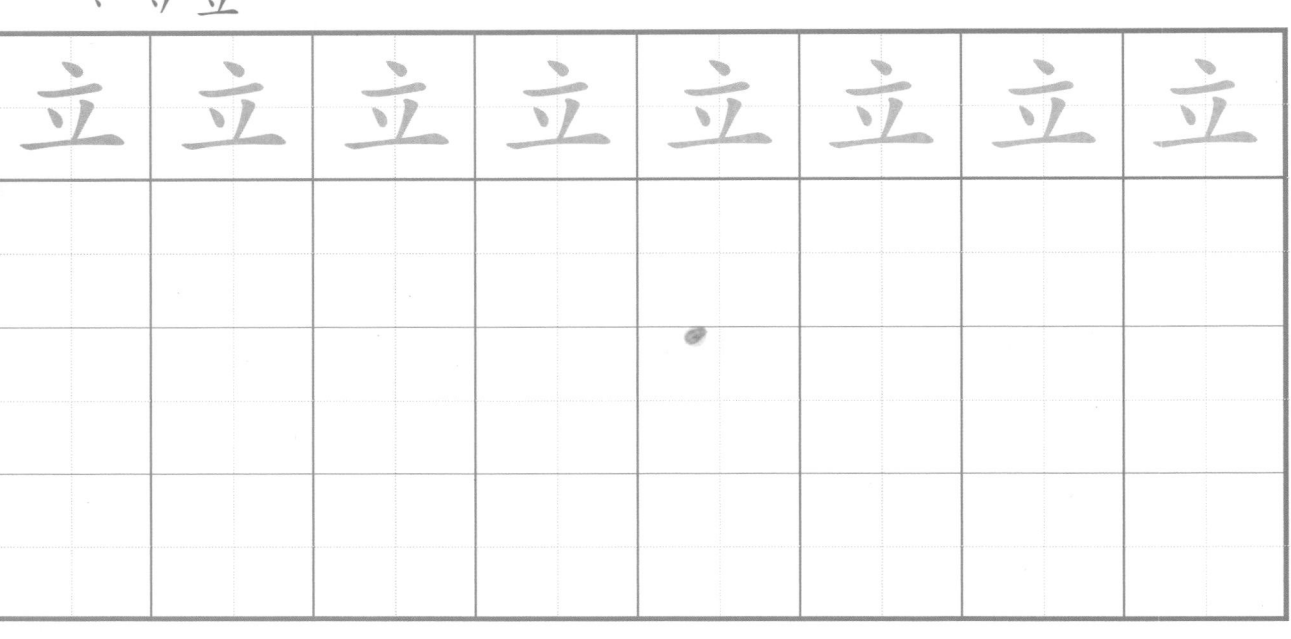

8급

`` 一 十 艹 艹 苦 苫 苜 苗 莒 萬 萬 萬 萬 ``

萬

일만 만:

부수 : 艹(艸)(초 두)
획수 : 총 13획

萬 萬 萬 萬 萬 萬 萬 萬

7급 Ⅱ

`` ` 亠 亡 与 每 每 每 ``

每

매양 매(:)

부수 : 毋(말 무)
획수 : 총 7획

每 每 每 每 每 每 每 每

7급 Ⅱ ノ ク ク タ 夕 名 名

名

이름 명

부수 : 口(입 구)
획수 : 총 6획

名	名	名	名	名	名	名	名

8급 ㄴ ク 뮤 母 母

母

어미 모:

부수 : 毋(말 무)
획수 : 총 5획

母	母	母	母	母	母	母	母

8급 一 十 才 木

木

나무 목

부수 : 木(나무 목)
획수 : 총 4획

木	木	木	木	木	木	木	木

백성 인

8급

훈음 : 氏(2기 씨)
획수 : 총 5획

민

그 그 구 尸 民

물건 물

7급 II

훈음 : 牛(소 우)
획수 : 총 8획

物

ノ ← キ 牛 牛 物 物 物

밝을 명

8급

훈음 : 日(날 일)
획수 : 총 8획

明

l ll 日 日 日 BA 明 明

7급 II

方

모 방

부수 : 方(모 방)
획수 : 총 4획

丶 亠 方 方

方	方	方	方	方	方	方	方

8급

白

흰 백

부수 : 白(흰 백)
획수 : 총 5획

丿 丨 白 白 白

白	白	白	白	白	白	白	白

7급 II

不

아닐 불

부수 : 一(한 일)
획수 : 총 4획

一 ア 不 不

不	不	不	不	不	不	不	不

8급

父

아비 부

부수 : 父(아비 부)
획수 : 총 4획

ノ ハ グ 父

父 父 父 父 父 父 父 父

8급

北

북녘 **북**/달아날 **배:**

부수 : 匕(비수 비)
획수 : 총 5획

丨 ㅓ ㅓ ㅓ 北

北 北 北 北 北 北 北 北

7급 Ⅱ

事

일 사:

부수 : 亅(갈고리 궐)
획수 : 총 8획

一 T 〒 戸 亘 写 写 事

事 事 事 事 事 事 事 事

8급 四

ㅣ 冂 冂 四 四

四	四	四	四	四	四	四	四

넉 사:

부수 : 囗(큰입 구)
획수 : 총 5획

8급 山

ㅣ 凵 山

山	山	山	山	山	山	山	山

메 산

부수 : 山(메 산)
획수 : 총 3획

8급 三

一 二 三

三	三	三	三	三	三	三	三

석 삼

부수 : 一(한 일)
획수 : 총 3획

7급Ⅱ

上

丨 丨 上

上	上	上	上	上	上	上	上

윗 상:

부수 : 一(한 일)
획수 : 총 3획

8급

生

丿 ㅅ 二 牛 生

生	生	生	生	生	生	生	生

날 생

부수 : 生(날 생)
획수 : 총 5획

8급

西

一 丆 冂 襾 西 西

西	西	西	西	西	西	西	西

서녘 서

부수 : 襾(덮을 아)
획수 : 총 6획

8급

先

먼저 **선**

부수 : 儿(어진사람 인)
획수 : 총 6획

丿 ⺊ 生 生 步 先

先	先	先	先	先	先	先	先

7급 Ⅱ

姓

성 **성**:

부수 : 女(계집 녀)
획수 : 총 8획

く 夕 女 女 女 姓 姓 姓

姓	姓	姓	姓	姓	姓	姓	姓

7급 Ⅱ

世

인간 **세**:

부수 : 一(한 일)
획수 : 총 5획

一 十 ⺉ 世 世

世	世	世	世	世	世	世	世

8급　丿小小

小
작을 소:
부수 : 小(작을 소)
획수 : 총 3획

小	小	小	小	小	小	小	小

7급 Ⅱ　一二三手

手
손 수(:)
부수 : 手(손 수)
획수 : 총 4획

手	手	手	手	手	手	手	手

8급　丿水水水

水
물 수
부수 : 水(물 수)
획수 : 총 4획

水	水	水	水	水	水	水	水

7급Ⅱ

`丶 亠 宀 宀 市`

市

市 市 市 市 市 市 市 市

저자 시(:)

부수 : 巾(수건 건)
획수 : 총 5획

7급Ⅱ

`丨 冂 刀 日 日 日⁺ 昨 昨 時 時`

時

時 時 時 時 時 時 時 時

때 시

부수 : 日(날 일)
획수 : 총 10획

7급Ⅱ

`丿 人 人 今 今 亼 食 食 食`

食

食 食 食 食 食 食 食 食

밥/먹을 식

부수 : 食(밥 식)
획수 : 총 9획

8급

室

집 실

부수 : 宀(갓머리)
획수 : 총 9획

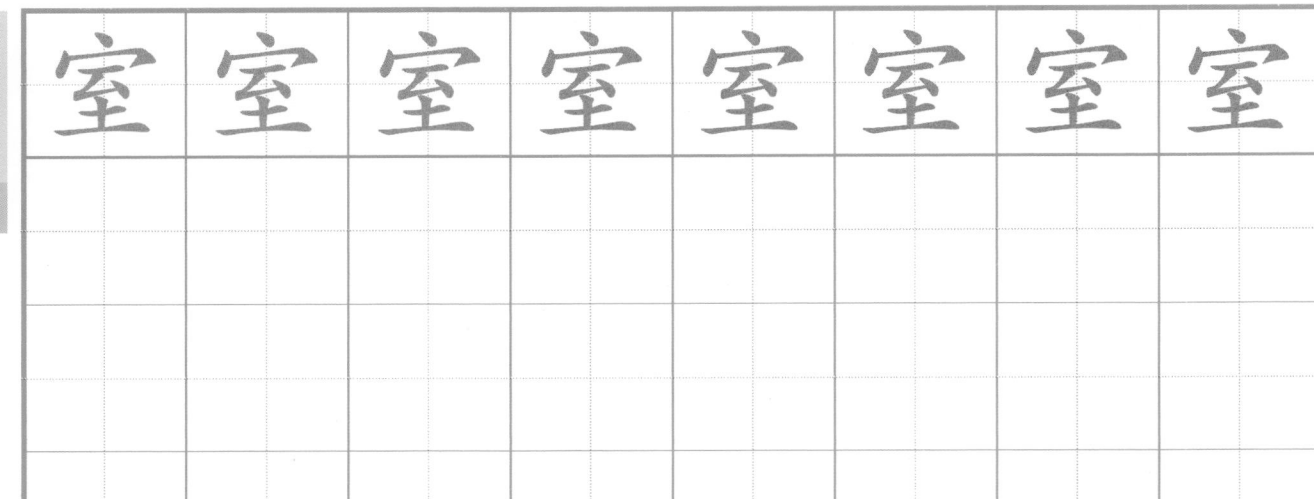

`丶丶宀宀宀宀宮室室室`

8급

十

열 십

부수 : 十(열 십)
획수 : 총 2획

`一 十`

7급Ⅱ

安

편안 안

부수 : 宀(갓머리)
획수 : 총 6획

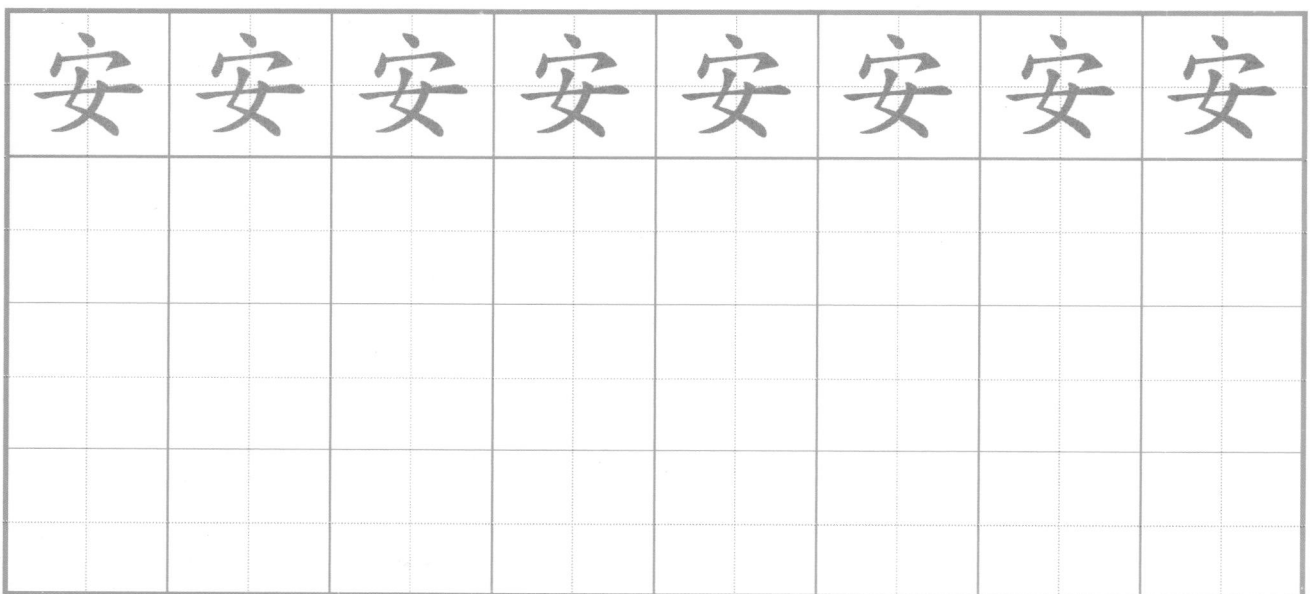

`丶丶宀宀安安`

8급

一 丁 五 五

五

다섯 오:

부수 : 二(두 이)
획수 : 총 4획

五 五 五 五 五 五 五 五

7급 II

丿 ← 二 午

午

낮 오:

부수 : 十(열 십)
획수 : 총 4획

午 午 午 午 午 午 午 午

8급

一 二 干 王

王

임금 왕

부수 : 王(임금 왕)
획수 : 총 4획

王 王 王 王 王 王 王 王

8급

外

〃 ⁄ ク タ 列 外

外 外 外 外 外 外 外 外

바깥 외:

부수 : 夕(저녁 석)
획수 : 총 5획

7급 II

右

⁄ ナ ナ 右 右 右

右 右 右 右 右 右 右 右

오를/오른(쪽) 우:

부수 : 口(입 구)
획수 : 총 5획

8급

月

⁄ 几 月 月

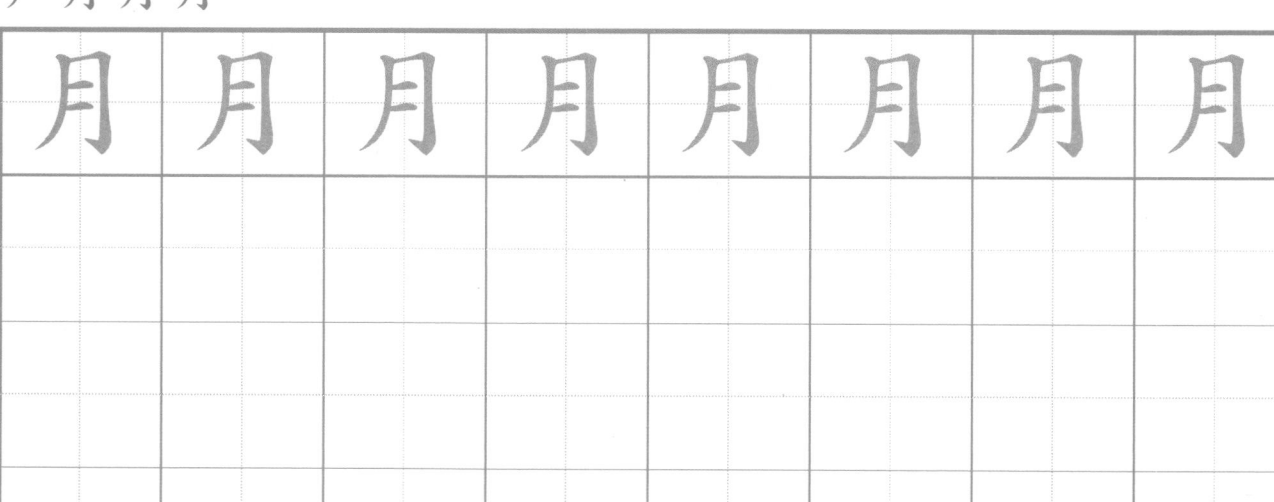

달 월

부수 : 月(달 월)
획수 : 총 4획

8급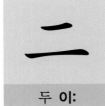

二

두 이:

부수 : 二(두 이)
획수 : 총 2획

二	二	二	二	二	二	二	二

8급 ノ 人

人

사람 인

부수 : 人(사람 인)
획수 : 총 2획

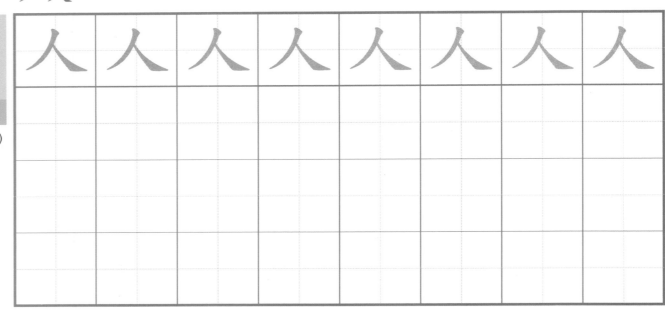

人	人	人	人	人	人	人	人

8급 丨 冂 月 日

日

날 일

부수 : 日(날 일)
획수 : 총 4획

日	日	日	日	日	日	日	日

8급 一

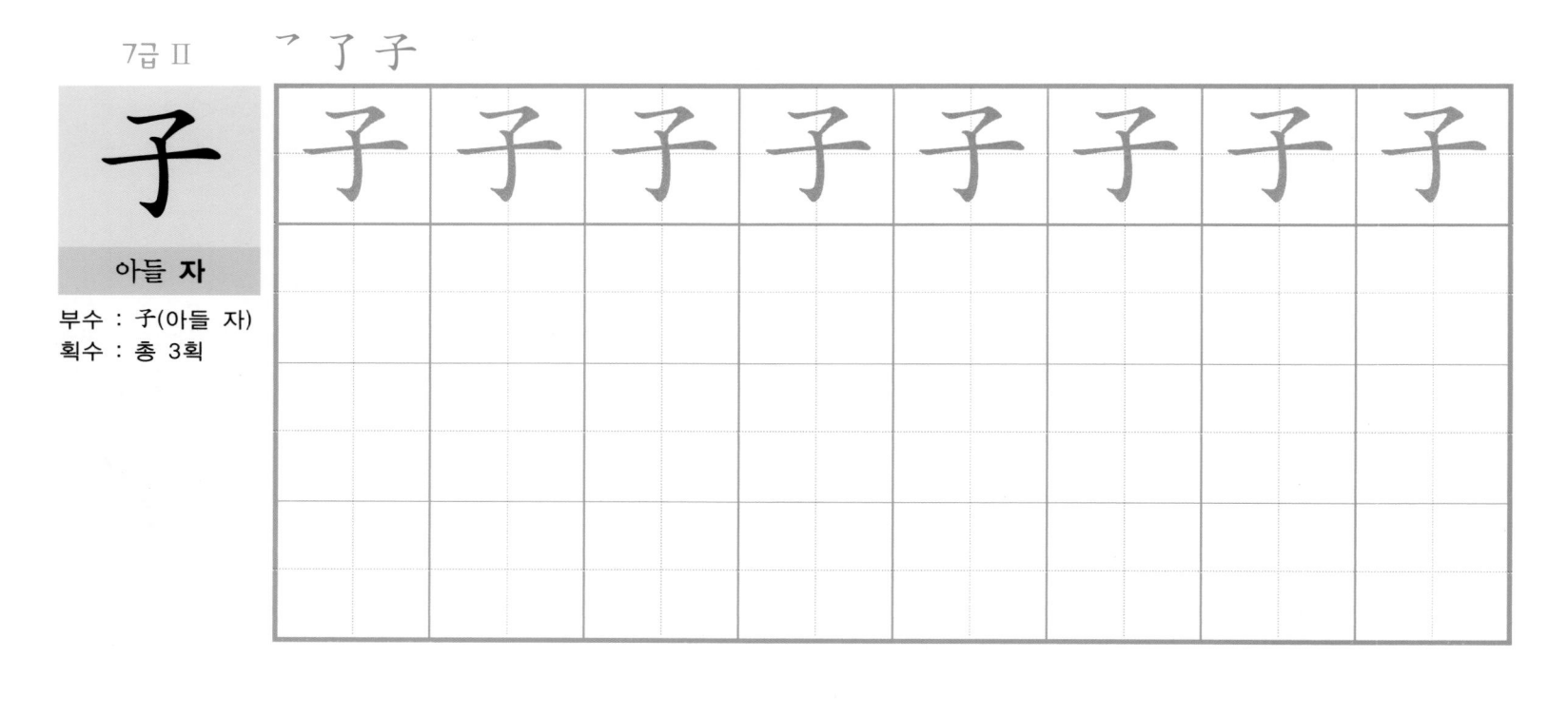

一

한 일

부수 : 一(한 일)
획수 : 총 1획

7급 Ⅱ ㄱ 了 子

子

아들 자

부수 : 子(아들 자)
획수 : 총 3획

7급 Ⅱ ´ ㄏ 白 白 自 自

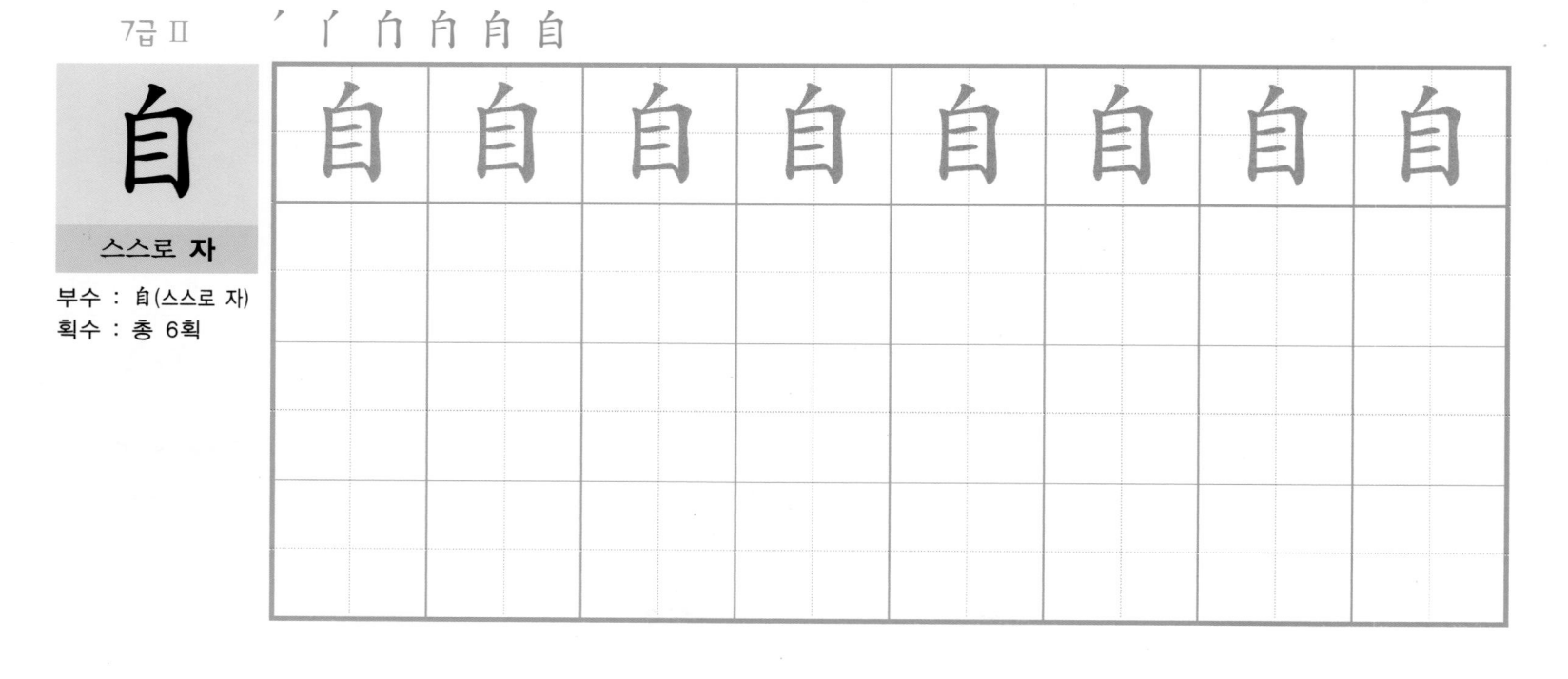

自

스스로 자

부수 : 自(스스로 자)
획수 : 총 6획

7급 II

一 十 土 圹 圹 坦 坦 坦 坦 場 場 場

場

場 場 場 場 場 場 場 場

마당 장

부수 : 土(흙 토)
획수 : 총 12획

8급

一 厂 F F 巨 토 長 長

長

長 長 長 長 長 長 長 長

긴 장(:)

부수 : 長(긴 장)
획수 : 총 8획

7급 II

丿 入 스 仝 全 全

全

全 全 全 全 全 全 全 全

온전 전

부수 : 入(들 입)
획수 : 총 6획

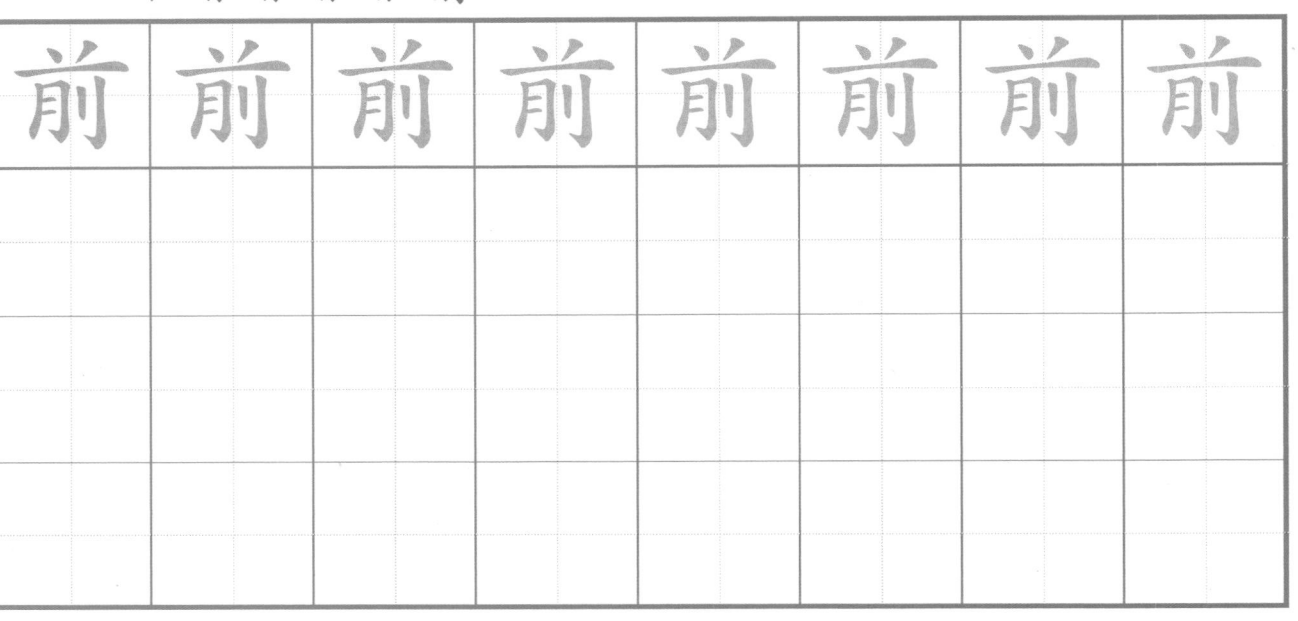

7급 II

前

앞 전

부수 : 刀(칼 도)
획수 : 총 9획

丶 丷 屮 疒 疒 前 前 前 前

前	前	前	前	前	前	前	前

7급 II

電

번개 전:

부수 : 雨(비 우)
획수 : 총 13획

一 厂 厅 币 雨 雨 雨 雨 雫 雪 雪 雷 電

電	電	電	電	電	電	電	電

7급 II

正

바를 정(:)

부수 : 止(그칠 지)
획수 : 총 5획

一 丁 下 正 正

正	正	正	正	正	正	正	正

8급

弟

아우 제:

부수 : 弓(활 궁)
획수 : 총 7획

丶 ソ ム 当 弟 弟 弟

弟	弟	弟	弟	弟	弟	弟	弟

7급 II

足

발 족

부수 : 足(발 족)
획수 : 총 7획

丶 ワ ロ ワ ワ 尸 足

足	足	足	足	足	足	足	足

7급 II

左

왼 좌:

부수 : 工(장인 공)
획수 : 총 5획

一 ナ 广 左 左

左	左	左	左	左	左	左	左

8급

中

가운데 **중**

부수 : ㅣ(뚫을 곤)
획수 : 총 4획

丨 �口 口 中

中	中	中	中	中	中	中	中

7급 Ⅱ

直

곧을 **직**

부수 : 目(눈 목)
획수 : 총 8획

一 十 广 古 古 苜 直 直

直	直	直	直	直	直	直	直

8급

青

푸를 **청**

부수 : 靑(푸를 청)
획수 : 총 8획

一 二 キ 主 丰 青 青 青

青	青	青	青	青	青	青	青

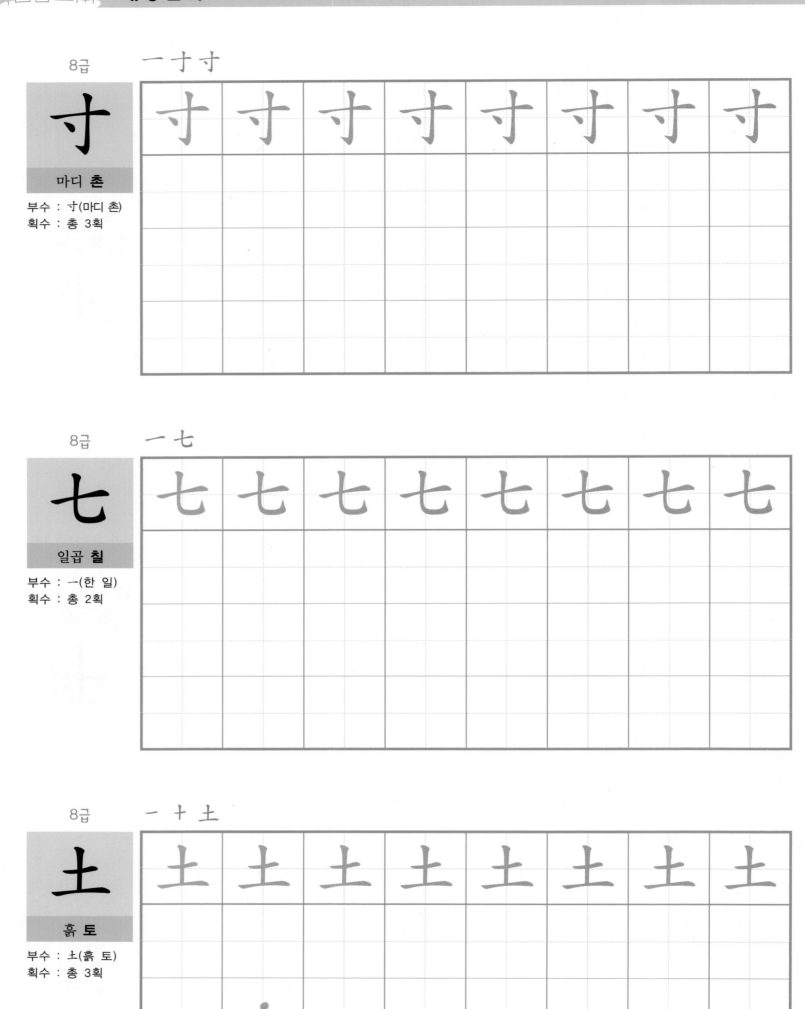

8급

一 寸 寸

寸

마디 촌

부수 : 寸(마디 촌)
획수 : 총 3획

8급

一 七

七

일곱 칠

부수 : 一(한 일)
획수 : 총 2획

8급

一 十 土

土

흙 토

부수 : 土(흙 토)
획수 : 총 3획

8급   ノ 八

八

여덟 팔

부수 : 八(여덟 팔)
획수 : 총 2획

八	八	八	八	八	八	八	八

7급 II   一 亇 亇 平 平

平

평평할 평

부수 : 干(방패 간)
획수 : 총 5획

平	平	平	平	平	平	平	平

7급 II   一 丁 下

下

아래 하:

부수 : 一(한 일)
획수 : 총 3획

下	下	下	下	下	下	下	下

8급

` ´ ´ ´ ´ ´ ´ ´ ´ ´ ´ ´ ´ 與 學 學 學

學

배울 학

부수 : 子(아들 자)
획수 : 총 16획

學	學	學	學	學	學	學	學

7급Ⅱ

` ` ` ` ` ` ` ` ` ` ` ` 漢 漢

漢

한수/한나라 한(:)

부수 : 水(물 수)
획수 : 총 14획

漢	漢	漢	漢	漢	漢	漢	漢

8급

` ´ ´ ´ ´ ´ ´ ´ ´ ´ ´ ´ ´ ´ 韓 韓 韓

韓

한국/나라 한(:)

부수 : 韋(가죽 위)
획수 : 총 17획

韓	韓	韓	韓	韓	韓	韓	韓

7급 Ⅱ

丶丶氵氵汇汇海海海海

海

海 海 海 海 海 海 海 海

바다 해:

부수 : 水(물 수)
획수 : 총 10획

8급

丶ㅁㅁㄆ兄

兄

兄 兄 兄 兄 兄 兄 兄 兄

형 형

부수 : 儿(어진사람 인)
획수 : 총 5획

8급

丶丶ソ火火

火

火 火 火 火 火 火 火 火

불 화(:)

부수 : 火(불 화)
획수 : 총 4획

7급 II

丶 一 二 亖 言 言 訂 訂 訂 訐 話 話 話

話

말씀 화

부수 : 言(말씀 언)
획수 : 총 13획

話	話	話	話	話	話	話	話

7급 II

丶 丶 氵 汀 浐 汗 汗 活 活

活

살 활

부수 : 水(물 수)
획수 : 총 9획

活	活	活	活	活	活	活	活

7급 II

一 十 士 耂 考 考 孝

孝

효도 효:

부수 : 子(아들 자)
획수 : 총 7획

孝	孝	孝	孝	孝	孝	孝	孝

7급 Ⅱ

丿 夕 彳 彳 彳 徃 彿 移 後 後

後

뒤 후:

부수 : 彳(두인 변)
획수 : 총 9획

後	後	後	後	後	後	後	後

한자능력검정시험
기출 · 예상문제집 7급Ⅱ

발 행 일 | 2023년 1월 10일
발 행 인 | 한국어문한자연구회
발 행 처 | 한국어문교육연구회
주   소 | 서울시 마포구 독막로 52, 207호
          (합정동, 엘림오피스텔)
전   화 | 02)332-1275, 1276
팩   스 | 02)332-1274
등록번호 | 제313-2009-192호
I S B N | 979-11-91238-46-4   13700

정가 13,000원

공|급|처   푸른하늘   T. 02-332-1275, 1276 | F. 02-332-1274
www.skymiru.co.kr

한자능력검정시험
기출·예상문제집

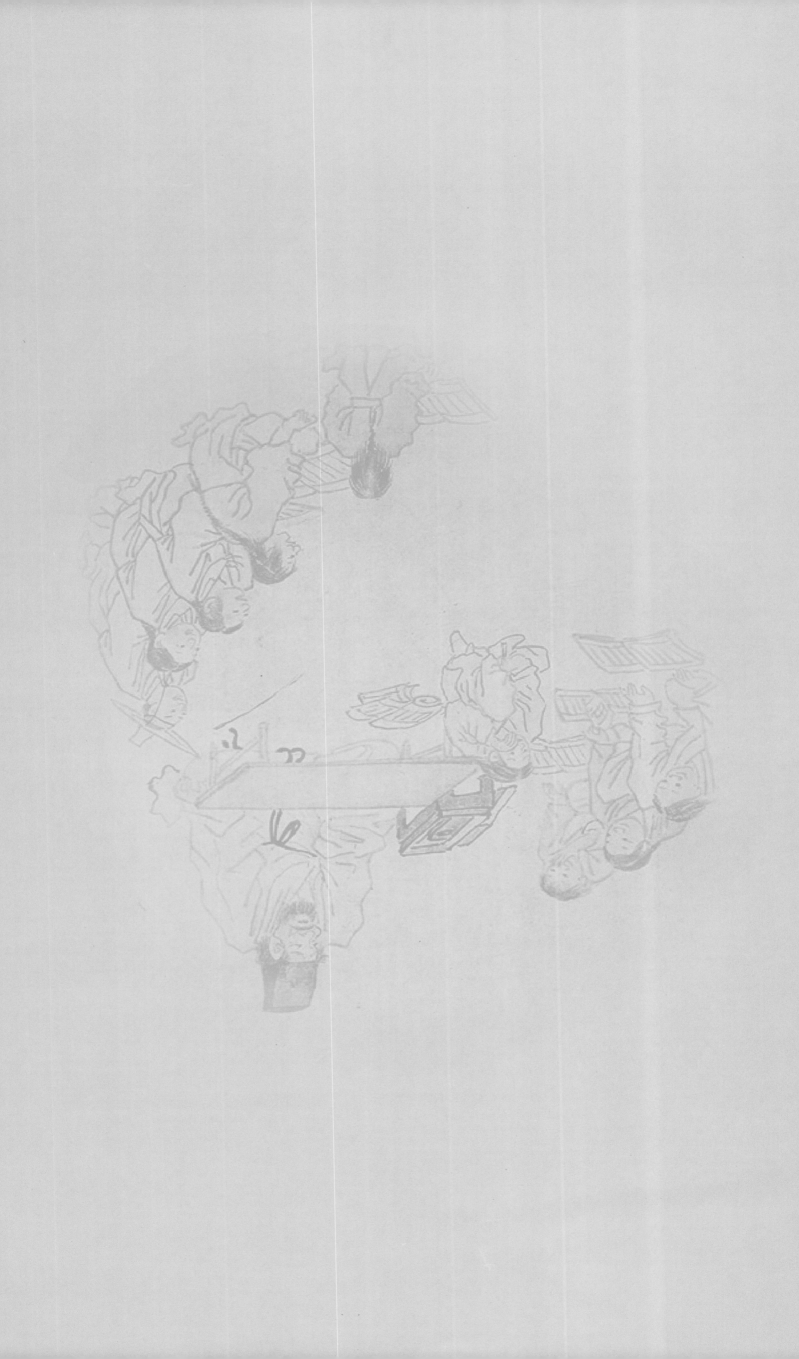

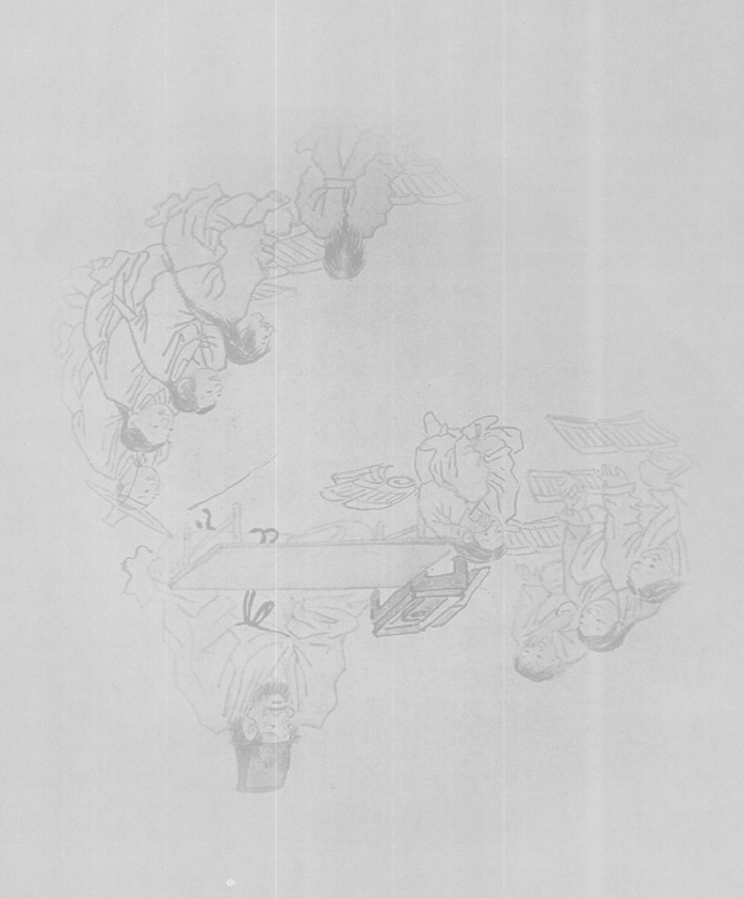

한자능력
검정시험

기출·예상문제집
한국어문회가 직접 발간한 문제집

3급 II

머리말

우리의 글은 70% 이상이 한자로 이루어져 있다. 비록 우리말이 소리로 표시되다고 하더라도, 결국 그 표시의 근본이 한자였기 때문에 한글이 만들어지기 전까지는 우리의 모든 역사와 생활이 한자로 기록되었고, 한글 창제이후에도 대부분의 기록은 한자로 이루어졌다.
따라서 우리의 학문, 역사, 민속 등 모든 문화유산은 한자를 모르고는 정확히 이해할 수 없으며, 무엇보다 지금 당장의 생활과 공부를 위해서도 한자가 필요한 것이다.

그 동안 어문교육에 대한 이견으로 한자 교육의 방향성이 중심을 잡지 못하고 표류하였으나 아무리 한글전용이 기본이고 어려운 한자어를 우리말로 바꾸는 작업을 꾸준히 한다 하더라도 눈앞에 문장을 이해하지 못하고 어쩔 수 없이 사교육의 영역에서 한자를 공부하는 현실을 부인할 수 없는 것이다. 공교육의 영역에서 충실한 한자교육이 이루어지지 못하는 지금의 상황에서는 한자학습의 주요한 동기부여수단의 하나인 동시에 학습결과도 확인해볼 수 있는 한자능력검정시험의 역할이 더욱 중요하기 때문에, 우선적으로 시험을 위한 문제집으로서 이 책을 출간하게 되었다. 한자공부가 어렵게만 느껴지는 분들에게 이 책이 충분히 도움이 될 것으로 믿으며, 한자학습을 지도하는 부모님들이나 선생님들의 부담도 덜어줄 것이라고 감히 추천하는 바이다.

이 책의 구성

- 출제유형 및 합격기준
- 출제유형분석 – 학습이나 지도의 가이드라인을 제시
- 배정한자 및 사자성어 수록
- 반대자, 반대어
- 유의자, 유의어
- 약자
- 예상문제 – 기출문제분석에 의한 배정한자의 문제화
- 실제시험답안지 – 회별로 구성
- 최근 기출문제 8회분 수록

이 책이 여러분들의 한자실력향상에 도움이 되기를 바란다.

편저자 씀

한자능력시험 급수별 출제유형

구 분	특급	특급II	1급	2급	3급	3급II	4급	4급II	5급	5급II	6급	6급II	7급	7급II	8급
읽기 배정 한자	5,978	4,918	3,500	2,355	1,817	1,500	1,000	750	500	400	300	225	150	100	50
쓰기 배정 한자	3,500	2,355	2,005	1,817	1,000	750	500	400	300	225	150	50	0	0	0
독 음	45	45	50	45	45	45	32	35	35	35	33	32	32	22	24
한자 쓰기	40	40	40	30	30	30	20	20	20	20	20	10	0	0	0
훈 음	27	27	32	27	27	27	22	22	23	23	22	29	30	30	24
완성형[성어]	10	10	15	10	10	10	5	5	4	4	3	2	2	2	0
반의어	10	10	10	10	10	10	3	3	3	3	3	2	2	2	0
뜻풀이	5	5	10	5	5	5	3	3	3	3	2	2	2	2	0
동음이의어	10	10	10	5	5	5	3	3	3	3	2	0	0	0	0
부 수	10	10	10	5	5	5	3	3	0	0	0	0	0	0	0
동의어	10	10	10	5	5	5	3	3	3	3	2	0	0	0	0
장단음	10	10	10	5	5	5	3	0	0	0	0	0	0	0	0
약 자	3	3	3	3	3	3	3	3	3	3	0	0	0	0	0
필 순	0	0	0	0	0	0	0	0	3	3	3	3	2	2	2
한 문	20	20	0	0	0	0	0	0	0	0	0	0	0	0	0

▶ 상위급수 한자는 모두 하위급수 한자를 포함하고 있습니다.

▶ 쓰기 배정 한자는 한두 급수 아래의 읽기 배정한자이거나 그 범위 내에 있습니다.

▶ 출제유형표는 기본지침자료로서, 출제자의 의도에 따라 차이가 있을 수 있습니다.

▶ 공인급수는 교육과학기술부로부터 국가공인자격 승인을 받은 특급·특급II·1급·2급·3급·3급II이며, 교육급수는 한국한자능력검정회에서 시행하는 민간자격인 4급·4급II·5급·5급II·6급·6급II·7급·7급II·8급입니다.

▶ 5급II·7급II는 신설 급수로 2010년 11월 13일 시험부터 적용됩니다.

▶ 6급II 읽기 배정한자는 2010년 11월 13일 시험부터 300자에서 225자로 조정됩니다.

한자능력검정시험 합격기준

구 분	특급	특급II	1급	2급	3급	3급II	4급	4급II	5급	5급II	6급	6급II	7급	7급II	8급
출제문항수	200	200	200	150	150	150	100	100	100	100	90	80	70	60	50
합격문항수	160	160	160	105	105	105	70	70	70	70	63	56	49	42	35
시험시간	100분	100분	90분	60분	60분	60분	50분	50분	50분	50분	50분	50분	50분	50분	50분

▶ 특급, 특급II, 1급은 출제 문항수의 80% 이상, 2급 ~ 8급은 70% 이상 득점하면 합격입니다.

차 례

유형분석(類型分析)

→ 기출문제의 유형들을 분석하여 실제문제에 완벽히 대비할 수 있도록 하였습니다.

　　3級Ⅱ에서는 4級과 마찬가지로 한자어의 讀音, 한자의 訓音, 한자어 등의 빈칸을 메워 완성하는 문제, 反對語 [相對語] 문제, 同意語[類義語] 문제, 한자어의 뜻풀이 문제, 한자나 한자어를 직접 쓰는 문제, 同音異義語 문제, 略字 문제, 部首 문제, 長短音(한자말 첫소리의 길고 짧은 소리) 문제가 나오며 특별히 출제기준에 추가된 것은 없다. 총 150문제가 출제된다.

　　우선 정해진 배정한자 1,500자 낱글자의 훈음을 모두 익힌 뒤에 그 글자들이 어울려 만들어내는 한자어의 독음과 뜻을 학습하여야 한다. 그리고 反對語[相對語], 同意語[類義語], 同音異義語의 개념도 학습하여야 한다. 또 전체 배정한자의 部首와 해당 범위 내의 略字도 익혀 두어야 한다. 한자 쓰기 문제를 대비하기 위해서는 4급Ⅱ 배정한 자 750자 범위 내의 한자어 중 많이 쓰이는 중요한 것은 모두 읽고 쓸 줄 알아야 한다.

　　長短音은 특별한 규칙이 있는 것이 아니므로 기본 지침서의 장단음표를 참조하여 한자어 전체를 소리내어 발음 하면서 입에 배도록 익혀야 한다. 기출 문제를 풀어 보고 시험에 자주 등장하는 장음 한자어들만 따로 모아 문장을 만들어 익히는 등의 여러 노력이 필요하다.

　　시험에서 중요한 사항은 우선 출제자가 요구하는 답이 무엇인지 질문을 통해 확인하여야 한다. 기출문제를 풀어 보면 알 수 있지만 대개 질문은 회차에 무관하게 각 급수별로 일정한 유형으로 정해져 있다. 따라서 기출문제를 통하여 질문에 익숙해져야 한다.

❶ 한자어의 讀音 문제는 대개 한자어 목록이 제시된다.

다음 漢字語의 讀音을 쓰시오. (1~5)

1	悠久	2	惡鬼
3	輪番	4	比率
5	遊覽		

유형해설

기본적으로 한자 낱글자의 소리를 알고 있으면 답할 수 있다. 다만 두음법칙, 속음, 여러 가지 소리가 나는 글자 등에 주의하면 된다. 위의 문장의 '輪番'의 경우 답안지에는 '윤번'으로 적어야 한다. '륜번'으로 적으면 틀린 답이 된다. '輪'은 본래 소리가 '륜'이지만 국어에는 두음법칙이 있어 첫소리에 'ㄹ'이 오는 것을 꺼리므로 '윤'으로 하여야 한다. 물론 한자어가 '車輪'으로 '輪'이 뒤에 온다면 '차륜'으로 정상적으로 '륜'으로 답하면 된다.

한편 '論難'의 경우 답안지에는 '논란'으로 적어야 하며, '논난'으로 적으면 틀린 답이 된다. 속음이라 하여 국어에는 한국인이 소리내기 쉽게 한자음이 바뀌는 경우 등이 발생하며 이때는 바뀐 한자 소리를 우선하여야 한다. 이런 한자어들은 사례가 많지 않으므로 기본 지침서를 활용하여 익혀두면 된다.

또 한자의 소리가 '렬, 률'인 것이 모음이나 'ㄴ' 뒤에 오는 경우 국어에서는 '열, 율'로 소리나고 표기하게 되어 있는 것에 주의 하여야 한다. 위의 경우 比率은 한자음 대로 하면 '비률'이지만 모음 뒤에 '률(率)'이 오는 데서 실제 소리와 표기는 '비율'이 되는 점에 주의하여야 한다.

그리고 위의 比率의 '率'이나 惡鬼의 '惡'처럼 두 가지 이상의 소리가 있는 한자는 어울리는 한자와 뜻에 의하여 소리가 달라지 므로 평소에 자주 쓰이는 두 가지 이상의 훈음을 가진 한자는 주의깊게 익혀 두어야 한다. 예로 惡鬼는 소리가 '악귀'가 되고, '愛惡'는 그 소리가 '애오'가 되는 것이다.

 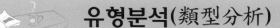
② 한자의 訓音 문제는 대개 다음과 같다.

다음 漢字의 訓과 音을 쓰시오. (46~49)	
46 鑑	**47** 莊
48 項	**49** 拒

유형해설

위의 訓音 문제는 한자 낱글자의 뜻과 소리를 알고 있으면 풀 수 있는 문제들이다.

③ 한자어의 뜻풀이 문제는 대개 다음과 같다.

다음 漢字語의 뜻을 쓰시오. (143~147)	
143 默殺	**144** 禽獸
145 橋梁	**146** 奪還
147 漏刻	

유형해설

뜻풀이 문제는 배정한자 범위 내에 있는 자주 쓰이는 한자어들을 익혀 두어야 한다. 한자의 訓音으로 한자어의 뜻을 짐작하는 훈련을 하고, 뜻을 가지고 해당 한자어를 머릿속에 떠올리고 쓸 수 있도록 연습하여야 한다.

그리고 한자어는 순우리말과 풀이 순서가 다를 수 있으므로 한자어의 구조에 대하여도 기본적인 것은 학습하여 두어야 한다. 예로 植木은 보통 '심을 식, 나무 목'으로 익혀 植木을 '심은 나무' 등으로 풀이하기 쉬운데, 뜻이 달라지거나 말이 통하지 않으므로 뒤부터 풀이하여 '나무를 심음'이라는 뜻이 드러나도록 표현하여야 한다. 또 대표훈음만으로는 이해되지 않는 자주 쓰이는 한자어도 출제되므로 한자어가 잘 이해가 안 될 때는 자전 등을 참고하여 다른 중요한 뜻도 공부하여 두어야 한다. 예로 選手의 경우 '가릴 선, 손 수'가 대표훈음이지만 이를 토대로 '가린 손'이라 해 보아야 뜻이 통하지 않는 것이다. 이런 경우의 '手'는 '사람'의 뜻이라는 것도 알아 두어야 '(여럿 중에서)가려 뽑은 사람'이라는 뜻을 이해하고 설명할 수 있는 것이다.

④ 相對語[反對語], 同義語[類義語] 문제는 대개 相對[反對] 또는 같거나 비슷한 뜻을 지닌 한자를 찾아내어 한자어를 완성하는 형태가 많고 한자어를 상대로 같거나 다른 뜻의 한자어를 완성하는 형태의 문제도 출제된다.

다음 漢字와 뜻이 反對 또는 相對되는 漢字를 써넣어 單語를 完成하시오. (113~116)	
113 伸 ↔ [　]	**114** 起 ↔ [　]
115 [　] ↔ 急	**116** [　] ↔ 卑

다음 漢字語의 反對語(또는 相對語)를 漢字로 쓰시오. (113~117)	
113 權利 ↔ [　][　]	**114** 靈魂 ↔ [　][　]
115 [　][　] ↔ 苦痛	**116** 感情 ↔ [　][　]
117 [　][　] ↔ 破壞	

다음 각 글자와 뜻이 비슷한 漢字를 적어 單語를 完成하시오. (68~71)

| 68 增 [　] | 69 [　] 路 |
| 70 [　] 畫 | 71 [　] 潔 |

유형해설

평소에 相對(反對)의 개념과 相對(反對)자를 학습해 두어야만 풀 수 있다. 반대어 문제는 대개 결합되어 한자어를 만드는 것들이 주로 출제된다. 위의 伸縮, 起臥, 勤怠, 尊卑는 그대로 반대되는 뜻을 지닌 채 결합한 한자어들인 것이다. 따라서 한자어를 학습할 때 이런 점에 관심을 두고 이런 한자어들을 따로 추려 공부해 두면 문제를 쉽게 풀 수 있다. 주의해야 할 점은 한자어를 완성할 때에 기왕에 존재하는 한자어를 만들어야 하고 새로운 한자어를 만들어 내서는 안 된다는 점이다. 사전적으로 개념 정의가 되어 있는 약속된 한자어가 아니면 본인의 의도와는 달리 전연 다른 뜻으로 이해될 수 있고, 풀이에 따라서는 상대나 동의 관계가 유지되지 않을 수도 있기 때문이다.

相對(反對)는 완전히 다른 것은 아니다. 비교의 기준으로서 같은 점이 있어야 하고 하나 이상은 달라야 반대가 되는 것이다. 朝夕을 예로 들면 둘 다 하루 중의 어떤 시점을 나타낸다는 점에서는 같으나 하나는 해가 뜨는 아침을 하나는 해가 지는 저녁을 나타낸다는 점에서 반대가 되는 것이다. 春夏를 예로 든다면 반대가 되지 않는다. 계절을 나타내는 점에서는 같으나 반대가 되는 것이 없기 때문이다. 봄이 아니라고 하여 반드시 여름인 것은 아니고 가을, 겨울도 있으므로 여름만이 봄의 반대가 될 수는 없다. 春秋는 다르다. 계절을 나타내는 점에서는 같으나 하나는 씨를 뿌리는 계절을 하나는 열매를 거두는 계절이 대비되는 점에서 반대가 될 수 있는 것이다.

同義[類義]란 뜻이 같거나 비슷하다는 뜻이다. 이와 같은 한자를 찾아내어 한자어를 완성하면 된다. 同義[類義] 문제는 역시 대개 결합되어 한자어를 만드는 것들이 주로 출제된다. 위의 增加, 道路, 圖畫, 淸潔은 뜻이 같거나 비슷한 글자끼리 결합된 한자어인 것이다.

기타 感情과 理性 등의 개념 대비 反對[相對] 관계에 있는 한자어, 客地와 他鄕 등 개념 대비 同義[類義] 관계에 있는 한자어를 묻는 문제도 출제되므로 한자어의 뜻과 개념을 확실히 이해하고 있어야만 한다.

5 同音異義語 문제는 소리는 같고 뜻은 다른 한자어 문제다.

다음 漢字語와 음이 같고 다음 뜻을 가진 漢字語를 쓰시오. (長短音 무관) (138~140)

| 138 介然 – [　][　] : 연극, 연설, 연주 등을 시작함 |
| 139 善否 – [　][　] : 돌아가신 아버지 |
| 140 五氣 – [　][　] : 잘못 적음 |

유형해설

제시된 한자어를 통해 소리는 알 수 있으므로, 제시된 뜻을 통해 특정 소리와 뜻을 가진 한자를 찾아내어 한자어를 완성하는 문제로 볼 수 있다. 위의 介然의 독음이 '개연'임을 안다면 완성해야할 문제의 괄호 속의 한자의 소리는 '개연'일 것이고, '개연' 소리를 가진 한자어 중에 제시된 '연극, 연설, 연주 등을 시작함'이라는 단서를 통하여 '開演'을 찾아내어 쓰면 되는 것이다. 다른 문제와 달리 읽을 수 있다면 괄호 속에 어울릴 한자를 찾아낼 단서는 뜻 이외에 하나가 더 생기는 셈이다. 만일 읽을 수 없다면 문제를 풀기 어렵다.

6 완성형 문제는 대개 사자성어나 고사성어 등의 한 글자 정도를 비워 놓고 채워 넣을 수 있는지를 검정하는 문제가 출제된다.

> ### 다음 빈칸에 알맞은 漢字를 써 넣어 漢字語(故事成語)를 完成하시오. (118~123)
>
> 118 甲 [　] 乙女   119 驚天 [　] 地
>
> 120 孤掌 [　] 鳴   121 犬 [　] 之勞
>
> 122 近朱者 [　]   123 三旬九 [　]

유 형 해 설

배정한자 범위내의 자주 쓰이는 사자성어나 고사성어는 별도로 익혀두는 것이 좋다. '갑남을녀, 삼순구식' 등 소리만이라도 연상할 수 있다면 문제에 쉽게 접근할 수 있을 것이다.

7 한자어를 쓰는 문제는 대개 맞는 한자어를 바로 머리에 떠올릴 수 있도록 지문이 주어진다.

> ### 다음 밑줄 친 漢字語를 漢字로 쓰시오. (73~83)
>
> • 학생[73]들의 관심[74]사는 어떻게 하면 학업에 집중[75]하여 최대[76]의 효과[77]를 얻는가이다.
> • 그 광고[78]는 현대인[79]에게 '당신[80]은 과연 누구인가'를 묻고 있다.
> • 방과후[81] 수업[82]은 특별하게 실시[83]되었다.
>
> ### 다음의 뜻을 가진 故事成語를 漢字로 쓰시오. (85~86)
>
> 85 [　][　][　][　] : 실물을 보면 욕심이 생기게 된다는 말
>
> 86 [　][　][　][　] : 하늘을 놀라게 하고 땅을 뒤흔듦, 세상을 아주 크게 놀라게 함

유 형 해 설

한자어를 쓰는 문제는 한자 능력을 종합적으로 검정하는 문제라고 할 수 있다. 평소에 익힌 한자와 한자어를 여러 번 써 보고 뜻을 익히는 일을 게을리 하지 말아야 한다. 또 문장 속에서 익힌 한자어를 활용하는 습관을 들여야 한다.

8 略字 문제는 대개 정자를 제시하고 해당 약자를 쓰라는 형태로 출제되지만, 간혹 약자를 제시하고 정자로 바꾸어 쓰라는 문제도 출제되므로 범위 내의 정자와 약자를 다 익혀 두어야 한다.

> ### 다음 漢字의 略字는 正字로, 正字는 略字로 쓰시오. (148~150)
>
> 148 屬   149 稱
>
> 150 圍

❾ 部首 문제는 주로 한자를 제시하고 그 한자의 부수를 찾아내어 쓰라는 형태로 출제된다.

다음 漢字의 部首를 쓰시오. (133~137)	
133 照	134 坐
135 當	136 臺
137 鴻	

유형해설

부수 문제는 해당 한자의 부수를 찾아내어 한자의 뜻을 짐작하고 자전에서 찾아낼 수 있는 능력 여부를 검정하는 데 주안점이 있으므로 다소 주변적인 획수를 묻는 문제는 출제된 적이 없다. 평소에 배정한자의 부수를 중심으로 학습하여 두면 된다.

❿ 長短音

다음 漢字語 중 첫소리가 長音인 것을 가려 그 번호를 쓰시오. (108~112)
108 ① 宇宙 ② 沈默 ③ 輪番 ④ 僞善
109 ① 銅錢 ② 付書 ③ 傳說 ④ 園藝
110 ① 樓閣 ② 芳年 ③ 打線 ④ 慣性
111 ① 遵行 ② 娘子 ③ 墳墓 ④ 狂奔
112 ① 昏絕 ② 曾孫 ③ 加算 ④ 使臣

유형해설

長短音(한자말 첫소리의 길고 짧은 소리) 문제는 쉽지 않다. 長短音은 특별한 규칙이 있는 것이 아니므로 기본 지침서의 장단음표를 참조하여 한자어 전체를 소리내어 발음하면서 입에 배도록 익혀야 한다. 기출 문제를 풀어 보고 시험에 자주 등장하는 장음 한자어들만 따로 모아 문장을 만들어 익히는 등의 여러 노력이 필요하다.

배정한자(配定漢字)

8급~3급Ⅱ(1,317자)

한자음 뒤에 나오는 ":"는 장음 표시입니다. "(:)"는 장단음 모두 사용되는 한자이며, ":"나 "(:)"이 없는 한자는 단음으로만 쓰입니다.

8급 배정한자(50자)

教	가르칠	교:	母	어미	모:	小	작을	소:	中	가운데	중
校	학교	교:	木	나무	목	水	물	수	青	푸를	청
九	아홉	구	門	문	문	室	집	실	寸	마디	촌:
國	나라	국	民	백성	민	十	열	십	七	일곱	칠
軍	군사	군	白	흰	백	五	다섯	오:	土	흙	토
金	쇠	금	父	아비	부	王	임금	왕	八	여덟	팔
	성(姓)	김	北	북녘	북	外	바깥	외:	學	배울	학
南	남녘	남		달아날	배:	月	달	월	韓	한국	한(:)
女	계집	녀	四	넉	사:	二	두	이:		나라	한(:)
年	해	년	山	메	산	人	사람	인	兄	형	형
大	큰	대(:)	三	석	삼	一	한	일	火	불	화(:)
東	동녘	동	生	날	생	日	날	일			
六	여섯	륙	西	서녘	서	長	긴	장(:)			
萬	일만	만	先	먼저	선	弟	아우	제:			

☑ 8급 배정한자는 모두 50자로, 읽기 50자이며, 쓰기 배정한자는 없습니다. 가장 기초적인 한자들로 꼭 익혀 둡시다.

7급Ⅱ 배정한자(50자)

家	집	가	工	장인	공	內	안	내:	力	힘	력
間	사이	간(:)	空	빌	공	農	농사	농	立	설	립
江	강	강	氣	기운	기	答	대답	답	每	매양	매(:)
車	수레	거	記	기록할	기	道	길	도:	名	이름	명
	수레	차	男	사내	남	動	움직일	동:	物	물건	물

方	모(稜)	방	食	밥	식	全	온전	전	漢	한수	한:
不	아닐	불		먹을	식	前	앞	전		한나라	한:
事	일	사:	安	편안	안	電	번개	전:	海	바다	해:
上	윗	상:	午	낮	오:	正	바를	정(:)	話	말씀	화
姓	성	성:	右	오를	우:	足	발	족	活	살	활
世	인간	세:		오른(쪽)	우:	左	왼	좌:	孝	효도	효:
手	손	수(:)	子	아들	자	直	곧을	직	後	뒤	후:
市	저자	시:	自	스스로	자	平	평평할	평			
時	때	시	場	마당	장	下	아래	하:			

☑ 7급II 배정한자는 모두 100자로, 8급 배정한자(50자)를 제외한 50자만을 담았습니다. 8급과 마찬가지로 쓰기 배정한자는 없습니다.

7급 배정한자(50자)

歌	노래	가	面	낯	면:	植	심을	식	住	살	주:
口	입	구(:)	命	목숨	명:	心	마음	심	重	무거울	중:
旗	기	기	問	물을	문:	語	말씀	어:	地	따	지
冬	겨울	동(:)	文	글월	문	然	그럴	연	紙	종이	지
同	한가지	동	百	일백	백	有	있을	유:	千	일천	천
洞	골	동:	夫	지아비	부	育	기를	육	天	하늘	천
	밝을	통:	算	셈	산:	邑	고을	읍	川	내	천
登	오를	등	色	빛	색	入	들	입	草	풀	초
來	올	래(:)	夕	저녁	석	字	글자	자	村	마을	촌:
老	늙을	로:	少	적을	소:	祖	할아비	조	秋	가을	추
里	마을	리:	所	바	소:	主	임금	주	春	봄	춘
林	수풀	림	數	셈	수:		주인	주	出	날(生)	출

便	편할	편(:)	夏	여름	하:	休	쉴	휴
	똥오줌	변	花	꽃	화			

☑ 7급 배정한자는 모두 150자로, 7급Ⅱ 배정한자(100자)를 제외한 50자만을 담았습니다. 8급, 7급Ⅱ와 마찬가지로 쓰기 배정한자는 없습니다.

6급 Ⅱ 배정한자(75자)

各	각각	각		구절	두	線	줄	선	意	뜻	의:
角	뿔	각	童	아이	동(:)	雪	눈	설	作	지을	작
界	지경	계:	等	무리	등:	成	이룰	성	昨	어제	작
計	셀	계:	樂	즐길	락	省	살필	성	才	재주	재
高	높을	고		노래	악		덜	생	戰	싸움	전:
公	공평할	공		좋아할	요	消	사라질	소	庭	뜰	정
共	한가지	공:	利	이할	리:	術	재주	술	第	차례	제:
功	공(勳)	공	理	다스릴	리:	始	비로소	시:	題	제목	제
果	실과	과:	明	밝을	명	信	믿을	신:	注	부을	주:
科	과목	과	聞	들을	문(:)	新	새	신	集	모을	집
光	빛	광	半	반(半)	반:	神	귀신	신	窓	창	창
球	공	구	反	돌이킬	반:	身	몸	신	淸	맑을	청
今	이제	금		돌아올	반:	弱	약할	약	體	몸	체
急	급할	급	班	나눌	반	藥	약	약	表	겉	표
短	짧을	단(:)	發	필	발	業	업	업	風	바람	풍
堂	집	당	放	놓을	방(:)	勇	날랠	용:	幸	다행	행:
代	대신할	대:	部	떼	부	用	쓸	용:	現	나타날	현:
對	대할	대:	分	나눌	분(:)	運	옮길	운:	形	모양	형
圖	그림	도	社	모일	사	音	소리	음	和	화할	화
讀	읽을	독	書	글	서	飮	마실	음(:)	會	모일	회:

☑ 6급Ⅱ 배정한자는 모두 225자로, 7급 배정한자(150자)를 제외한 75자만을 담았습니다. 쓰기 배정한자 8급 50자입니다.

6급 배정한자(75자)

感	느낄	감:	綠	푸를	록	習	익힐	습	章	글	장

감										
感	느낄	감:	綠	푸를	록	習	익힐	습	章	글	장
強	강할	강(:)	李	오얏	리:	勝	이길	승	在	있을	재:
開	열	개		성(姓)	리:	式	법	식	定	정할	정:
京	서울	경	目	눈	목	失	잃을	실	朝	아침	조
古	예	고:	米	쌀	미	愛	사랑	애(:)	族	겨레	족
苦	쓸[味覺]	고	美	아름다울	미(:)	夜	밤	야:	晝	낮	주
交	사귈	교	朴	성(姓)	박	野	들(坪)	야:	親	친할	친
區	구분할	구	番	차례	번	洋	큰바다	양	太	클	태
	지경	구	別	다를	별	陽	볕	양	通	통할	통
郡	고을	군:		나눌	별	言	말씀	언	特	특별할	특
根	뿌리	근	病	병	병:	永	길	영:	合	합할	합
近	가까울	근:	服	옷	복	英	꽃부리	영	行	다닐	행(:)
級	등급	급	本	근본	본	溫	따뜻할	온		항렬	항
多	많을	다	使	하여금	사:	園	동산	원	向	향할	향:
待	기다릴	대:		부릴	사:	遠	멀	원:	號	이름	호(:)
度	법도	도(:)	死	죽을	사:	油	기름	유	畵	그림	화:
	헤아릴	탁	席	자리	석	由	말미암을	유		그을	획(劃)
頭	머리	두	石	돌	석	銀	은	은	黃	누를	황
例	법식	례:	速	빠를	속	衣	옷	의	訓	가르칠	훈:
禮	예도	례:	孫	손자	손(:)	醫	의원	의			
路	길	로:	樹	나무	수	者	놈	자			

☑ 6급 배정한자는 모두 300자로, 6급Ⅱ 배정한자(225자)를 제외한 75자만을 담았습니다. 쓰기 배정한자 7급 150자입니다.

5급 II 배정한자(100자)

價	값	가	德	큰	덕	仙	신선	선	元	으뜸	원
客	손	객	到	이를	도:	鮮	고울	선	偉	클	위
格	격식	격	獨	홀로	독	說	말씀	설	以	써	이:
見	볼	견:	朗	밝을	랑:		달랠	세:	任	맡길	임(:)
	뵈올	현:	良	어질	량	性	성품	성:	材	재목	재
決	결단할	결	旅	나그네	려	歲	해	세:	財	재물	재
結	맺을	결	歷	지날	력	洗	씻을	세:	的	과녁	적
敬	공경	경:	練	익힐	련:	束	묶을	속	傳	전할	전
告	고할	고:	勞	일할	로	首	머리	수	典	법	전:
課	공부할	과(:)	流	흐를	류	宿	잘	숙	展	펼	전:
	과정	과(:)	類	무리	류(:)		별자리	수:	切	끊을	절
過	지날	과:	陸	뭍	륙	順	순할	순:		온통	체
觀	볼	관	望	바랄	망:	識	알	식	節	마디	절
關	관계할	관	法	법	법	臣	신하	신	店	가게	점:
廣	넓을	광:	變	변할	변:	實	열매	실	情	뜻	정
具	갖출	구(:)	兵	병사	병	兒	아이	아	調	고를	조
舊	예	구:	福	복	복	惡	악할	악	卒	마칠	졸
局	판[形局]	국:	奉	받들	봉:		미워할	오	種	씨	종(:)
基	터	기	仕	섬길	사:	約	맺을	약	州	고을	주
己	몸	기	史	사기(史記)	사:	養	기를	양:	週	주일	주
念	생각	념:	士	선비	사:	要	요긴할	요(:)	知	알	지
能	능할	능	産	낳을	산:	友	벗	우:	質	바탕	질
團	둥글	단	商	장사	상	雨	비	우:	着	붙을	착
當	마땅	당	相	서로	상	雲	구름	운	參	참여할	참

責	꾸짖을	책	品	물건	품:	害	해할	해:	凶	흉할	흉
充	채울	충	必	반드시	필	化	될	화(:)			
宅	집	택	筆	붓	필	效	본받을	효:			

☑ 5급Ⅱ 배정한자는 모두 400자로, 6급 배정한자(300자)를 제외한 100자만 담았습니다. 쓰기 배정한자는 6급Ⅱ 225자입니다.

5급 배정한자(100자)

加	더할	가	技	재주	기	無	없을	무	億	억[數字]	억
可	옳을	가:	期	기약할	기	倍	곱	배(:)	熱	더울	열
改	고칠	개(:)	汽	물끓는김	기	比	견줄	비:	葉	잎	엽
去	갈	거:	吉	길할	길	費	쓸	비:	屋	집	옥
舉	들	거:	壇	단	단	鼻	코	비:	完	완전할	완
件	물건	건	談	말씀	담	氷	얼음	빙	曜	빛날	요:
健	굳셀	건:	島	섬	도	寫	베낄	사	浴	목욕할	욕
建	세울	건:	都	도읍	도	思	생각	사(:)	牛	소	우
景	볕	경(:)	落	떨어질	락	查	조사할	사	雄	수컷	웅
競	다툴	경:	冷	찰	랭:	賞	상줄	상	原	언덕	원
輕	가벼울	경	量	헤아릴	량	序	차례	서:	院	집	원
固	굳을	고(:)	令	하여금	령(:)	善	착할	선:	願	원할	원:
考	생각할	고(:)	領	거느릴	령	船	배	선	位	자리	위
曲	굽을	곡	料	헤아릴	료(:)	選	가릴	선:	耳	귀	이:
橋	다리	교	馬	말	마:	示	보일	시:	因	인할	인
救	구원할	구:	末	끝	말	案	책상	안:	再	두	재:
貴	귀할	귀:	亡	망할	망	漁	고기잡을	어	災	재앙	재
規	법	규	買	살	매:	魚	고기	어	爭	다툴	쟁
給	줄	급	賣	팔	매(:)		물고기	어	貯	쌓을	저:

赤	붉을	적	鐵	쇠	철	打	칠	타:	許	허락할	허
停	머무를	정	初	처음	초	卓	높을	탁	湖	호수	호
操	잡을	조(:)	最	가장	최:	炭	숯	탄:	患	근심	환:
終	마칠	종	祝	빌	축	板	널	판	黑	검을	흑
罪	허물	죄:	致	이를	치:	敗	패할	패:			
止	그칠	지	則	법칙	칙	河	물	하			
唱	부를	창	他	다를	타	寒	찰	한			

☑ 5급 배정한자는 모두 500자로, 5급Ⅱ 배정한자(400자)를 제외한 100자만 담았습니다. 쓰기 배정한자는 6급 300자입니다.

4급Ⅱ 배정한자(250자)

假	거짓	가:	係	맬	계:	努	힘쓸	노	斗	말	두
街	거리	가(:)	故	연고	고(:)	怒	성낼	노:	豆	콩	두
減	덜	감:	官	벼슬	관	單	홀	단	得	얻을	득
監	볼	감	句	글귀	구	斷	끊을	단:	燈	등	등
康	편안	강	求	구할(索)	구	檀	박달나무	단	羅	벌릴	라
講	욀	강:	究	연구할	구	端	끝	단	兩	두	량:
個	낱	개(:)	宮	집	궁	達	통달할	달	麗	고울	려
檢	검사할	검:	權	권세	권	擔	멜	담	連	이을	련
潔	깨끗할	결	極	다할	극	黨	무리	당	列	벌릴	렬
缺	이지러질	결		극진할	극	帶	띠	대(:)	錄	기록할	록
境	지경	경	禁	금할	금:	隊	무리	대	論	논할	론
慶	경사	경:	器	그릇	기	導	인도할	도:	留	머무를	류
經	지날	경	起	일어날	기	毒	독	독	律	법칙	률
	글	경	暖	따뜻할	난:	督	감독할	독	滿	찰	만(:)
警	깨우칠	경:	難	어려울	난(:)	銅	구리	동	脈	줄기	맥

毛	터럭	모	步	걸음	보:	狀	형상	상	收	거둘	수
牧	칠(養)	목	復	회복할	복		문서	장:	純	순수할	순
務	힘쓸	무:		다시	부:	設	베풀	설	承	이을	승
武	호반	무:	副	버금	부:	城	재	성	施	베풀	시:
味	맛	미:	婦	며느리	부	星	별	성	是	이(斯)	시:
未	아닐	미(:)	富	부자	부:	盛	성할	성:		옳을	시:
密	빽빽할	밀	府	마을[宮廳]	부(:)	聖	성인	성:	視	볼	시:
博	넓을	박	佛	부처	불	聲	소리	성	試	시험	시(:)
房	방	방	備	갖출	비:	誠	정성	성	詩	시	시
訪	찾을	방:	悲	슬플	비:	勢	형세	세:	息	쉴	식
防	막을	방	非	아닐	비(:)	稅	세금	세:	申	납(猿)	신
拜	절	배:	飛	날	비	細	가늘	세:	深	깊을	심
背	등	배:	貧	가난할	빈	掃	쓸(掃除)	소(:)	眼	눈	안:
配	나눌	배:	寺	절	사	笑	웃음	소:	暗	어두울	암:
	짝	배:	師	스승	사	素	본디	소(:)	壓	누를	압
伐	칠(討)	벌	舍	집	사		흴(白)	소(:)	液	진	액
罰	벌할	벌	謝	사례할	사:	俗	풍속	속	羊	양	양
壁	벽	벽	殺	죽일	살	續	이을	속	如	같을	여
邊	가(側)	변		감할	쇄:	送	보낼	송:	餘	남을	여
保	지킬	보(:)		빠를	쇄:	修	닦을	수	逆	거스릴	역
報	갚을	보:	常	떳떳할	상	受	받을	수(:)	演	펼	연:
	알릴	보:	床	상	상	守	지킬	수	煙	연기	연
寶	보배	보:	想	생각	상:	授	줄	수	研	갈	연:

榮	영화	영	將	장수	장(:)	尊	높을	존	忠	충성	충
藝	재주	예:	障	막을	장	宗	마루	종	蟲	벌레	충
誤	그르칠	오:	低	낮을	저:	走	달릴	주	取	가질	취:
玉	구슬	옥	敵	대적할	적	竹	대	죽	測	헤아릴	측
往	갈	왕:	田	밭	전	準	준할	준:	治	다스릴	치
謠	노래	요	絶	끊을	절	衆	무리	중:	置	둘(措)	치:
容	얼굴	용	接	이을	접	增	더할	증	齒	이	치
員	인원	원	政	정사(政事)	정	志	뜻	지	侵	침노할	침
圓	둥글	원	程	한도	정	指	가리킬	지	快	쾌할	쾌
爲	하	위(:)		길(道)	정	支	지탱할	지	態	모습	태:
	할	위(:)	精	정할	정	至	이를	지	統	거느릴	통:
衛	지킬	위	制	절제할	제:	職	직분	직	退	물러날	퇴:
肉	고기	육	提	끌	제	眞	참	진	波	물결	파
恩	은혜	은	濟	건널	제:	進	나아갈	진:	破	깨뜨릴	파:
陰	그늘	음	祭	제사	제:	次	버금	차	包	쌀(裹)	포(:)
應	응할	응:	製	지을	제:	察	살필	찰	布	베	포(:)
義	옳을	의:	除	덜	제	創	비롯할	창:		펼	포(:)
議	의논할	의(:)	際	즈음	제:	處	곳	처:		보시	보
移	옮길	이		가(邊)	제:	請	청할	청	砲	대포	포
益	더할	익	助	도울	조:	總	다(皆)	총:	暴	사나울	폭
印	도장	인	早	이를	조:	銃	총	총		모질	포
引	끌	인	造	지을	조:	築	쌓을	축	票	표	표
認	알(知)	인	鳥	새	조	蓄	모을	축	豊	풍년	풍

限	한할	한:	虛	빌	허	呼	부를	호	回	돌아올	회
港	항구	항:	驗	시험	험:	好	좋을	호:	吸	마실	흡
航	배	항:	賢	어질	현	戶	집	호:	興	일(盛)	흥(:)
解	풀	해:	血	피	혈	護	도울	호:	希	바랄	희
鄕	시골	향	協	화할	협	貨	재물	화:			
香	향기	향	惠	은혜	혜:	確	굳을	확			

☑ 4급Ⅱ 배정한자는 모두 750자로, 5급 배정한자(500자)를 제외한 250자만을 담았습니다. 쓰기 배정한자는 5급Ⅱ 400자입니다.

4급 배정한자(250자)

暇	틈	가:	居	살	거	驚	놀랄	경	管	대롱	관
	겨를	가:	巨	클	거:	季	계절	계:		주관할	관
刻	새길	각	拒	막을	거:	戒	경계할	계:	鑛	쇳돌	광:
覺	깨달을	각	據	근거	거:	系	이어맬	계:	構	얽을	구
干	방패	간	傑	뛰어날	걸	繼	이을	계:	君	임금	군
看	볼	간	儉	검소할	검:	階	섬돌	계	群	무리	군
簡	대쪽	간(:)	擊	칠(打)	격	鷄	닭	계	屈	굽힐	굴
	간략할	간(:)	激	격할	격	孤	외로울	고	窮	다할	궁
敢	감히	감:	堅	굳을	견	庫	곳집	고		궁할	궁
	구태여	감:	犬	개	견	穀	고식	곡	券	문서	권
甘	달	감	傾	기울	경	困	곤할	곤:	勸	권할	권:
甲	갑옷	갑	更	고칠	경	骨	뼈	골	卷	책	권(:)
降	내릴	강		다시	갱:	孔	구멍	공:	歸	돌아갈	귀:
	항복할	항	鏡	거울	경:	攻	칠(擊)	공:	均	고를	균

劇	심할	극	離	떠날	리:	祕	숨길	비:	嚴	엄할	엄
勤	부지런할	근(:)	妹	누이	매	射	쏠	사:	與	더불	여
筋	힘줄	근	勉	힘쓸	면:	私	사사(私事) 사		줄	여:
奇	기특할	기	鳴	울	명	絲	실	사	域	지경	역
寄	부칠	기	模	본뜰	모	辭	말씀	사	易	바꿀	역
機	틀	기	墓	무덤	묘:	散	흩을	산:		쉬울	이:
紀	벼리	기	妙	묘할	묘:	傷	다칠	상	延	늘일	연
納	들일	납	舞	춤출	무:	象	코끼리	상	燃	탈	연
段	층계	단	拍	칠	박	宣	베풀	선	緣	인연	연
徒	무리	도	髮	터럭	발	舌	혀	설	鉛	납	연
盜	도둑	도(:)	妨	방해할	방	屬	붙일	속	映	비칠	영(:)
逃	도망할	도	犯	범할	범:	損	덜	손:	營	경영할	영
亂	어지러울	란:	範	법	범:	松	소나무	송	迎	맞을	영
卵	알	란:	辯	말씀	변:	頌	기릴	송:	豫	미리	예:
覽	볼	람	普	넓을	보:		칭송할	송:	優	넉넉할	우
略	간략할	략	伏	엎드릴	복	秀	빼어날	수	遇	만날	우:
	약할	략	複	겹칠	복	叔	아재비	숙	郵	우편	우
糧	양식	량	否	아닐	부:	肅	엄숙할	숙	怨	원망할	원(:)
慮	생각할	려:	負	질(荷)	부:	崇	높을	숭	援	도울	원:
烈	매울	렬	憤	분할	분:	氏	각시	씨	源	근원	원
龍	용	룡	粉	가루	분(:)		성씨(姓氏) 씨		危	위태할	위
柳	버들	류(:)	批	비평할	비:	額	이마	액	圍	에워쌀	위
輪	바퀴	륜	碑	비석	비	樣	모양	양	委	맡길	위

威	위엄	위	底	밑	저:	從	좇을	종(:)	推	밀	추
慰	위로할	위	積	쌓을	적	鍾	쇠북	종	縮	줄일	축
乳	젖	유	籍	문서	적	座	자리	좌:	就	나아갈	취:
儒	선비	유	績	길쌈	적	周	두루	주	趣	뜻	취:
遊	놀	유	賊	도둑	적	朱	붉을	주	層	층(層階)	층
遺	남길	유	適	맞을	적	酒	술	주(:)	寢	잘	침:
隱	숨을	은	專	오로지	전	證	증거	증	針	바늘	침(:)
依	의지할	의	轉	구를	전:	持	가질	지	稱	일컬을	칭
儀	거동	의	錢	돈	전:	智	슬기	지	彈	탄알	탄:
疑	의심할	의	折	꺾을	절		지혜	지	歎	탄식할	탄:
異	다를	이:	占	점령할	점:	誌	기록할	지	脫	벗을	탈
仁	어질	인		점칠	점	織	짤	직	探	찾을	탐
姉	손윗누이	자	點	점	점(:)	珍	보배	진	擇	가릴	택
姿	모양	자:	丁	고무래	정	盡	다할	진:	討	칠	토(:)
資	재물	자		장정	정	陣	진칠	진	痛	아플	통:
殘	남을	잔	整	가지런할	정:	差	다를	차	投	던질	투
雜	섞일	잡	靜	고요할	정	讚	기릴	찬:	鬪	싸움	투
壯	장할	장:	帝	임금	제:	採	캘	채:	派	갈래	파
帳	장막	장	條	가지	조	冊	책	책	判	판단할	판
張	베풀	장	潮	밀물	조	泉	샘	천	篇	책	편
腸	창자	장		조수	조	廳	관청	청	評	평할	평:
裝	꾸밀	장	組	짤	조	聽	들을	청	閉	닫을	폐:
獎	장려할	장(:)	存	있을	존	招	부를	초	胞	세포	포(:)

爆	불터질	폭	核	씨	핵	婚	혼인할	혼
標	표할	표	憲	법	헌:	混	섞을	혼:
疲	피곤할	피	險	험할	험:	紅	붉을	홍
避	피할	피:	革	가죽	혁	華	빛날	화
恨	한(怨)	한:	顯	나타날	현:	歡	기쁠	환
閑	한가할	한	刑	형벌	형	環	고리	환(:)
抗	겨룰	항:	或	혹	혹	況	상황	황:

灰	재	회
候	기후	후:
厚	두터울	후:
揮	휘두를	휘
喜	기쁠	희

☑ 4급 배정한자는 모두 1,000자로 4급Ⅱ 배정한자(750자)를 제외한 250자만을 담았습니다. 쓰기 배정한자는 5급 500자입니다.

3급Ⅱ 배정한자(500자)

佳	아름다울	가:	蓋	덮을	개(:)		잠간	경	恭	공손할	공
架	시렁	가:	距	상거(相距)할	거:	啓	열	계:	貢	바칠	공:
脚	다리	각	乾	하늘	건	契	맺을	계:	寡	적을	과:
閣	집	각		마를	건	桂	계수나무	계:	誇	자랑할	과:
刊	새길	간	劍	칼	검:	械	기계	계:	冠	갓	관
幹	줄기	간	隔	사이 뜰	격	溪	시내	계	寬	너그러울	관
懇	간절할	간:	訣	이별할	결	姑	시어미	고	慣	익숙할	관
肝	간	간(:)	兼	겸할	겸	稿	원고	고	貫	꿸	관(:)
鑑	거울	감	謙	겸손할	겸		볏짚	고	館	집	관
剛	굳셀	강	徑	지름길	경	鼓	북	고	狂	미칠	광
綱	벼리	강		길	경	哭	울	곡	壞	무너질	괴:
鋼	강철	강	硬	굳을	경	谷	골	곡	怪	괴이할	괴(:)
介	낄	개:	耕	밭 갈(犁田)	경	供	이바지할	공:	巧	공교할	교
槪	대개	개:	頃	이랑	경	恐	두려울	공(:)	較	견줄	교

	비교할	교	寧	편안	녕	陶	질그릇	도	嶺	고개	령
丘	언덕	구	奴	종	노	突	갑자기	돌	靈	신령	령
久	오랠	구:	腦	골	뇌	凍	얼	동:	爐	화로	로
拘	잡을	구		뇌수	뇌	絡	이을	락	露	이슬	로(:)
菊	국화	국	泥	진흙	니		얽을	락	祿	녹	록
弓	활	궁	茶	차	다	欄	난간	란	弄	희롱할	롱:
拳	주먹	권:		차	차	蘭	난초	란	賴	의뢰할	뢰:
鬼	귀신	귀:	丹	붉을	단	廊	사랑채	랑	雷	우레	뢰
菌	버섯	균	但	다만	단:		행랑	랑	樓	다락	루
克	이길	극	旦	아침	단	浪	물결	랑(:)	漏	샐	루:
琴	거문고	금	淡	맑을	담	郎	사내	랑	累	여러	루:
禽	새	금	踏	밟을	답	梁	들보	량		자주	루:
錦	비단	금:	唐	당나라	당		돌다리	량	倫	인륜	륜
及	미칠	급		당황할	당(:)	涼	서늘할	량	栗	밤	률
企	꾀할	기	糖	엿	당	勵	힘쓸	려:	率	비율	률
其	그	기	臺	대	대	曆	책력	력		거느릴	솔
畿	경기(京畿)	기	貸	빌릴	대:	戀	그리워할	련:	隆	높을	륭
祈	빌	기		뀔	대:		그릴	련:	陵	언덕	릉
騎	말탈	기	倒	넘어질	도:	聯	연이을	련	吏	벼슬아치	리:
緊	긴할	긴	刀	칼	도	蓮	연꽃	련		관리	리:
諾	허락할	낙	桃	복숭아	도	鍊	쇠불릴	련:	履	밟을	리:
娘	계집	낭	渡	건널	도		단련할	련:	裏	속	리:
耐	견딜	내	途	길(行中)	도:	裂	찢어질	렬	臨	임할	림

磨	갈	마	貌	모양	모	輩	무리	배:	奔	달릴	분
麻	삼	마(:)	睦	화목할	목	伯	맏	백	奮	떨칠	분:
幕	장막	막	沒	빠질	몰	繁	번성할	번	紛	어지러울	분
漠	넓을	막	夢	꿈	몽	凡	무릇	범(:)	拂	떨칠	불
莫	없을	막	蒙	어두울	몽	碧	푸를	벽	卑	낮을	비:
晚	늦을	만:	茂	무성할	무:	丙	남녘	병:	妃	왕비	비
妄	망령될	망:	貿	무역할	무:	補	기울	보:	婢	계집종	비:
媒	중매	매	墨	먹	묵	譜	족보	보:	肥	살찔	비:
梅	매화	매	黙	잠잠할	묵	腹	배	복	司	맡을	사
麥	보리	맥	紋	무늬	문	覆	덮을	부	斜	비낄	사
孟	맏	맹(:)	勿	말(禁)	물		다시	복	沙	모래	사
猛	사나울	맹:	尾	꼬리	미:	封	봉할	봉	祀	제사	사
盲	소경	맹	微	작을	미	峯	봉우리	봉	蛇	긴뱀	사
	눈 멀	맹	薄	엷을	박	逢	만날	봉	詞	말	사
盟	맹세	맹	迫	핍박할	박	鳳	봉새	봉:		글	사
免	면할	면:	盤	소반	반	付	부칠	부	邪	간사할	사
眠	잘	면	般	가지	반	扶	도울	부	削	깎을	삭
綿	솜	면		일반	반	浮	뜰	부	森	수풀	삼
滅	꺼질	멸	飯	밥	반	符	부호	부(:)	像	모양	상
	멸할	멸	拔	뽑을	발	簿	문서	부:	償	갚을	상
銘	새길	명	芳	꽃다울	방	腐	썩을	부:	喪	잃을	상(:)
慕	그릴	모:	培	북돋을	배:	賦	부세	부:	尙	오히려	상(:)
謀	꾀	모	排	밀칠	배	附	붙을	부(:)	桑	뽕나무	상

裳	치마	상	垂	드리울	수	昇	오를	승	揚	날릴	양
詳	자세할	상	壽	목숨	수	侍	모실	시:	讓	사양할	양:
霜	서리	상	帥	장수	수	飾	꾸밀	식	御	거느릴	어:
塞	막힐	색	愁	근심	수	愼	삼갈	신:	憶	생각할	억
	변방	새	殊	다를	수	審	살필	심(:)	抑	누를	억
索	찾을	색	獸	짐승	수	甚	심할	심:	亦	또	역
	노(새끼줄)	삭	輸	보낼	수	雙	두	쌍	役	부릴	역
徐	천천할	서(:)	隨	따를	수		쌍	쌍	疫	전염병	역
恕	용서할	서:	需	쓰일	수				譯	번역할	역
緒	실마리	서:		쓸	수	亞	버금	아(:)	驛	역	역
署	마을[官廳]	서:	淑	맑을	숙	我	나	아:	宴	잔치	연:
惜	아낄	석	熟	익을	숙	阿	언덕	아	沿	물따라갈	연(:)
釋	풀	석	巡	돌(廻)	순	牙	어금니	아		따를	연(:)
旋	돌(廻)	선		순행할	순	芽	싹	아	燕	제비	연(:)
禪	선	선	旬	열흘	순	雅	맑을	아(:)	軟	연할	연:
燒	사를	소:	瞬	눈깜짝일	순	岸	언덕	안:	悅	기쁠	열
疏	소통할	소	述	펼	술	顔	낯	안:	染	물들	염:
蘇	되살아날	소	濕	젖을	습	巖	바위	암	炎	불꽃	염
訴	호소할	소	拾	주울	습	仰	우러를	앙:	鹽	소금	염
訟	송사할	송:		열	십	央	가운데	앙	影	그림자	영:
刷	인쇄할	쇄:	襲	엄습할	습	哀	슬플	애	譽	기릴	예:
鎖	쇠사슬	쇄:	乘	탈	승	若	같을	약		명예	예:
衰	쇠할	쇠	僧	중	승		반야	야	悟	깨달을	오:
						壤	흙덩이	양:			

烏	까마귀	오	裕	넉넉할	유:	葬	장사지낼	장:	兆	억조	조
獄	옥[囚舍]	옥	誘	꾈	유	藏	감출	장:	照	비칠	조:
瓦	기와	와:	潤	부를	윤:	栽	심을	재	租	조세	조
緩	느릴	완:	乙	새	을	裁	옷마를	재	縱	세로	종
慾	욕심	욕	淫	음란할	음	載	실을	재	坐	앉을	좌:
欲	하고자할	욕	已	이미	이:	抵	막을[抗]	저:	奏	아뢸	주(:)
辱	욕될	욕	翼	날개	익	著	나타날	저:	宙	집	주:
偶	짝	우:	忍	참을	인	寂	고요할	적	柱	기둥	주
宇	집	우:	逸	편안할	일	摘	딸[手收]	적	株	그루	주
愚	어리석을	우	壬	북방	임:	笛	피리	적	洲	물가	주
憂	근심	우	賃	품삯	임:	跡	발자취	적	珠	구슬	주
羽	깃	우:	刺	찌를	자:	蹟	자취	적	鑄	쇠불릴	주
韻	운	운:		찌를	척	殿	전각	전:	仲	버금	중(:)
越	넘을	월		수라	자	漸	점점	점:	卽	곧	즉
僞	거짓	위	慈	사랑	자	井	우물	정(:)	憎	미울	증
胃	밥통	위	紫	자주빛	자	亭	정자	정	曾	일찍	증
謂	이를	위	暫	잠깐	잠(:)	廷	조정	정	症	증세	증(:)
幼	어릴	유	潛	잠길	잠	征	칠	정	蒸	찔	증
幽	그윽할	유	丈	어른	장:	淨	깨끗할	정	之	갈	지
悠	멀	유	掌	손바닥	장:	貞	곧을	정	枝	가지	지
柔	부드러울	유	粧	단장할	장	頂	정수리	정	池	못	지
猶	오히려	유	臟	오장	장:	諸	모두	제	振	떨칠	진:
維	벼리	유	莊	씩씩할	장	齊	가지런할	제	辰	별	진

	때	신	戚	친척	척	値	값	치		해질	폐:
鎭	진압할	진(:)	拓	넓힐	척	恥	부끄러울	치	肺	허파	폐:
陳	베풀	진:	淺	얕을	천:	稚	어릴	치	浦	개(水邊)	포
	묵을	진	賤	천할	천:	漆	옻	칠	捕	잡을	포:
震	우레	진:	踐	밟을	천:	沈	잠길	침(:)	楓	단풍	풍
疾	병	질	遷	옮길	천:		성(姓)	심:	彼	저	피:
秩	차례	질	哲	밝을	철	浸	잠길	침:	皮	가죽	피
執	잡을	집	徹	통할	철	奪	빼앗을	탈	被	입을	피:
徵	부를	징	滯	막힐	체	塔	탑	탑	畢	마칠	필
借	빌	차:	礎	주춧돌	초	湯	끓을	탕:	何	어찌	하
	빌릴	차:	肖	닮을	초	殆	거의	태	荷	멜	하(:)
此	이	차		같을	초	泰	클	태	賀	하례할	하:
錯	어긋날	착	超	뛰어넘을	초	澤	못	택	鶴	학	학
贊	도울	찬:	促	재촉할	촉	兔	토끼	토	汗	땀	한(:)
倉	곳집	창(:)	觸	닿을	촉	吐	토할	토(:)	割	벨	할
昌	창성할	창(:)	催	재촉할	최:	透	사무칠	투	含	머금을	함
蒼	푸를	창	追	쫓을	추	版	판목	판	陷	빠질	함:
債	빚	채:		따를	추	偏	치우칠	편	恒	항상	항
彩	채색	채:	畜	짐승	축	片	조각	편(:)	項	항목	항:
菜	나물	채:	衝	찌를	충	編	엮을	편	響	울릴	향:
策	꾀	책	吹	불	취:	廢	폐할	폐:	獻	드릴	헌:
妻	아내	처	醉	취할	취:		버릴	폐:	懸	달(繫)	현:
尺	자	척	側	곁	측	弊	폐단	폐:	玄	검을	현

穴	굴	혈	豪	호걸	호	還	돌아올	환	橫	가로	횡
脅	위협할	협	惑	미혹할	혹	皇	임금	황	胸	가슴	흉
衡	저울대	형	魂	넋	혼	荒	거칠	황	稀	드물	희
慧	슬기로울	혜:	忽	갑자기	홀	悔	뉘우칠	회:	戱	놀이	희
浩	넓을	호:	洪	넓을	홍	懷	품을	회			
胡	되(狄)	호	禍	재앙	화:	劃	그을	획			
虎	범	호(:)	換	바꿀	환:	獲	얻을	획			

☑ 3급Ⅱ 배정한자는 모두 1,500자로 4급 배정한자(1,000자)를 제외한 500자만을 담았습니다. 쓰기 배정한자는 4급Ⅱ 750자입니다.

사자성어(四字成語)

8급 사자성어

國民年金 나라 국 백성 민 해 년 쇠 금	일정 기간 또는 죽을 때까지 해마다 지급되는 일정액의 돈 (국민연금)
父母兄弟 아비 부 어미 모 형 형 아우 제	아버지·어머니·형·아우 라는 뜻으로, 가족을 이르는 말
生年月日 날 생 해 년 달 월 날 일	태어난 해와 달과 날
大韓民國 큰 대 한나라 한 백성 민 나라 국	우리나라의 국호(나라이름)
三三五五 석 삼 석 삼 다섯 오 다섯 오	서너 사람 또는 대여섯 사람 이 떼를 지어 다니거나 무슨 일을 함
十中八九 열 십 가운데 중 여덟 팔 아홉 구	열 가운데 여덟이나 아홉 정도 로 거의 대부분이거나 거의 틀림 없음
東西南北 동녘 동 서녘 서 남녘 남 북녘 북	동쪽·서쪽·남쪽·북쪽이 라는 뜻으로, 모든 방향을 이르는 말		

7급 II 사자성어

南男北女 남녘 남 사내 남 북녘 북 계집 녀	우리나라에서, 남자는 남쪽 지방 사람이 잘나고 여자는 북쪽 지방 사람이 고움을 이르는 말
上下左右 윗 상 아래 하 왼 좌 오른 우	위·아래·왼쪽·오른쪽을 이르는 말로, 모든 방향을 이름
土木工事 흙 토 나무 목 장인 공 일 사	땅과 하천 따위를 고쳐 만드는 공사
四方八方 넉 사 모 방 여덟 팔 모 방	여기저기 모든 방향이나 방면
世上萬事 인간 세 윗 상 일만 만 일 사	세상에서 일어나는 온갖 일
八道江山 여덟 팔 길 도 강 강 메 산	팔도의 강산이라는 뜻으로, 우리나라 전체의 강산을 이르는 말
四海兄弟 넉 사 바다 해 형 형 아우 제	온 세상 사람이 모두 형제와 같다는 뜻으로, 친밀함을 이르는 말
人山人海 사람 인 메 산 사람 인 바다 해	사람이 수없이 많이 모인 상태 를 이르는 말		

7급 사자성어

男女老少 사내 남 계집 녀 늙을 로 적을 소	남자와 여자, 나이 든 사람과 젊은 사람이란 뜻으로 모든 사람을 이르는 말 (남녀노소)
百萬大軍 일백 백 일만 만 큰 대 군사 군	아주 많은 병사로 조직된 군대를 이르는 말
月下老人 달 월 아래 하 늙을 로 사람 인	부부의 인연을 맺어 준다는 전설상의 노인 (월하노인)
男中一色 사내 남 가운데 중 한 일 빛 색	남자의 얼굴이 썩 뛰어나게 잘 생김
不老長生 아닐 불 늙을 로 긴 장 날 생	늙지 아니하고 오래 삶
二八青春 두 이 여덟 팔 푸를 청 봄 춘	16세 무렵의 꽃다운 청춘
東問西答 동녘 동 물을 문 서녘 서 대답 답	물음과는 전혀 상관없는 엉뚱 한 대답
不立文字 아닐 불 설 립 글월 문 글자 자	불도의 깨달음은 마음에서 마 음으로 전하는 것이므로 말이 나 글에 의지하지 않는다는 말
一問一答 한 일 물을 문 한 일 대답 답	한 번 물음에 한 번 대답함
萬里長天 일만 만 마을 리 긴 장 하늘 천	아득히 높고 먼 하늘
山川草木 메 산 내 천 풀 초 나무 목	산과 내와 풀과 나무, 곧 자연 을 이르는 말
一日三秋 한 일 날 일 석 삼 가을 추	하루가 삼 년 같다는 뜻으로, 몹시 애태우며 기다림을 이르 는 말
名山大川 이름 명 메 산 큰 대 내 천	이름난 산과 큰 내
安心立命 편안 안 마음 심 설 립 목숨 명	하찮은 일에 흔들리지 않는 경지 (안심입명)
自問自答 스스로 자 물을 문 스스로 자 대답 답	스스로 묻고 스스로 대답함

自生植物 — 산이나 들, 강이나 바다에서 저절로 나는 식물
스스로자 날생 심을식 물건물

地上天國 — 이 세상에서 이룩되는 다시 없이 자유롭고 풍족하며 행복한 사회
따지 윗상 하늘천 나라국

草食動物 — 풀을 주로 먹고 사는 동물
풀초 먹을식 움직일동 물건물

全心全力 — 온 마음과 온 힘
온전전 마음심 온전전 힘력

青天白日 — 하늘이 맑게 갠 대낮
푸를청 하늘천 흰백 날일

春夏秋冬 — 봄·여름·가을·겨울의 사계절
봄춘 여름하 가을추 겨울동

6급 II 사자성어

家內工業 — 집안에서 단순한 기술과 도구로써 작은 규모로 생산하는 수공업
집가 안내 장인공 업업

百發百中 — 백 번 쏘아 백 번 맞힌다는 뜻으로, 총이나 활 따위를 쏠 때마다 겨눈 곳에 다 맞음을 이르는 말
일백백 필발 일백백 가운데중

一心同體 — 한마음 한 몸이라는 뜻으로, 서로 굳게 결합함을 이르는 말
한일 마음심 한가지동 몸체

家庭敎育 — 가정의 일상생활 가운데 집안 어른들이 자녀들에게 주는 영향이나 가르침
집가 뜰정 가르칠교 기를육

四面春風 — 누구에게나 좋게 대하는 일
넉사 낯면 봄춘 바람풍

一日三省 — 하루에 세 가지 일로 자신을 되돌아보고 살핌
한일 날일 석삼 살필성

各人各色 — 사람마다 각기 다름
각각각 사람인 각각각 빛색

山戰水戰 — 세상의 온갖 고생과 어려움을 다 겪었음을 이르는 말
메산 싸움전 물수 싸움전

一長一短 — 일면의 장점과 다른 일면의 단점을 통틀어 이르는 말
한일 긴장 한일 짧을단

各自圖生 — 제각기 살아 나갈 방법을 꾀함
각각각 스스로자 그림도 날생

三十六計 — 서른여섯 가지의 꾀, 많은 모계(謀計)의 이름 (삼십육계)
석삼 열십 여섯륙 셀계

自手成家 — 물려받은 재산이 없이 자기 혼자의 힘으로 집안을 일으키고 재산을 모음
스스로자 손수 이룰성 집가

高等動物 — 복잡한 체제를 갖춘 동물
높을고 무리등 움직일동 물건물

世界平和 — 전 세계가 평온하고 화목함
인간세 지경계 평평할평 화할화

天下第一 — 세상에 견줄 만한 것이 없이 최고임
하늘천 아래하 차례제 한일

公明正大 — 하는 일이나 행동이 사사로움이 없이 떳떳하고 바름
공평할공 밝을명 바를정 큰대

時間問題 — 이미 결과가 뻔하여 조만간 저절로 해결될 문제
때시 사이간 물을문 제목제

淸風明月 — 맑은 바람과 밝은 달
맑을청 바람풍 밝을명 달월

大明天地 — 아주 환하게 밝은 세상
큰대 밝을명 하늘천 따지

市民社會 — 신분적 구속에 지배되지 않으며, 자유롭고 평등한 개인의 이성적 결합으로 이루어진 사회
저자시 백성민 모일사 모일회

下等動物 — 진화 정도가 낮아 몸의 구조가 단순한 원시적인 동물
아래하 무리등 움직일동 물건물

門前成市 — 찾아오는 사람이 많아 집 문 앞이 시장을 이루다시피 함을 이르는 말
문문 앞전 이룰성 저자시

樂山樂水 — 산과 물을 좋아한다는 것으로 즉 자연을 좋아함
좋아할요 메산 좋아할요 물수

形形色色 — 상과 빛깔 따위가 서로 다른 여러 가지
모양형 모양형 빛색 빛색

百年大計 — 먼 앞날까지 미리 내다보고 세우는 크고 중요한 계획
일백백 해년 큰대 셀계

人事不省 — 제 몸에 벌어지는 일을 모를 만큼 정신을 잃은 상태
사람인 일사 아닐불 살필성

白面書生 — 한갓 글만 읽고 세상일에는 전혀 경험이 없는 사람
흰백 낯면 글서 날생

人海戰術 — 우수한 화기보다 다수의 병력을 투입하여 적을 압도하는 전술
사람인 바다해 싸움전 재주술

6급 사자성어

高 速 道 路 높을 고 빠를 속 길 도 길 로	차의 빠른 통행을 위하여 만든 차전용의 도로
交 通 信 號 사귈 교 통할 통 믿을 신 이름 호	교차로나 횡단보도, 건널목 따위에서 사람이나 차량이 질서 있게 길을 가도록 하는 기호나 등화(燈火)
九 死 一 生 아홉 구 죽을 사 한 일 날 생	아홉 번 죽을 뻔하다 한 번 살아난다는 뜻으로, 죽을 고비를 여러 차례 넘기고 겨우 살아남을 이르는 말
男 女 有 別 사내 남 계집 녀 있을 유 다를 별	남자와 여자 사이에 분별이 있어야 함을 이르는 말
代 代 孫 孫 대신 대 대신 대 손자 손 손자 손	오래도록 내려오는 여러 대
同 苦 同 樂 한가지 동 쓸 고 한가지 동 즐거울 락	괴로움과 즐거움을 함께 함
同 生 共 死 한가지 동 날 생 한가지 공 죽을 사	서로 같이 살고 같이 죽음
東 西 古 今 동녘 동 서녘 서 예 고 이제 금	동양과 서양, 옛날과 지금을 통틀어 이르는 말
同 姓 同 本 한가지 동 성 성 한가지 동 근본 본	성(姓)과 본관이 모두 같음
同 時 多 發 한가지 동 때 시 많을 다 필 발	연이어 일이 발생함
萬 國 信 號 일만 만 나라 국 믿을 신 이름 호	배와 배 사이 또는 배와 육지 사이의 연락을 위하여 국제적으로 쓰는 신호
百 萬 長 者 일백 백 일만 만 긴 장 놈 자	재산이 매우 많은 사람 또는 아주 큰 부자
白 衣 民 族 흰 백 옷 의 백성 민 겨레 족	흰옷을 입은 민족이라는 뜻으로, '한민족'을 이르는 말

百 戰 百 勝 일백 백 싸움 전 일백 백 이길 승	싸울 때마다 다 이김
別 有 天 地 다를 별 있을 유 하늘 천 따 지	별세계, 딴 세상
不 遠 千 里 아닐 불 멀 원 일천 천 마을 리	천리를 멀다 여기지 아니함
父 子 有 親 아비 부 아들 자 있을 유 친할 친	아버지와 아들 사이의 도리는 친애에 있음을 이름
生 老 病 死 날 생 늙을 로 병 병 죽을 사	사람이 나고 늙고 병들고 죽는 네 가지 고통
生 死 苦 樂 날 생 죽을 사 쓸 고 즐거울 락	삶과 죽음, 괴로움과 즐거움을 통틀어 이르는 말
新 聞 記 者 새 신 들을 문 기록할 기 놈 자	신문에 실을 자료를 수집, 취재, 집필, 편집하는 사람
愛 國 愛 族 사랑 애 나라 국 사랑 애 겨레 족	나라와 민족을 아낌
野 生 動 物 들 야 날 생 움직일 동 물건 물	산이나 들에서 저절로 나서 자라는 동물
年 中 行 事 해 년 가운데 중 다닐 행 일 사	해마다 일정한 시기를 정하여 놓고 하는 행사 (연중행사)
英 才 敎 育 꽃부리 영 재주 재 가르칠 교 기를 육	천재아의 재능을 훌륭하게 발전시키기 위한 특수교육
人 命 在 天 사람 인 목숨 명 있을 재 하늘 천	사람의 목숨은 하늘에 달려 있다는 말
一 口 二 言 한 일 입 구 두 이 말씀 언	한 입으로 두 말을 한다는 뜻으로, 한 가지 일에 대하여 말을 이랬다 저랬다 함을 이르는 말

一 朝 一 夕 한 일 아침 조 한 일 저녁 석	하루 아침과 하루 저녁이라는 뜻으로, 짧은 시일을 이르는 말
子 孫 萬 代 아들 자 손자 손 일만 만 대신 대	오래도록 내려오는 여러 대
自 由 自 在 스스로 자 말미암을 유 스스로 자 있을 재	거침없이 자기 마음대로 할 수 있음
作 心 三 日 지을 작 마음 심 석 삼 날 일	단단히 먹은 마음이 사흘이 가지 못한다는 뜻으로, 결심이 굳지 못함을 이르는 말
電 光 石 火 번개 전 빛 광 돌 석 불 화	번갯불이나 부싯돌의 불이 번쩍거리는 것과 같이 매우 짧은 시간이나 매우 재빠른 움직임 따위를 비유적으로 이르는 말
晝 夜 長 川 낮 주 밤 야 긴 장 내 천	밤낮으로 쉬지 아니하고 연달아
千 萬 多 幸 일천 천 일만 만 많을 다 다행 행	아주 다행함
草 綠 同 色 풀 초 푸를 록 한가지 동 빛 색	이름이 다르나 따지고 보면 한 가지 것이라는 말
特 別 活 動 특별할 특 다를 별 살 활 움직일 동	학교 교육 과정에서 교과 학습 이외의 교육활동
八 方 美 人 여덟 팔 모 방 아름다울 미 사람 인	어느 모로 보나 아름다운 사람이라는 뜻으로, 여러 방면에 능통한 사람
行 方 不 明 다닐 행 모 방 아닐 불 밝을 명	간 곳이나 방향을 모름
花 朝 月 夕 꽃 화 아침 조 달 월 저녁 석	꽃 피는 아침과 달 밝은 밤이라는 뜻으로, 경치가 좋은 시절을 이르는 말
訓 民 正 音 가르칠 훈 백성 민 바를 정 소리 음	백성을 가르치는 바른 소리라는 뜻으로, 1443년에 세종대왕이 창제한 우리나라 글자를 이르는 말

5급 II 사자성어

見 物 生 心 볼 견 물건 물 날 생 마음 심	물건을 보면 그 물건을 가지고 싶은 생각이 듦
聞 一 知 十 들을 문 한 일 알 지 열 십	하나를 들으면 열을 앎
雨 順 風 調 비 우 순할 순 바람 풍 고를 조	비가 오고 바람이 부는 것이 때와 분량이 알맞음
決 死 反 對 결단할 결 죽을 사 돌이킬 반 대할 대	죽기를 각오하고 있는 힘을 다하여 반대함
奉 仕 活 動 받들 봉 벼슬할 사 살 활 움직일 동	국가나 사회 또는 남을 위하여 자신을 돌보지 아니하고 힘을 바쳐 애씀
以 實 直 告 써 이 열매 실 곧을 직 알릴 고	사실 그대로 고함
敬 老 孝 親 공경 경 늙을 로 효도 효 친할 친	어른을 공경하고 부모에게 효도함
父 傳 子 傳 아비 부 전할 전 아들 자 전할 전	아버지가 아들에게 대대로 전함
以 心 傳 心 써 이 마음 심 전할 전 마음 심	마음에서 마음으로 뜻을 전함
敬 天 愛 人 공경 경 하늘 천 사랑 애 사람 인	하늘을 공경하고 사람을 사랑함
北 窓 三 友 북녘 북 창 창 석 삼 벗 우	거문고, 술, 시를 아울러 이르는 말
人 相 着 衣 사람 인 서로 상 붙을 착 옷 의	사람의 생김새와 옷차림
教 學 相 長 가르칠 교 배울 학 서로 상 긴 장	남을 가르치는 일과 스승에게서 배우는 일이 서로 도와서 자기의 학문을 길러 줌
士 農 工 商 선비 사 농사 농 장인 공 헤아릴 상	예전에 백성을 나누던 네 가지 계급. 선비, 농부, 공장(工匠), 상인을 이르던 말
自 古 以 來 스스로 자 옛 고 써 이 올 래	예로부터 지금까지의 과정
能 小 能 大 능할 능 작을 소 능할 능 큰 대	작은 일에도 능하고 큰 일에도 능하다는 데서 모든 일에 두루 능함을 이르는 말
事 親 以 孝 일 사 친할 친 써 이 효도 효	어버이를 섬기기를 효도로써 함을 이름
全 知 全 能 온전 전 알 지 온전 전 능할 능	어떠한 사물이라도 잘 알고, 모든 일을 다 수행할 수 있는 신불(神佛)의 능력
多 才 多 能 많을 다 재주 재 많을 다 능할 능	재능이 많다는 말
生 面 不 知 날 생 낯 면 아닌가 부 알 지	서로 한 번도 만난 적이 없어서 전혀 알지 못하는 사람
主 客 一 體 주인 주 손 객 한 일 몸 체	주인과 손이 한 몸이라는 데서, 나와 나 밖의 대상이 하나가 됨을 말함
多 情 多 感 많을 다 뜻 정 많을 다 느낄 감	감수성이 예민하고 느끼는 바가 많음
速 戰 速 決 빠를 속 싸울 전 빠를 속 터질 결	싸움을 오래 끌지 아니하고 빨리 몰아쳐 이기고 짐을 결정함
知 行 合 一 알 지 ·다닐 행 합할 합 한 일	지식과 행동이 서로 맞음
大 同 團 結 큰 대 한가지 동 둥글 단 맺을 결	여러 집단이나 사람이 어떤 목적을 이루려고 크게 한 덩어리로 뭉침
十 年 知 己 열 십 해 년 알 지 자기 기	오래전부터 친히 사귀어 잘 아는 사람
青 山 流 水 푸를 청 메 산 흐를 류 물 수	푸른 산에 맑은 물이라는 뜻으로, 막힘없이 썩 잘하는 말을 비유적으로 이르는 말 (청산유수)
大 書 特 筆 큰 대 글 서 특별할 특 붓 필	신문 따위의 출판물에서 어떤 기사에 큰 비중을 두어 다룸을 이르는 말
安 分 知 足 편안할 안 나눌 분 알 지 발 족	제 분수를 지키고 만족할 줄을 앎
風 待 歲 月 바람 풍 기다릴 대 해 세 달 월	아무리 바라고 기다려도 실현될 가능성이 없는
同 化 作 用 한가지 동 될 화 지을 작 쓸 용	외부에서 섭취한 에너지원을 자체의 고유한 성분으로 변화시키는 일
良 藥 苦 口 좋을 랑 약 약 쓸 고 입 구	좋은 약은 입에 쓰나 병에 이롭다는 뜻으로 충언(忠言)은 귀에 거슬리나 자신에게 이로움을 이르는 말 (양약고구)
萬 古 不 變 일만 만 예 고 아닐 불 변할 변	오랜 세월을 두고 변하지 않음
語 不 成 說 말씀 어 아닐 불 이룰 성 말씀 설	말이 조금도 이치에 맞지 않음을 말함

5급 사자성어

去 者 必 反 갈 거 놈 자 반드시 필 되돌릴 반	떠난 자는 반드시 돌아옴
格 物 致 知 격식 격 물건 물 이룰 치 알 지	사물의 이치를 연구하여 자기의 지식을 확고하게 함
過 失 相 規 지날 과 잃을 실 서로 상 법 규	나쁜 행실을 하지 못하도록 서로 규제함
今 始 初 聞 이제 금 때 시 처음 초 들을 문	이제야 비로소 처음으로 들음
落 木 寒 天 떨어질 락 나무 목 찰 한 하늘 천	낙엽 진 나무와 차가운 하늘, 곧 추운 겨울철 (낙목한천)
落 花 流 水 떨어질 락 꽃 화 흐를 류 물 수	꽃과 흐르는 물, 가는 봄의 경치, 남녀 사이에 서로 그리는 정이 있다는 비유로도 쓰임 (낙화유수)
馬 耳 東 風 말 마 귀 이 동녘 동 바람 풍	남의 말을 귀담아 듣지 않고 흘려 버림
無 男 獨 女 없을 무 사내 남 홀로 독 계집 녀	아들이 없는 집안의 외동딸
無 不 通 知 없을 무 아닐 불 통할 통 알 지	무엇이든지 환히 통하여 모르는 것이 없음
百 年 河 淸 일백 백 해 년 강이름 하 맑을 청	아무리 오래 기다려도 어떤 일이 이루어지기 어려움을 이름
不 問 可 知 아닐 불 물을 문 옳을 가 알 지	묻지 않아도 알 수 있음
不 問 曲 直 아닐 불 물을 문 굽을 곡 곧을 직	옳고 그른 것을 묻지 않고 다짜고짜로
氷 山 一 角 얼음 빙 뫼 산 한 일 뿔 각	아주 많은 것 중에 조그마한 부분

思 考 方 式 생각할 사 상고할 고 모 방 법 식	어떤 문제에 대해 생각하고 궁리하는 방법이나 태도
事 事 件 件 일 사 일 사 사건 건 사건 건	해당되는 모든 일 또는 온갖 사건
事 實 無 根 일 사 열매 실 없을 무 뿌리 근	근거가 없음 또는 터무니없음
三 寒 四 溫 석 삼 찰 한 넉 사 따뜻할 온	7일을 주기로 사흘 동안 춥고 나흘 동안 따뜻함
善 男 善 女 착할 선 사내 남 착할 선 계집 녀	성품이 착한 남자와 여자란 뜻으로, 착하고 어진 사람들을 이르는 말
善 人 善 果 착할 선 사람 인 착할 선 실과 과	선업을 쌓으면 반드시 좋은 과보가 따름
言 文 一 致 말씀 언 글월 문 한 일 이룰 치	실제로 쓰는 말과 그 말을 적은 글이 일치함
言 行 一 致 말씀 언 다닐 행 한 일 이룰 치	말과 행동이 서로 같음
勇 氣 百 倍 날랠 용 기운 기 일백 백 곱 배	격려나 응원 따위에 자극을 받아 힘이나 용기를 더 냄
有 口 無 言 있을 유 입 구 없을 무 말씀 언	입은 있으나 말이 없다는 뜻으로, 변명할 말이 없거나 변명을 하지 못함을 이름
有 名 無 實 있을 유 이름 명 없을 무 열매 실	명목만 있고 실상은 없음
耳 目 口 鼻 귀 이 눈 목 입 구 코 비	귀·눈·입·코를 아울러 이르는 말
一 字 無 識 한 일 글자 자 없을 무 알 식	글자를 한 자도 모를 정도로 무식함

自 給 自 足 스스로 자 줄 급 스스로 자 발 족	필요한 물자를 스스로 생산하여 충당함
前 無 後 無 앞 전 없을 무 뒤 후 없을 무	전에도 없었고 후에도 없음
戰 爭 英 雄 싸움 전 다툴 쟁 꽃부리 영 수컷 웅	전쟁에 뛰어나고 용맹하여 보통 사람이 하기 어려운 일을 해내는 사람
朝 變 夕 改 아침 조 변할 변 저녁 석 고칠 개	아침저녁으로 뜯어 고침, 곧 일을 자주 뜯어고침
知 過 必 改 알 지 지날 과 반드시 필 고칠 개	자신이 한 일의 잘못을 알면 반드시 고쳐야 함
天 災 地 變 하늘 천 재앙 재 따 지 변할 변	지진, 홍수, 태풍 따위의 자연현상으로 인한 재앙
秋 風 落 葉 가을 추 바람 풍 떨어질 락 잎 엽	가을바람에 흩어져 떨어지는 낙엽, 세력 같은 것이 일순간에 실추됨을 비유함 (추풍낙엽)
敗 家 亡 身 패할 패 집 가 망할 망 몸 신	집안의 재산을 다 써 없애고 몸을 망침
海 水 浴 場 바다 해 물 수 목욕할 욕 마당 장	해수욕을 할 수 있는 환경과 시설이 갖추어진 바닷가
行 動 擧 止 갈 행 움직일 동 들 거 발 지	몸을 움직여 하는 모든 짓
凶 惡 無 道 흉할 흉 악할 악 없을 무 길 도	성질이 거칠고 사나우며 도의심이 없음

4급 Ⅱ 사자성어

家家戶戶 집 가 집 가 집 호 집 호	집집마다
角者無齒 뿔 각 사람 자 없을 무 이 치	뿔이 있는 짐승은 이가 없다는 뜻으로, 한 사람이 여러 가지 재주나 복을 다 가질 수 없다는 말
江湖煙波 강 강 호수 호 연기 연 물결 파	강이나 호수 위에 안개처럼 뽀얗게 이는 기운
見利思義 볼 견 이할 리 생각 사 옳을 의	눈 앞에 이익이 보일 때 의리를 먼저 생각함
結草報恩 맺을 결 풀 초 갚을 보 은혜 은	죽은 뒤에라도 은혜를 잊지 않고 갚음을 이르는 말
經世濟民 날 경 대 세 건널 제 백성 민	세상을 다스리고 백성을 구함
空前絶後 공평할 공 앞 전 끊을 절 뒤 후	전에도 없었고 앞으로도 없을 일
九牛一毛 아홉 구 소 우 한 일 털 모	매우 많은 것 가운데 극히 적은 수를 이르는 말
權不十年 권세 권 아닐 불 열 십 해 년	권세가 10년을 가지 못함
極惡無道 다할 극 악할 악 없을 무 길 도	지극히 악하고도 도의심이 없음
起死回生 일어날 기 죽을 사 돌아올 회 날 생	죽을 뻔하다가 다시 살아남
難兄難弟 어려울 난 형 형 어려울 난 아우 제	두 사물이 비슷하여 낫고 못함을 정하기 어려움을 이르는 말
怒發大發 성낼 노 쏠 발 큰 대 쏠 발	크게 성을 냄

論功行賞 논할 론 공 공 다닐 행 상줄 상	세운 공을 논정하여 상을 줌 (논공행상)
多多益善 많을 다 많을 다 더할 익 착할 선	많으면 많을수록 더욱 좋음
多聞博識 많을 다 들을 문 넓을 박 알 식	견문이 넓고 학식이 많음
大義名分 큰 대 옳을 의 이름 명 나눌 분	사람으로서 마땅히 지키고 행하여야 할 도리나 본분
獨不將軍 홀로 독 아닐 불 장수 장 군사 군	남의 의견을 무시하고 저 혼자 모든 일을 처리함
得意滿面 얻을 득 뜻 의 찰 만 낯 면	일이 뜻대로 이루어져 기쁜 표정이 얼굴에 가득함
燈下不明 등 등 아래 하 아닐 불 밝을 명	등잔 밑이 어둡다는 뜻으로 가까이 있는 것이 오히려 알아내기가 어려움을 이르는 말
燈火可親 등 등 불 화 옳을 가 친할 친	서늘한 가을 밤은 등불을 가까이 하여 글 읽기에 좋음을 이르는 말
無所不爲 없을 무 바 소 아닐 불 할 위	하지 못하는 일이 없음
文房四友 글월 문 방 방 넉 사 벗 우	종이, 붓, 먹, 벼루의 네 가지 문방구
美風良俗 아름다울 미 바람 풍 어질 량 풍속 속	아름답고 좋은 풍속이나 기풍 (미풍양속)
博學多識 넓을 박 배울 학 많을 다 알 식	학식이 넓고 아는 것이 많음
百戰老將 일백 백 싸움 전 늙을 로 장수 장	수많은 싸움을 치른 노련한 장수, 세상의 온갖 풍파를 다 겪은 사람을 비유(백전노장)

百害無益 일백 백 해할 해 없을 무 더할 익	해롭기만 하고 조금도 이로울 것이 없음
富貴在天 부자 부 귀할 귀 있을 재 하늘 천	부귀는 하늘에 달려 있어서 인력으로는 어찌할 수 없다는 뜻
夫婦有別 지아비 부 며느리 부 있을 유 다를 별	남편과 아내 사이의 도리는 서로 침범하지 않음에 있음
非一非再 아닐 비 한 일 아닐 비 두 재	같은 현상이나 일이 한두 번이나 한둘이 아니고 많음
貧者一燈 가난할 빈 놈 자 한 일 등잔 등	가난한 사람의 등 하나가 부자의 많은 등보다 더 소중함을 이름
死生決斷 죽을 사 날 생 결단할 결 끊을 단	죽음을 각오하고 대들어 끝장냄
四通五達 넉 사 통할 통 다섯 오 통달할 달	길이나 교통망, 통신망 등이 사방으로 막힘없이 통함
生不如死 살 생 아닐 불 같을 여 죽을 사	삶이 죽음만 같지 못하다는 말로, 매우 곤경에 처해 있음을 알리는 말
說往說來 말씀 설 갈 왕 말씀 설 올 래	서로 자신의 주장을 내세우며 옥신각신하는 것을 말함
歲時風俗 해 세 때 시 바람 풍 풍속 속	예로부터 해마다 관례로서 행하여지는 전승적 행사
是是非非 옳을 시 옳을 시 아닐 비 아닐 비	여러 가지 잘잘못
始終如一 비로소 시 마칠 종 같을 여 한 일	처음부터 끝까지 한결 같아서 변함 없음
信賞必罰 믿을 신 상줄 상 반드시 필 벌할 벌	상과 벌을 공정하게 하는 일을 이르는 말

實 事 求 是	사실에 토대를 두어 진리를 탐구하는 일
열매 실 일 사 구할 구 이 시	

安 貧 樂 道	가난한 생활을 하면서도 편안한 마음으로 도를 즐겨 지킴 (안빈낙도)
편안 안 가난할 빈 즐거울 락 길 도	

眼 下 無 人	눈 아래에 사람이 없다는 뜻으로, 방자하고 교만하여 다른 사람을 업신여김을 이르는 말
눈 안 아래 하 없을 무 사람 인	

弱 肉 强 食	약한 놈이 강한 놈에게 먹힘
약할 약 고기 육 강할 강 억을 식	

魚 東 肉 西	제사음식을 차릴 때, 생선은 동쪽에 고기는 서쪽에 놓는 것
물고기 어 동녘 동 고기 육 서녘 서	

言 語 道 斷	말할 길이 끊어졌다는 뜻으로, 어이가 없어서 말하려 해도 말할 수 없음을 이르는 말
말씀 언 말씀 어 길 도 끊을 단	

如 出 一 口	여러 사람의 말이 한결같이 같음
같을 여 날 출 한 일 입 구	

連 戰 連 勝	싸울 때마다 계속하여 이김 (연전연승)
이을 련 싸움 전 이을 련 이길 승	

溫 故 知 新	옛것을 익히고 그것을 미루어서 새것을 앎
따뜻할 온 연고 고 알 지 새 신	

右 往 左 往	이리저리 왔다 갔다 하며 일이 나아가는 방향을 종잡지 못함
오른 우 갈 왕 왼 좌 갈 왕	

牛 耳 讀 經	쇠귀에 경 읽기라는 뜻으로, 아무리 가르치고 일러 주어도 알아듣지 못함을 이르는 말
소 우 귀 이 읽을 독 글 경	

月 態 花 容	아름다운 여인의 얼굴과 맵시를 이르는 말
달 월 모습 태 꽃 화 얼굴 용	

有 備 無 患	미리 준비가 되어 있으면 걱정할 것이 없음
있을 유 갖출 비 없을 무 근심 환	

以 熱 治 熱	열로써 열을 다스림
써 이 더울 열 다스릴 치 더울 열	

二 律 背 反	서로 모습이 양립할 수 없는 두 개의 명제 (이율배반)
두 이 법칙 률 등 배 돌이킬 반	

因 果 應 報	좋은 일에는 좋은 결과가, 나쁜 일에는 나쁜 결과가 따름
인할 인 실과 과 응할 응 갚을 보	

人 死 留 名	사람은 죽어서 이름을 남긴다는 말 (인사유명)
사람 인 죽을 사 머무를 류 이름 명	

人 生 無 常	인생이 덧없음
사람 인 날 생 없을 무 떳떳할 상	

一 擧 兩 得	한 가지 일을 하여 두 가지 이익을 얻음 (일거양득)
한 일 들 거 두 량 얻을 득	

一 脈 相 通	하나의 맥락으로 서로 통한다는 데서 솜씨나 성격 등이 서로 비슷함을 말함
한 일 줄기 맥 서로 상 통할 통	

一 石 二 鳥	돌 한 개를 던져 새 두 마리를 잡는다는 뜻으로, 동시에 두 가지 이득을 봄을 이르는 말
한 일 돌 석 두 이 새 조	

一 言 半 句	한 마디의 말과 한 구의 반, 아주 짧은 말이나 글귀
한 일 말씀 언 반 반 글귀 구	

一 依 帶 水	한 줄기 좁은 강물이나 바닷물
한 일 의지할 의 띠 대 물 수	

一 波 萬 波	하나의 물결이 수많은 물결이 된다는 데서, 하나의 사건이 여러 가지로 자꾸 확대되는 것을 말함
한 일 물결 파 일만 만 물결 파	

自 强 不 息	스스로 힘써 몸과 마음을 가다듬어 쉬지 아니함
스스로 자 강할 강 아닐 불 쉴 식	

自 業 自 得	자기가 저지른 일의 결과를 자기가 받음
스스로 자 업 업 스스로 자 얻을 득	

自 初 至 終	처음부터 끝까지의 과정
스스로 자 처음 초 이를 지 끝날 종	

前 代 未 聞	이제까지 들어본 적이 없는 일
앞 전 대신 대 아닐 미 들을 문	

種 豆 得 豆	콩 심은데 콩 난다는 말
씨 종 콩 두 얻을 득 콩 두	

竹 馬 故 友	대말을 타고 놀던 벗이라는 뜻으로, 어릴 때부터 같이 놀며 자란 벗
대나무 죽 말 마 연고 고 벗 우	

衆 口 難 防	뭇사람의 말을 막기가 어렵다는 뜻으로, 막기 어려울 정도로 여럿이 마구 지껄임을 이르는 말
무리 중 입 구 어려울 난 막을 방	

至 誠 感 天	지극한 정성에 하늘이 감동함
이를 지 정성 성 느낄 감 하늘 천	

進 退 兩 難	이러지도 저러지도 못하는 어려운 처지 (진퇴양난)
나아갈 진 물러날 퇴 두 량 어려울 난	

天 人 共 怒	하늘과 사람이 함께 노한다는 뜻으로, 누구나 분노할 만큼 증오스럽거나 도저히 용납할 수 없음을 이르는 말
하늘 천 사람 인 한가지 공 성낼 노	

寸 鐵 殺 人	간단한 말로도 남을 감동시키거나 남의 약점을 찌를 수 있음을 이르는 말
마디 촌 쇠 철 죽일 살 사람 인	

出 將 入 相	문무를 겸비하여 장상의 벼슬을 모두 지낸 사람
날 출 장수 장 들 입 서로 상	

忠 言 逆 耳	충직한 말은 귀에 거슬림
충성 충 말씀 언 거스릴 역 귀 이	

卓 上 空 論	현실성이 없는 허황한 이론이나 논의
높을 탁 윗 상 빌 공 논할 론	

風 前 燈 火	사물이 매우 위태로운 처지에 놓여 있음을 비유적으로 이르는 말
바람 풍 앞 전 등 등 불 화	

好 衣 好 食	좋은 옷과 맛있는 음식이란 뜻에서 잘 입고 잘 먹는 것을 말함
좋을 호 옷 의 좋을 호 먹을 식	

呼 兄 呼 弟	서로 형이니 아우니 하고 부른다는 뜻으로, 매우 가까운 친구로 지냄을 이르는 말
부를 호 형 형 부를 호 아우 제	

4급 사자성어

刻骨痛恨 새길 각 뼈 골 아플 통 한할 한	뼈에 사무쳐 마음 속 깊이 맺힌 원한	**君臣有義** 임금 군 신하 신 있을 유 옳을 의	임금과 신하 사이의 도리는 의리에 있음	**博覽強記** 넓을 박 볼 람 굳셀 강 기록할 기	동서고금의 책을 널리 읽고 사물을 잘 기억함

刻骨痛恨 새길 각 / 뼈 골 / 아플 통 / 한할 한 — 뼈에 사무쳐 마음 속 깊이 맺힌 원한

君臣有義 임금 군 / 신하 신 / 있을 유 / 옳을 의 — 임금과 신하 사이의 도리는 의리에 있음

博覽強記 넓을 박 / 볼 람 / 굳셀 강 / 기록할 기 — 동서고금의 책을 널리 읽고 사물을 잘 기억함

敢不生心 감히 감 / 아닐 불 / 날 생 / 마음 심 — 감히 엄두도 내지 못함

近朱者赤 가까울 근 / 붉을 주 / 놈 자 / 붉을 적 — 붉은 색을 가까이하는 사람은 붉어지게 됨

百家爭鳴 일백 백 / 집 가 / 다툴 쟁 / 울 명 — 많은 학자나 문화인 등이 자기의 학설이나 주장을 자유롭게 발표하여, 논쟁하고 토론하는 일을 이르는 말

甘言利說 달 감 / 말씀 언 / 이할 리 / 말씀 설 — 귀가 솔깃하도록 남의 비위를 맞추거나 이로운 조건을 내세워 꾀는 말 (감언이설)

奇想天外 기특할 기 / 생각 상 / 하늘 천 / 바깥 외 — 착상이나 생각 따위가 쉽게 짐작할 수 없을 정도로 기발하고 엉뚱함

百折不屈 일백 백 / 꺾을 절 / 아닐 불 / 굽힐 굴 — 어떠한 난관에도 결코 굽히지 않음

居安思危 살 거 / 편안 안 / 생각 사 / 위태할 위 — 편안히 살 때 닥쳐올 위태로움을 생각함

金科玉條 쇠 금 / 과목 과 / 구슬 옥 / 가지 조 — 금이나 옥처럼 귀중히 여겨 꼭 지켜야 할 법칙이나 규정

事必歸正 일 사 / 반드시 필 / 돌아올 귀 / 바를 정 — 모든 일은 반드시 바른길로 돌아감

見危授命 볼 견 / 위태할 위 / 줄 수 / 목숨 명 — 나라가 위급할 때 자기 몸을 나라에 바침

落落長松 떨어질 낙 / 떨어질 락 / 길 장 / 소나무 송 — 가지가 축축 길게 늘어지고 키가 큰 소나무

山海珍味 메 산 / 바다 해 / 보배 진 / 맛 미 — 산과 바다에서 나는 온갖 진귀한 물건으로 차린 맛이 좋은 음식

敬天勤民 공경 경 / 하늘 천 / 부지런할 근 / 백성 민 — 하늘을 공경하고 백성을 위하여 부지런히 일함

難攻不落 어려울 난 / 공 공 / 아닐 불 / 떨어질 락 — 공격하기가 어려워 좀처럼 함락되지 아니함

殺身成仁 죽일 살 / 몸 신 / 이룰 성 / 어질 인 — 자기의 몸을 희생하여 인(仁)을 이룸

驚天動地 놀랄 경 / 하늘 천 / 움직일 동 / 따 지 — 하늘이 놀라고 땅이 움직인다는 뜻으로, 몹시 세상을 놀라게 한다는 말

亂臣賊子 어려울 난 / 신하 신 / 도둑 적 / 아들 자 — 나라를 어지럽게 하는 신하와 부모에게 불효하는 자식

先公後私 먼저 선 / 공평할 공 / 뒤 후 / 사사 사 — 공적인 일을 먼저하고 사사로운 일을 뒤로 미룸

鷄卵有骨 닭 계 / 알 란 / 있을 유 / 뼈 골 — 달걀에도 뼈가 있다는 뜻으로, 운수가 나쁜 사람은 모처럼 좋은 기회를 만나도 역시 일이 잘 안됨을 이르는 말

大驚失色 큰 대 / 놀랄 경 / 잃을 실 / 빛 색 — 몹시 놀라 얼굴빛이 하얗게 변함

仙姿玉質 신선 선 / 모양 자 / 구슬 옥 / 바탕 질 — 신선의 자태에 옥의 바탕이라는 뜻으로, 몸과 마음이 매우 아름다운 사람을 이르는 말

孤立無援 외로울 고 / 설 립 / 없을 무 / 도울 원 — 고립되어 도움 받을 만한 곳이 없음

大同小異 큰 대 / 한가지 동 / 작을 소 / 다를 이 — 큰 차이 없이 거의 같음

送舊迎新 보낼 송 / 예 구 / 맞을 영 / 새 신 — 묵은 해를 보내고 새해를 맞음

苦盡甘來 쓸 고 / 다할 진 / 달 감 / 올 래 — 쓴 것이 다하면 단 것이 온다는 뜻으로, 고생 끝에 즐거움이 옴을 이르는 말

明鏡止水 밝을 명 / 거울 경 / 그칠 지 / 물 수 — 맑은 거울과 고요한 물

身言書判 몸 신 / 말씀 언 / 글 서 / 판단할 판 — 예전에, 인물을 선택하는 데 표준으로 삼던 조건

骨肉相殘 뼈 골 / 고기 육 / 서로 상 / 남을 잔 — 가까운 혈족끼리 서로 해치고 죽임

目不識丁 눈 목 / 아닐 불 / 알 식 / 고무래 정 — 아주 간단한 글자인 '丁'자를 보고도 그것이 '고무래'인 줄을 알지 못한다는 뜻으로, 아주 까막눈임을 이르는 말

心機一轉 마음 심 / 틀 기 / 한 일 / 구를 전 — 어떤 동기가 있어 이제까지 가졌던 마음가짐을 버리고 완전히 달라짐

過大評價 지날 과 / 큰 대 / 평할 평 / 값 가 — 실제보다 지나치게 높이 평가함을 이름

無爲徒食 없을 무 / 할 위 / 무리 도 / 먹을 식 — 하는 일 없이 놀고 먹음

惡戰苦鬪 악할 악 / 싸움 전 / 쓸 고 / 싸움 투 — 몹시 어렵게 싸우는 것

九折羊腸 아홉 구 / 꺾을 절 / 양 양 / 창자 장 — 꼬불꼬불하며 험한 산길을 이르는 말

美辭麗句 아름다울 미 / 말씀 사 / 고울 려 / 글귀 구 — 좋은 말과 화려한 글귀

藥房甘草 약 약 / 방 방 / 달 감 / 풀 초 — 무슨 일이나 빠짐없이 끼임. 반드시 끼어야할 사물

言 中 有 骨
말씀 언 가운데 중 있을 유 뼈 골
말 속에 뼈가 있다는 뜻으로, 예사로운 말 속에 단단한 속 뜻이 들어 있음을 이르는 말

仁 者 無 敵
어질 인 놈 자 없을 무 재적할 적
어진 사람은 모든 사람이 사랑하므로 세상에 적이 없음

盡 忠 報 國
다할 진 충성 충 갚을 보 나라 국
충성을 다하여 나라의 은혜를 갚음

女 必 從 夫
계집 녀 반드시 필 따를 종 지아비 부
아내는 반드시 남편에게 순종해야 한다는 말 (여필종부)

一 刻 千 金
한 일 새길 각 일천 천 쇠 금
매우 짧은 시간도 천금만큼 귀하다는 말

千 慮 一 得
일천 천 생각할 려 한 일 얻을 득
어리석은 사람도 많은 생각 가운데 한 가지쯤 좋은 생각이 미칠 수 있다는 말

緣 木 求 魚
인연 연 나무 목 구할 구 물고기 어
나무에 올라가서 물고기를 구한다는 뜻으로, 도저히 불가능한 일을 굳이 하려 함을 비유적으로 이르는 말

一 罰 百 戒
한 일 벌할 벌 일백 백 경계할 계
한 사람이나 한 가지 죄를 벌줌으로써 여러 사람을 경계함

千 慮 一 失
일천 천 생각할 려 한 일 잃을 실
지혜로운 사람도 많은 생각 가운데는 간혹 실책이 있을 수 있다는 말

五 穀 百 果
다섯 오 곡식 곡 일백 백 실과 과
온갖 곡식과 온갖 과일

一 絲 不 亂
한 일 실 사 아닐 불 어지러울 란
한 타래의 실이 전혀 헝클어지지 않았다는 데서 질서정연하여 조금도 어지러움이 없음을 말함

天 生 緣 分
하늘 천 날 생 인연 연 나눌 분
하늘에서 미리 정해 준 연분

玉 骨 仙 風
구슬 옥 뼈 골 신선 선 바람 풍
옥과 같은 골격과 선인과 같은 풍채

日 就 月 將
날 일 나아갈 취 달 월 장수 장
나날이 다달이 자라거나 발전함

千 差 萬 別
일천 천 다를 차 일만 만 다를 별
여러 가지 사물이 모두 차이가 있고 구별이 있음

危 機 一 髮
위태할 위 틀 기 한 일 터럭 발
여유가 조금도 없이 몹시 절박한 순간

一 喜 一 非
한 일 기쁠 희 한 일 슬플 비
한편 기쁘고 한편 슬픔, 기쁜 일과 슬픈 일이 번갈아 일어남

千 篇 一 律
일천 천 책 편 한 일 법칙 률
여러 시문의 격조(格調)가 모두 비슷하게 개별적 특성이 없음

類 類 相 從
무리 류 무리 류 서로 상 따를 종
같은 무리끼리 서로 사귐 (유유상종)

自 畫 自 讚
스스로 자 그림 화 스스로 자 기릴 찬
자기가 한 일을 스스로 자랑함을 이르는 말

必 有 曲 折
반드시 필 있을 유 굽을 곡 꺾을 절
반드시 무슨 까닭이 있음

異 口 同 聲
다를 이 입 구 한가지 동 소리 성
다른 입에서 같은 소리를 낸다는 데서, 여러 사람의 말이 한결같음을 말함

張 三 李 四
베풀 장 석 삼 성리 리 넉 사
이름이 신분이 특별하지 아니한 사람들을 이르는 말 (장삼이사)

漢 江 投 石
한나라 한 강 강 던질 투 돌 석
한강에 돌던지기라는 뜻으로 지나치게 미미하여 아무런 효과를 미치지 못함을 이르는 말

以 卵 擊 石
써 이 알 란 칠 격 돌 석
달걀로 돌로 친다는 뜻으로, 턱없이 약한 것으로 강한 것을 당해내려는 어리석음

適 者 生 存
맞을 적 놈 자 날 생 있을 존
환경에 적응하는 생물만이 살아남고, 그렇지 못한 것은 도태되어 멸망하는 현상

虛 張 聲 勢
빌 허 베풀 장 소리 성 형세 세
실속 없이 허세만 부림

利 用 厚 生
이할 리 쓸 용 두터울 후 날 생
기물의 사용을 편리하게 하고 백성의 생활을 윤택하게 함 (이용후생)

適 材 適 所
맞을 적 재목 재 맞을 적 바 소
마땅한 인재를 마땅한 자리에 씀

會 者 定 離
모일 회 놈 자 정할 정 떠날 리
만난 자는 반드시 헤어짐

離 合 集 散
떠날 리 합할 합 모을 집 흩을 산
헤어졌다가 모였다가 하는 일 (이합집산)

走 馬 看 山
달릴 주 말 마 볼 간 메 산
자세히 살피지 아니하고 대충대충 보고 지나감을 이르는 말

興 盡 悲 來
일 흥 다할 진 슬플 비 올 래
즐거운 일이 다하면 슬픈 일이 닥쳐온다는 뜻으로, 세상일은 순환되는 것임을 이르는 말

3급 Ⅱ 사자성어

佳 人 薄 命
아름다울 가 사람 인 엷을 박 목숨 명
아름다운 여자는 기박한 운명을 타고남을 이르는 말

感 之 德 之
느낄 감 갈 지 큰 덕 갈 지
감사하게 여기고 덕으로 여긴다는 데서, 대단히 고맙게 여기는 것을 이르는 말

改 過 遷 善
고칠 개 지날 과 옮길 천 착할 선
잘못을 고치고 착하게 됨

刻 骨 銘 心
새길 각 뼈 골 새길 명 마음 심
뼈 속에 새기고 마음 속에 새긴다는 데서 마음에 깊이 새겨 잊혀지지 아니함

甲 男 乙 女
갑옷 갑 사내 남 새 을 계집 녀
평범한 보통 사람들

蓋 世 之 才
덮을 개 인간 세 갈 지 재주 재
온 세상을 덮을 만큼 뛰어난 재주

隔 世 之 感 사이뜰 격 인간 세 갈 지 느낄 감	많은 변화와 진보를 겪어서 마치 딴 세상처럼 여겨지는 느낌
巧 言 令 色 공교할 교 말씀 언 하여금 령 빛 색	남의 환심을 사려고 아첨하는 교묘한 말과 보기 좋게 꾸미는 얼굴빛 (교언영색)
錦 衣 玉 食 쇠 금 옷 의 옥 옥 밥 식	비단옷과 옥같이 흰 쌀밥이라는 뜻에서 사치스럽고 부유한 생활을 이름
犬 馬 之 勞 개 견 말 마 갈 지 일할 로	개나 말 정도의 하찮은 힘으로, 윗사람에게 충성을 다하는 자신의 노력을 낮추어 이르는 말
九 曲 肝 腸 아홉 구 굽을 곡 간 간 창자 장	굽이굽이 서린 창자라는 뜻으로, 깊은 마음 속 또는 시름이 쌓인 마음속을 이르는 말
錦 衣 還 鄕 비단 금 옷 의 돌아올 환 시골 향	비단옷을 입고 고향으로 돌아온다는 뜻으로 성공하여 고향에 돌아감을 이름
堅 忍 不 拔 굳을 견 참을 인 아닐 불 뽑을 발	굳게 참고 견디어 마음이 흔들리지 않음
國 泰 民 安 나라 국 클 태 백성 민 편안 안	나라는 태평하고 백성은 평안함을 이름
金 枝 玉 葉 쇠 금 가지 지 옥 옥 잎 엽	금으로 된 가지와 옥으로 된 잎사귀라는 뜻으로, 임금의 자손이나 집안, 혹은 귀여운 자손을 비유
結 者 解 之 맺을 결 놈 자 풀 해 갈 지	맺은 사람이 풀어야 한다는 뜻으로, 자기가 저지른 일은 자기가 해결해야 함을 이르는 말
群 鷄 一 鶴 무리 군 닭 계 한 일 학 학	평범한 사람 가운데 뛰어난 한 사람을 이르는 말
氣 高 萬 丈 기 기 높을 고 일만 만 어른 장	일이 뜻대로 잘되어 기세가 대단함을 이름
兼 人 之 勇 겸할 겸 사람 인 갈 지 날랠 용	혼자서 능히 여러 사람을 당해 낼 만한 용기
群 雄 割 據 무리 군 수컷 웅 벨할 할 근거 거	여러 영웅이 각자 한 지방씩 차지하고 위세를 부림
吉 凶 禍 福 길할 길 흉할 흉 재앙 화 복 복	길흉과 화복
輕 擧 妄 動 가벼울 경 들 거 망령될 망 움직일 동	깊이 생각해보지도 않고 경솔하게 행동함
君 爲 臣 綱 임금 군 할 위 신하 신 벼리 강	임금은 신하의 모범이 되어야 한다는 말
內 柔 外 剛 안 내 부드러울 유 바깥 외 굳셀 강	사실은 마음이 약한데도 외부에는 강하게 나타남
傾 國 之 色 기울 경 나라 국 갈 지 빛 색	한 나라의 형세를 기울어지게 할만큼 뛰어나게 아름다운 미인을 이르는 말
窮 餘 之 策 궁할 궁 남을 여 갈 지 꾀 책	생각다 못해 짜낸 계책
怒 甲 移 乙 성낼 노 갑옷 갑 옮길 이 새 을	어떤 사람에게 당한 화풀이를 다른 사람에게 해댐
孤 軍 奮 鬪 외로울 고 군사 군 떨칠 분 싸울 투	외로운 군력으로 분발하여 싸운다는 데서 홀로 여럿을 상대로 하여 싸우는 것을 말함
權 謀 術 數 권세 권 꾀 모 재주 술 셈 수	남을 교묘히 속이는 술책
怒 氣 衝 天 성낼 노 기 기 찌를 충 하늘 천	성난 기색이 하늘을 찌를 정도로 잔뜩 성이 나 있음을 말함
高 臺 廣 室 높을 고 대 대 넓을 광 집 실	높은 대와 넓은 집이란 뜻에서 굉장히 크고 좋은 집을 이름
克 己 復 禮 이길 극 몸 기 회복할 복 예도 례	자기의 사욕을 극복하고 예를 회복함
累 卵 之 勢 여러 루 알 란 갈 지 형세 세	달걀을 포개어 놓은 것과 같은 몹시 위태로운 형세를 이름 (누란지세)
姑 息 之 計 시어미 고 쉴 식 갈 지 셀 계	당장의 편안함만을 꾀하는 일시적인 방편
近 墨 者 黑 가까울 근 먹 묵 놈 자 검을 흑	먹을 가까이 하는 사람은 검어진다는 뜻으로 나쁜 사람을 가까이하면 물들기 쉬움을 이르는 말
累 卵 之 危 여러 루 알 란 갈 지 위태할 위	달걀을 포개어 놓은 것과 같은 몹시 위태로운 형세를 이름 (누란지위)
苦 肉 之 策 쓸 고 고기 육 갈 지 꾀 책	적을 속이기 위해 자기를 상해가면서 하는 계책
金 蘭 之 契 쇠 금 난초 란 갈 지 맺을 계	다정한 친구사이
斷 機 之 敎 끊을 단 틀 기 갈 지 가르칠 교	학문을 중도에서 그만두는 것은 짜던 베의 날을 끊는 것과 같다는 가르침
孤 掌 難 鳴 외로울 고 손바닥 장 어려울 난 울 명	외손뼉은 울리지 않는다는 데서 혼자만의 힘으로는 어떤일을 하기가 어렵다는 것을 이르는 말
金 石 之 交 쇠 금 돌 석 갈 지 사귈 교	쇠나 돌처럼 굳고 변함없는 교제
單 刀 直 入 홀 단 칼 도 곧을 직 들 입	한칼로 바로 적진에 쳐들어 간다는 뜻으로, 여러 말을 늘어놓지 않고 바로 요점이나 본문제를 중심적으로 말함을 이르는 말
曲 學 阿 世 굽을 곡 배울 학 언덕 아 인간 세	학문을 왜곡하여 세속에 아부함
金 城 湯 池 쇠 금 재성 성 끓을 탕 못 지	쇠로 만든 성과 그 둘레에 파 놓은 뜨거운 물로 가득 찬 못이라는 뜻으로, 방비가 완벽한 성을 이르는 말
大 器 晩 成 큰 대 그릇 기 늦을 만 이룰 성	큰 그릇을 만드는 데는 시간이 오래 걸린다는 뜻으로, 크게 될 사람은 늦게 이루어짐을 이르는 말
過 猶 不 及 지날 과 오히려 유 아닐 불 미칠 급	정도를 지나침은 미치지 않은 것만 못함을 이르는 말
錦 衣 夜 行 비단 금 옷 의 밤 야 다닐 행	비단옷을 입고 밤길을 걷는다는 뜻으로 아무 보람없는 일을 함을 이르는 말
大 聲 痛 哭 큰 대 소리 성 아플 통 울 곡	큰 목소리로 슬피 욺

同 價 紅 裳
한가지동 값가 붉을홍 치마상
같은 값이면 다홍치마라는 뜻으로, 같은 값이면 좋은 물건을 가짐을 이르는 말

目 不 忍 見
눈목 아닐불 참을인 볼견
몹시 딱하거나 불쌍해 눈을 뜨고 볼 수 없음

四 分 五 裂
넉사 나눌분 다섯오 찢어질렬
이리저리 아무렇게나 나눠지고 찢어짐 (사분오열)

東 奔 西 走
동녘동 달릴분 서녘서 달릴주
사방으로 이리저리 바삐 돌아다님

武 陵 桃 源
호반무 언덕릉 복숭아도 근원원
속세를 떠난 별천지

沙 上 樓 閣
모래사 윗상 다락루 집각
모래 위의 누각이라는 뜻, 오래 유지되지 못할 일이나 실현 불가능한 일 (사상누각)

同 床 異 夢
한가지동 상상 다를이 꿈몽
같은 잠자리에서 다른 꿈을 꾼다는 데서 같은 처지에 있으면서도 목표가 저마다 다름을 이르는 말

勿 失 好 機
말물 잃을실 좋을호 틀기
좋은 기회를 놓치지 않음

山 紫 水 明
메산 자주빛자 물수 밝을명
산수의 경치가 썩 아름다움

登 高 自 卑
오를등 높을고 스스로자 낮을비
높이 오르려면 낮은 곳에서부터 오른다는 말로, 일을 하는 데는 반드시 순서를 밟아야 함을 이르는 말

拍 掌 大 笑
칠박 손바닥장 큰대 웃을소
손뼉을 치고 크게 웃음

森 羅 萬 象
수풀삼 버릴라 일만만 코끼리상
우주 속에 존재하는 모든 사물과 모든 현상

莫 上 莫 下
없을막 윗상 없을막 아래하
위도 없고 아래도 없다는 데서, 우열의 차이가 없음을 이르는 말

拔 本 塞 源
뽑을발 근본본 막힐색 근원원
폐단의 근본 원인을 아주 없앰

三 旬 九 食
석삼 열흘순 아홉구 먹을식
삼십 일 동안 아홉 끼니 밖에 먹지 못한다는 뜻으로, 몹시 가난함을 이르는 말

莫 逆 之 友
없을막 거슬릴역 갈지 벗우
서로의 뜻을 거스르지 않는 친한 벗

百 計 無 策
일백백 셀계 없을무 꾀책
온갖 계책이 다 소용없음

三 從 之 道
석삼 따를종 갈지 길도
여자는 어렸을 때에 아버지를 따르고, 시집을 가서는 남편을 따르고, 남편이 죽으면 아들을 따라야 한다는 유교 규범

萬 頃 蒼 波
일만만 이랑경 푸를창 물결파
한없이 넓고 푸른 바다

伯 仲 之 勢
맏백 버금중 갈지 형세세
맏형과 다음의 사이처럼 서로 우열을 가리기 어려움

桑 田 碧 海
뽕나무상 밭전 푸를벽 바다해
뽕나무 밭이 변하여 푸른 바다가 된다는 뜻으로, 세상일의 변천이 심함을 비유적으로 이르는 말

晚 時 之 歎
늦을만 때시 갈지 탄식할탄
시기가 늦었음을 원통해 하는 탄식

夫 爲 婦 綱
지아비부 할위 며느리부 벼리강
남편은 아내의 모범이 되어야 함

先 見 之 明
먼저선 볼견 갈지 밝을명
닥쳐올 일을 미리 앎

亡 羊 之 歎
망할망 양양 갈지 탄식할탄
갈림길에서 양을 잃고 탄식한다는 뜻으로 학문의 길이 여러 갈래여서 잡기 어려움을 이르는 말

父 爲 子 綱
아비부 할위 아들자 벼리강
부모는 자식의 모범이 되어야 함

雪 上 加 霜
눈설 윗상 더할가 서리상
엎친 데 덮친 격

面 從 腹 背
낯면 따를종 배복 등배
겉으로는 복종하면서도 속으로 배반함

夫 唱 婦 隨
지아비부 부를창 며느리부 따를수
남편이 주장하고 아내가 이를 잘 따름

束 手 無 策
묶을속 손수 없을무 꾀책
손을 묶어 놓아 방책이 없다는 데서, 꼼짝할 수 없음을 이르는 말

滅 私 奉 公
멸할멸 사사사 받들봉 공평할공
사적인 것을 버리고 공적인 것을 위하여 힘써 일함

附 和 雷 同
붙을부 화할화 우레뢰 한가지동
아무런 주견없이 남의 의견이나 행동을 덩달아 따름 (부화뇌동)

首 丘 初 心
머리수 언덕구 처음초 마음심
여우가 죽을 때 고향 쪽으로 머리를 두고 죽는다는 데서 비롯한 것으로 고향을 그리워하는 마음을 이르는 말

名 實 相 符
이름명 열매실 서로상 부호부
명목과 실상이 서로 부합함

不 恥 下 問
아닐불 부끄러울치 아래하 물을문
아랫사람에게 묻기를 부끄러워하지 않음

壽 福 康 寧
목숨수 복복 편안강 편안녕
장수하고 행복하며 건강하고 평안함

明 若 觀 火
밝을명 같을약 볼관 불화
밝기가 불을 보는 것과 같다는데서 어떤 사실이 불을 보듯이 환함을 이름

不 偏 不 黨
아날불 치우칠편 아닐불 무리당
어느 한쪽으로 치우치거나 기울어짐 없이 아주 공평함 (불편부당)

手 不 釋 卷
손수 아닐불 풀석 책권
손에서 책을 놓지 않음

命 在 頃 刻
목숨명 있을재 잠깐경 새길각
목숨이 경각에 있다는 데서 거의 죽게 됨을 이름

氷 炭 之 間
얼음빙 숯탄 갈지 사이간
얼음과 숯의 사이처럼 서로 화합할 수 없는 사이

修 身 齊 家
닦을수 몸신 가지런할제 집가
몸을 닦고 집안을 바로 잡음

水魚之交 물 수　물고기 어　갈 지　사귈 교	물과 고기의 사이처럼 떨어질 수 없는 특별한 친분	嚴妻侍下 엄할 엄　아내 처　모실 시　아래 하	무서운 아내를 아래에서 모시고 있다는 데서, 아내에게 쥐어 사는 남편을 조롱하는 말	一以貫之 한 일　써 이　꿸 관　갈 지	하나의 이치로서 모든 것을 꿰뚫음
守株待兎 지킬 수　그루 주　기다릴 대　토끼 토	한가지 일에만 얽매여 발전을 모르는 어리석은 사람을 비유적으로 이르는 말	如履薄氷 같을 여　밟을 리　엷을 박　얼음 빙	살얼음을 밟는 것과 같다는 뜻으로 아슬아슬하고 불안한 지경을 이르는 말	一日之長 한 일　날 일　갈 지　길 장	하루 먼저 태어나서 나이가 조금 위임을 이르는 말
宿虎衝鼻 잘 숙　범 호　찌를 충　코 비	잠자는 범의 코를 찌른다는 뜻으로 화를 스스로 불러들임	易地思之 바꿀 역　따 지　생각 사　갈 지	처지를 바꾸어서 생각함	一場春夢 한 일　마당 장　봄 춘　꿈 몽	한바탕의 봄꿈이란 뜻으로, 헛된 영화나 덧없는 일을 비유적으로 이르는 말
始終一貫 처음 시　마칠 종　한 일　꿸 관	처음부터 끝까지 한결같이 관철함	五車之書 다섯 오　수레 거　갈 지　글 서	장서가 매우 많음을 이르는 말	一觸卽發 한 일　닿을 촉　곧 즉　필 발	금방이라도 일이 터질 듯한 아슬아슬한 긴장상태
識字憂患 알 식　글자 자　근심 우　근심 환	글자를 아는 것이 오히려 근심이 된다는 말	烏合之卒 까마귀 오　합할 합　갈 지　졸할 졸	까마귀가 모인 것처럼 규율이 없는 병졸. 어중이 떠중이	一片丹心 한 일　조각 편　붉을 단　마음 심	변치 않는 참된 마음
神出鬼沒 귀신 신　날 출　귀신 귀　빠질 몰	귀신처럼 자유자재로 나타났다 사라졌다 함	龍頭蛇尾 용 룡　머리 두　뱀 사　꼬리 미	용의 머리와 뱀의 꼬리란 뜻에서 시작만 좋고 나중은 좋지 않음을 비유적으로 이르는 말 (용두사미)	一筆揮之 한 일　붓 필　휘두를 휘　갈 지	한 숨에 글씨나 그림을 죽 쓰거나 그림
深思熟考 깊을 심　생각 사　익을 숙　생각할 고	깊이 생각하고 곰곰이 생각함	龍味鳳湯 용 룡　맛 미　새 봉　끓을 탕	맛이 썩 좋은 음식 (용미봉탕)	臨機應變 임할 림　틀 기　응할 응　변할 변	그때그때 일의 형편에 따라 일을 처리함 (임기응변)
深山幽谷 깊을 심　메 산　그윽할 유　골 곡	깊은 산의 으슥한 골짜기	優柔不斷 넉넉할 우　부드러울 유　아닐 불　끊을 단	어물저물하며 딱 잘라 결단을 내리지 못함 (우유부단)	立身揚名 설 립　몸 신　날릴 양　이름 명	입신하여 이름을 널리 알림 (입신양명)
我田引水 나 아　밭 전　끌 인　물 수	제 논에 물대기라는 뜻으로 자기에게 이롭게 되도록 생각하거나 행동함을 이르는 말	流芳百世 흐를 류　꽃다울 방　일백 백　인간 세	꽃다운 이름이 후세에 길이 전함 (유방백세)	自激之心 스스로 자　격할 격　갈 지　마음 심	자기가 한 일에 대해 스스로 미흡하다고 생각하는 것
梁上君子 들보 량　윗 상　군자 군　아들 자	들보 위의 군자라는 뜻으로, 도둑을 점잖게 이르는 말 (양상군자)	悠悠自適 멀 유　멀 유　스스로 자　맞을 적	속세를 떠나 걱정없이 아무 덧에도 얽매이지 않고 자유롭게 마음 편히 삶	自中之亂 스스로 자　가운데 중　갈 지　어지울 란	한패 속에서 싸움이 일어남
魚頭肉尾 물고기 어　머리 두　고기 육　꼬리 미	물고기는 머리 쪽이, 짐승의 고기는 꼬리 쪽이 맛있음을 이르는 말	隱忍自重 숨을 은　참을 인　스스로 자　무거울 중	마음속으로 참아가며 행동을 신중히 함	轉禍爲福 구를 전　재앙 화　할 위　복 복	화가 바뀌어 복이 됨
漁夫之利 고기잡을 어　지아비 부　갈 지　이할 리	제삼자가 이익을 취함을 이르는 말	人面獸心 사람 인　낯 면　짐승 수　마음 심	사람의 얼굴을 하고 있으나 마음은 짐승과 같다는 뜻으로 마음이나 행동이 흉악하고 음탕함을 이르는 말	切齒腐心 끊을 절　이치 치　썩을 부　마음 심	몹시 분하여 이를 갈면서 속을 썩임
億兆蒼生 억 억　억조 조　푸를 창　날 생	수 많은 백성	日久月深 날 일　오랠 구　달 월　깊을 심	세월이 흐를수록 바라는 마음이 더욱 간절해짐	漸入佳境 점점 점　들 입　이름다울 가　지경 경	점점 흥미로운 경지로 들어감
抑強扶弱 누를 억　강할 강　도울 부　약할 약	강한 자를 누르고 약한 자를 도움	一刀兩斷 한 일　칼 도　두 량　끊을 단	한 칼로 쳐서 두 동강이를 내듯이 머뭇거리지 않고 일이나 행동을 선뜻 결정함 (일도양단)	烏足之血 새 조　발 족　갈 지　피 혈	아주 적은 분량

足脫不及	발 족 벗을 탈 아닐 불 미칠 급	맨발로 뛰어도 미치지 못함을 말하는 것으로 능력이나 역량이 현저히 차이가 남을 말함
此日彼日	이 차 날 일 저 피 날 일	이날저날 하고 자꾸 기일을 미루는 것을 이르는 말
表裏不同	겉 표 속 리 아닐 불 한가지 동	겉과 속이 다름 (표리부동)
存亡之秋	있을 존 망할 망 갈 지 가을 추	죽고 사느냐의 절박한 상황
天高馬肥	하늘 천 높을 고 말 마 살찔 비	하늘은 높고 말은 살찐다.
皮骨相接	가죽 피 뼈 골 서로 상 이을 접	살가죽과 뼈가 맞붙을 정도로 몹시 마름
縱橫無盡	세로 종 가로 횡 없을 무 다할 진	자유자재로 행동하여 거침이 없는 상태
天壤之差	하늘 천 흙덩이 양 갈 지 다를 차	하늘과 땅의 차이 곧 커다란 차이
彼此一般	저 피 이 차 한 일 일반 반	저편이나 이편이나 한 가지. 두 편이 서로 같음
坐不安席	앉을 좌 아닐 불 편안 안 자리 석	마음에 초조·불안·근심 등이 있어 한 자리에 오래 앉아 있지 못함을 이르는 말
千載一遇	일천 천 실을 재 한 일 만날 우	좀처럼 얻기 어려운 좋은 기회
下石上臺	아래 하 돌 석 윗 상 대 대	아랫돌 빼서 윗돌 괴고, 윗돌 빼서 아랫돌 괸다는 뜻으로, 임시변통으로 이리저리 둘러맞춤을 이르는 말
坐井觀天	앉을 좌 우물 정 볼 관 하늘 천	우물에 앉아 하늘을 본다는 뜻으로, 견문이 좁아 세상 물정을 너무 모름을 이르는 말
徹頭徹尾	통할 철 머리 두 통할 철 꼬리 미	처음부터 끝까지 투철함. 처음부터 끝까지 철저하게
鶴首苦待	학 학 머리 수 쓸 고 기다릴 대	학의 목처럼 목을 길게 늘여 애태우며 기다린다는 뜻으로 몹시 기다림을 이름
左之右之	왼 좌 갈 지 오른 우 갈 지	제 마음대로 다루거나 휘두름
醉生夢死	취할 취 날 생 꿈 몽 죽을 사	술에 취하여 꿈을 꾸다가 죽는다는 말로, 아무 의미없이, 이룬 일도 없이 한 평생을 흐리멍텅하게 보내는 것을 이름
恒茶飯事	항상 항 차 다 밥 반 일 사	늘 있는 일
左衝右突	왼 좌 찌를 충 오른 우 갑자기 돌	이리저리 마구 치고 받고 함
置之度外	둘 치 갈 지 법도 도 바깥 외	내버려 두어 문제로 삼지 아니함을 이르는 말
賢母良妻	어질 현 어미 모 어질 량 아내 처	어진 어머니이면서 착한 아내 (현모양처)
晝耕夜讀	낮 주 밭갈 경 밤 야 읽을 독	낮에는 일하고 밤에는 책을 읽는다는 뜻으로 바쁜 틈을 타서 공부를 한다는 말
七去之惡	일곱 칠 갈 거 갈 지 악할 악	아내를 내쫓는 이유가 되는 일곱 가지 사항
浩然之氣	넓을 호 그럴 연 갈 지 기기	공명정대하여 조금도 부끄러울 바가 없는 도덕적 용기
酒池肉林	술 주 연못 지 고기 육 수풀 림	술은 못을 이루고 고기는 숲을 이룬다는 것으로 호사스러운 술잔치를 이름
他山之石	다를 타 메 산 갈 지 돌 석	다른 사람의 하찮은 언행도 자기 지덕을 닦는 데는 도움이 된다는 말
紅爐點雪	붉을 홍 화로 로 점점 점 눈 설	빨갛게 달아오른 화로 위에 눈을 뿌리면 순식간에 녹듯이 사욕이나 의혹이 일순간에 꺼져 없어짐을 뜻하는 이르는 말
衆寡不敵	무리 중 적을 과 아닐 불 대적할 적	적은 사람으로는 많은 사람을 대적하지 못함 (중과부적)
泰山北斗	클 태 메 산 북녘 북 말 두	태산과 북두성을 이르는 말로 세상 사람들로부터 가장 존경받는 사람들을 이르는 말
興亡盛衰	일 흥 망할 망 성할 성 쇠할 쇠	흥하고 망하고 성하고 쇠하는 일
支離滅裂	지탱할 지 떠날 리 멸할 멸 찢어질 렬	서로 갈라져 흩어지고, 찢기어 나눠진다는 뜻으로, 어떤 일의 갈피를 잡을 수 없음을 이름
破邪顯正	깨뜨릴 파 간사할 사 나타날 현 바를 정	그릇된 생각을 깨뜨리고 바른 도리를 드러냄
喜怒哀樂	기쁠 희 성낼 노 슬플 애 즐거울 락	기쁨과 노여움과 슬픔과 즐거움. 사람의 온갖 감정
知命之年	알 지 목숨 명 갈 지 해 년	쉰 살의 나이를 달리 이르는 말
破顔大笑	깨뜨릴 파 낯 안 큰 대 웃을 소	즐거운 표정으로 한바탕 웃음
進退維谷	나아갈 진 물러날 퇴 벼리 유 굽을 곡	나아가거나 물러서거나 오직 골짜기뿐이라는 데서, 꼼짝할 수 없는 궁지에 빠짐을 이름
破竹之勢	깨뜨릴 파 대 죽 갈 지 형세 세	대를 쪼개는 것과 같은 기세로, 세력이 강하여 막을 수 없는 형세를 이름

加(가) 5급	↔	減(감) 4급Ⅱ	古(고) 6급	↔	今(금) 6급Ⅱ	教(교) 8급	↔	學(학) 8급
可(가) 5급	↔	否(부) 4급	苦(고) 6급	↔	樂(락) 6급Ⅱ	君(군) 4급	↔	民(민) 8급
加(가) 5급	↔	除(제) 4급Ⅱ	高(고) 6급Ⅱ	↔	落(락) 5급	君(군) 4급	↔	臣(신) 5급Ⅱ
千(간) 4급	↔	滿(만) 4급Ⅱ	姑(고) 3급Ⅱ	↔	婦(부) 4급Ⅱ	貴(귀) 5급	↔	賤(천) 3급Ⅱ
簡(간) 4급	↔	細(세) 4급Ⅱ	高(고) 6급Ⅱ	↔	卑(비) 3급Ⅱ	今(금) 6급Ⅱ	↔	古(고) 6급
甘(감) 4급	↔	苦(고) 6급	高(고) 6급Ⅱ	↔	低(저) 4급Ⅱ	及(급) 3급Ⅱ	↔	落(락) 5급
江(강) 7급Ⅱ	↔	山(산) 8급	高(고) 6급Ⅱ	↔	下(하) 7급Ⅱ	急(급) 6급Ⅱ	↔	緩(완) 3급Ⅱ
強(강) 6급	↔	弱(약) 6급Ⅱ	曲(곡) 5급	↔	直(직) 7급Ⅱ	起(기) 4급Ⅱ	↔	結(결) 5급
剛(강) 3급Ⅱ	↔	柔(유) 3급Ⅱ	功(공) 6급Ⅱ	↔	過(과) 5급Ⅱ	起(기) 4급Ⅱ	↔	伏(복) 4급
開(개) 6급	↔	閉(폐) 4급	空(공) 7급Ⅱ	↔	陸(륙) 5급Ⅱ	起(기) 4급Ⅱ	↔	陷(함) 3급Ⅱ
去(거) 5급	↔	來(래) 7급	攻(공) 4급	↔	防(방) 4급Ⅱ	吉(길) 5급	↔	凶(흉) 5급Ⅱ
去(거) 5급	↔	留(류) 4급Ⅱ	公(공) 6급Ⅱ	↔	私(사) 4급	諾(낙) 3급Ⅱ	↔	否(부) 4급
巨(거) 4급	↔	細(세) 4급Ⅱ	供(공) 3급Ⅱ	↔	需(수) 3급Ⅱ	難(난) 4급Ⅱ	↔	易(이) 4급
乾(건) 3급Ⅱ	↔	濕(습) 3급Ⅱ	攻(공) 4급	↔	守(수) 4급Ⅱ	男(남) 7급Ⅱ	↔	女(녀) 8급
硬(경) 3급Ⅱ	↔	軟(연) 3급Ⅱ	功(공) 6급Ⅱ	↔	罪(죄) 5급	南(남) 8급	↔	北(북) 8급
輕(경) 5급	↔	重(중) 7급	寬(관) 3급Ⅱ	↔	猛(맹) 3급Ⅱ	來(내) 7급	↔	去(거) 5급
京(경) 6급	↔	鄕(향) 4급Ⅱ	官(관) 4급Ⅱ	↔	民(민) 8급	來(내) 7급	↔	往(왕) 4급Ⅱ
啓(계) 3급Ⅱ	↔	閉(폐) 4급	教(교) 8급	↔	習(습) 6급	內(내) 7급Ⅱ	↔	外(외) 8급

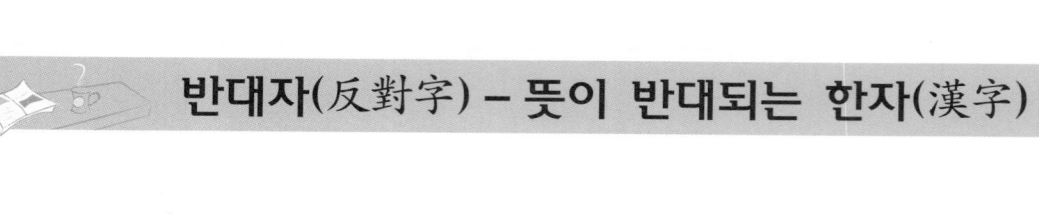
冷(냉) 5급	↔	暖(난) 4급Ⅱ	動(동) 7급Ⅱ	↔	靜(정) 4급	方(방) 7급Ⅱ	↔	圓(원) 4급Ⅱ
冷(냉) 5급	↔	熱(열) 5급	動(동) 7급Ⅱ	↔	止(지) 5급	背(배) 4급Ⅱ	↔	向(향) 6급
冷(냉) 5급	↔	溫(온) 6급	冬(동) 7급	↔	夏(하) 7급	白(백) 8급	↔	黑(흑) 5급
奴(노) 3급Ⅱ	↔	婢(비) 3급Ⅱ	頭(두) 6급	↔	尾(미) 3급Ⅱ	腹(복) 3급Ⅱ	↔	背(배) 4급Ⅱ
勞(노) 5급Ⅱ	↔	使(사) 6급	得(득) 4급Ⅱ	↔	喪(상) 3급Ⅱ	本(본) 6급	↔	末(말) 5급
老(노) 7급	↔	少(소) 7급	得(득) 4급Ⅱ	↔	失(실) 6급	父(부) 8급	↔	母(모) 8급
老(노) 7급	↔	幼(유) 3급Ⅱ	登(등) 7급	↔	降(강) 4급	夫(부) 7급	↔	婦(부) 4급Ⅱ
多(다) 6급	↔	寡(과) 3급Ⅱ	登(등) 7급	↔	落(락) 5급	父(부) 8급	↔	子(자) 7급Ⅱ
多(다) 6급	↔	少(소) 7급	滿(만) 4급Ⅱ	↔	干(간) 4급	夫(부) 7급	↔	妻(처) 3급Ⅱ
單(단) 4급Ⅱ	↔	複(복) 4급	賣(매) 5급	↔	買(매) 5급	浮(부) 3급Ⅱ	↔	沈(침) 3급Ⅱ
旦(단) 3급Ⅱ	↔	夕(석) 7급	明(명) 6급Ⅱ	↔	滅(멸) 3급Ⅱ	北(북) 8급	↔	南(남) 8급
斷(단) 4급Ⅱ	↔	續(속) 4급Ⅱ	明(명) 6급Ⅱ	↔	暗(암) 4급Ⅱ	分(분) 6급Ⅱ	↔	合(합) 6급
短(단) 6급Ⅱ	↔	長(장) 8급	母(모) 8급	↔	子(자) 7급Ⅱ	卑(비) 3급Ⅱ	↔	高(고) 6급Ⅱ
當(당) 5급Ⅱ	↔	落(락) 5급	問(문) 7급	↔	答(답) 7급Ⅱ	悲(비) 4급Ⅱ	↔	樂(락) 6급Ⅱ
當(당) 5급Ⅱ	↔	否(부) 4급	文(문) 7급	↔	武(무) 4급Ⅱ	悲(비) 4급Ⅱ	↔	歡(환) 4급
大(대) 8급	↔	小(소) 8급	物(물) 7급Ⅱ	↔	心(심) 7급	悲(비) 4급Ⅱ	↔	喜(희) 4급
貸(대) 3급Ⅱ	↔	借(차) 3급Ⅱ	美(미) 6급	↔	惡(악) 5급Ⅱ	貧(빈) 4급Ⅱ	↔	富(부) 4급Ⅱ
都(도) 5급	↔	農(농) 7급Ⅱ	民(민) 8급	↔	官(관) 4급Ⅱ	氷(빙) 5급	↔	炭(탄) 5급
東(동) 8급	↔	西(서) 8급	班(반) 6급Ⅱ	↔	常(상) 4급Ⅱ	士(사) 5급Ⅱ	↔	民(민) 8급
同(동) 7급	↔	異(이) 4급	發(발) 6급Ⅱ	↔	着(착) 5급Ⅱ	死(사) 6급	↔	生(생) 8급

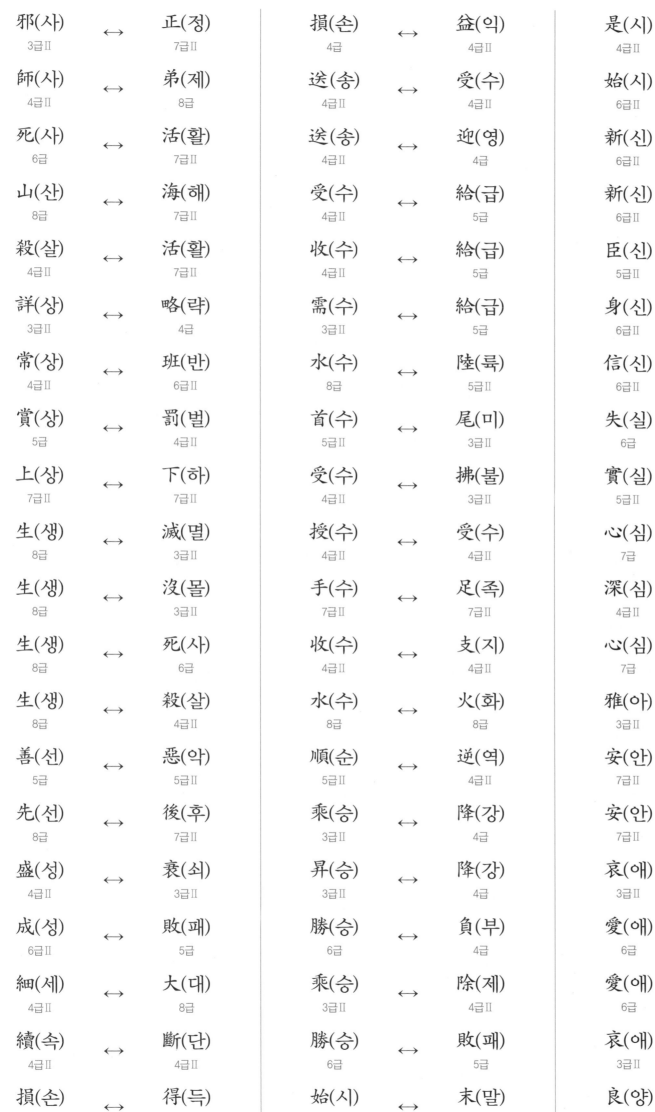

邪(사) 3급II	↔	正(정) 7급II	損(손) 4급	↔	益(익) 4급II	是(시) 4급II	↔	非(비) 4급II
師(사) 4급II	↔	弟(제) 8급	送(송) 4급II	↔	受(수) 4급II	始(시) 6급II	↔	終(종) 5급
死(사) 6급	↔	活(활) 7급II	送(송) 4급II	↔	迎(영) 4급	新(신) 6급II	↔	古(고) 6급
山(산) 8급	↔	海(해) 7급II	受(수) 4급II	↔	給(급) 5급	新(신) 6급II	↔	舊(구) 5급II
殺(살) 4급II	↔	活(활) 7급II	收(수) 4급II	↔	給(급) 5급	臣(신) 5급II	↔	民(민) 8급
詳(상) 3급II	↔	略(략) 4급	需(수) 3급II	↔	給(급) 5급	身(신) 6급II	↔	心(심) 7급
常(상) 4급II	↔	班(반) 6급II	水(수) 8급	↔	陸(륙) 5급II	信(신) 6급II	↔	疑(의) 4급
賞(상) 5급	↔	罰(벌) 4급II	首(수) 5급II	↔	尾(미) 3급II	失(실) 6급	↔	得(득) 4급II
上(상) 7급II	↔	下(하) 7급II	受(수) 4급II	↔	拂(불) 3급II	實(실) 5급II	↔	否(부) 4급
生(생) 8급	↔	滅(멸) 3급II	授(수) 4급II	↔	受(수) 4급II	心(심) 7급	↔	身(신) 6급II
生(생) 8급	↔	沒(몰) 3급II	手(수) 7급II	↔	足(족) 7급II	深(심) 4급II	↔	淺(천) 3급II
生(생) 8급	↔	死(사) 6급	收(수) 4급II	↔	支(지) 4급II	心(심) 7급	↔	體(체) 6급II
生(생) 8급	↔	殺(살) 4급II	水(수) 8급	↔	火(화) 8급	雅(아) 3급II	↔	俗(속) 4급II
善(선) 5급	↔	惡(악) 5급II	順(순) 5급II	↔	逆(역) 4급II	安(안) 7급II	↔	否(부) 4급
先(선) 8급	↔	後(후) 7급II	乘(승) 3급II	↔	降(강) 4급	安(안) 7급II	↔	危(위) 4급
盛(성) 4급II	↔	衰(쇠) 3급II	昇(승) 3급II	↔	降(강) 4급	哀(애) 3급II	↔	樂(락) 6급II
成(성) 6급II	↔	敗(패) 5급	勝(승) 6급	↔	負(부) 4급	愛(애) 6급	↔	惡(오) 5급II
細(세) 4급II	↔	大(대) 8급	乘(승) 3급II	↔	除(제) 4급II	愛(애) 6급	↔	憎(증) 3급II
續(속) 4급II	↔	斷(단) 4급II	勝(승) 6급	↔	敗(패) 5급	哀(애) 3급II	↔	歡(환) 4급
損(손) 4급	↔	得(득) 4급II	始(시) 6급II	↔	末(말) 5급	良(양) 5급II	↔	否(부) 4급

陽(양) 6급	↔	陰(음) 4급II	怨(원) 4급	↔	恩(은) 4급II	姉(자) 4급	↔	妹(매) 4급
抑(억) 3급II	↔	揚(양) 3급II	月(월) 8급	↔	日(일) 8급	子(자) 7급II	↔	母(모) 8급
言(언) 6급	↔	文(문) 7급	有(유) 7급	↔	無(무) 5급	自(자) 7급II	↔	他(타) 5급
言(언) 6급	↔	行(행) 6급	陸(육) 5급II	↔	海(해) 7급II	昨(작) 6급II	↔	今(금) 6급II
與(여) 4급	↔	受(수) 4급II	隱(은) 4급	↔	見(견) 5급II	長(장) 8급	↔	短(단) 6급II
與(여) 4급	↔	野(야) 6급	恩(은) 4급II	↔	怨(원) 4급	將(장) 4급II	↔	兵(병) 5급II
然(연) 7급	↔	否(부) 4급	隱(은) 4급	↔	現(현) 6급II	將(장) 4급II	↔	士(사) 5급II
炎(염) 3급II	↔	涼(량) 3급II	隱(은) 4급	↔	顯(현) 4급	長(장) 8급	↔	幼(유) 3급II
迎(영) 4급	↔	送(송) 4급II	陰(음) 4급II	↔	陽(양) 6급	將(장) 4급II	↔	卒(졸) 5급II
榮(영) 4급II	↔	辱(욕) 3급II	異(이) 4급	↔	同(동) 7급	前(전) 7급II	↔	後(후) 7급II
豫(예) 4급	↔	決(결) 5급II	理(이) 6급II	↔	亂(란) 4급	正(정) 7급II	↔	反(반) 6급II
玉(옥) 4급II	↔	石(석) 6급	吏(이) 3급II	↔	民(민) 8급	正(정) 7급II	↔	副(부) 4급II
溫(온) 6급	↔	冷(랭) 5급	離(이) 4급	↔	合(합) 6급	正(정) 7급II	↔	邪(사) 3급II
溫(온) 6급	↔	涼(량) 3급II	利(이) 6급II	↔	害(해) 5급II	正(정) 7급II	↔	誤(오) 4급II
緩(완) 3급II	↔	急(급) 6급II	因(인) 5급	↔	果(과) 6급II	正(정) 7급II	↔	僞(위) 3급II
往(왕) 4급II	↔	來(래) 7급	日(일) 8급	↔	月(월) 8급	弟(제) 8급	↔	兄(형) 8급
往(왕) 4급II	↔	復(복) 4급II	任(임) 5급II	↔	免(면) 3급II	早(조) 4급II	↔	晚(만) 3급II
往(왕) 4급II	↔	還(환) 3급II	入(입) 7급	↔	落(락) 5급	朝(조) 6급	↔	夕(석) 7급
右(우) 7급II	↔	左(좌) 7급II	入(입) 7급	↔	出(출) 7급	祖(조) 7급	↔	孫(손) 6급
遠(원) 6급	↔	近(근) 6급	子(자) 7급II	↔	女(녀) 8급	朝(조) 6급	↔	野(야) 6급

存(존) 4급	↔	亡(망) 5급	增(증) 4급II	↔	削(삭) 3급II	出(출) 7급	↔	入(입) 7급

存(존) 4급	↔	亡(망) 5급	增(증) 4급II	↔	削(삭) 3급II	出(출) 7급	↔	入(입) 7급
存(존) 4급	↔	滅(멸) 3급II	增(증) 4급II	↔	損(손) 4급	忠(충) 4급II	↔	逆(역) 4급II
存(존) 4급	↔	沒(몰) 3급II	憎(증) 3급II	↔	愛(애) 6급	取(취) 4급II	↔	貸(대) 3급II
存(존) 4급	↔	無(무) 5급	智(지) 4급	↔	愚(우) 3급II	治(치) 4급II	↔	亂(란) 4급
尊(존) 4급II	↔	卑(비) 3급II	知(지) 5급II	↔	行(행) 6급	沈(침) 3급II	↔	浮(부) 3급II
尊(존) 4급II	↔	侍(시) 3급II	眞(진) 4급II	↔	假(가) 4급II	炭(탄) 5급	↔	氷(빙) 5급
存(존) 4급	↔	廢(폐) 3급II	眞(진) 4급II	↔	僞(위) 3급II	吐(토) 3급II	↔	納(납) 4급
終(종) 5급	↔	始(시) 6급II	進(진) 4급II	↔	退(퇴) 4급II	投(투) 4급	↔	打(타) 5급
縱(종) 3급II	↔	橫(횡) 3급II	集(집) 6급II	↔	配(배) 4급II	敗(패) 5급	↔	興(흥) 4급II
坐(좌) 3급II	↔	立(립) 7급II	集(집) 6급II	↔	散(산) 4급	廢(폐) 3급II	↔	立(립) 7급II
左(좌) 7급II	↔	右(우) 7급II	借(차) 3급II	↔	貸(대) 3급II	廢(폐) 3급II	↔	置(치) 4급II
罪(죄) 5급	↔	罰(벌) 4급II	着(착) 5급II	↔	發(발) 6급II	表(표) 6급	↔	裏(리) 3급II
罪(죄) 5급	↔	刑(형) 4급	贊(찬) 3급II	↔	反(반) 6급II	豊(풍) 4급II	↔	薄(박) 3급II
主(주) 7급	↔	客(객) 5급II	淺(천) 3급II	↔	深(심) 4급II	豊(풍) 4급II	↔	凶(흉) 5급II
晝(주) 6급	↔	夜(야) 6급	天(천) 7급	↔	壤(양) 3급II	皮(피) 3급II	↔	骨(골) 4급
主(주) 7급	↔	從(종) 4급	天(천) 7급	↔	地(지) 7급	彼(피) 3급II	↔	我(아) 3급II
重(중) 7급	↔	輕(경) 5급	春(춘) 7급	↔	秋(추) 7급	彼(피) 3급II	↔	此(차) 3급II
衆(중) 4급II	↔	寡(과) 3급II	出(출) 7급	↔	缺(결) 4급II	夏(하) 7급	↔	冬(동) 7급
中(중) 8급	↔	外(외) 8급	出(출) 7급	↔	納(납) 4급	寒(한) 5급	↔	暖(란) 4급II
增(증) 4급II	↔	減(감) 4급II	出(출) 7급	↔	沒(몰) 3급II	寒(한) 5급	↔	熱(열) 5급

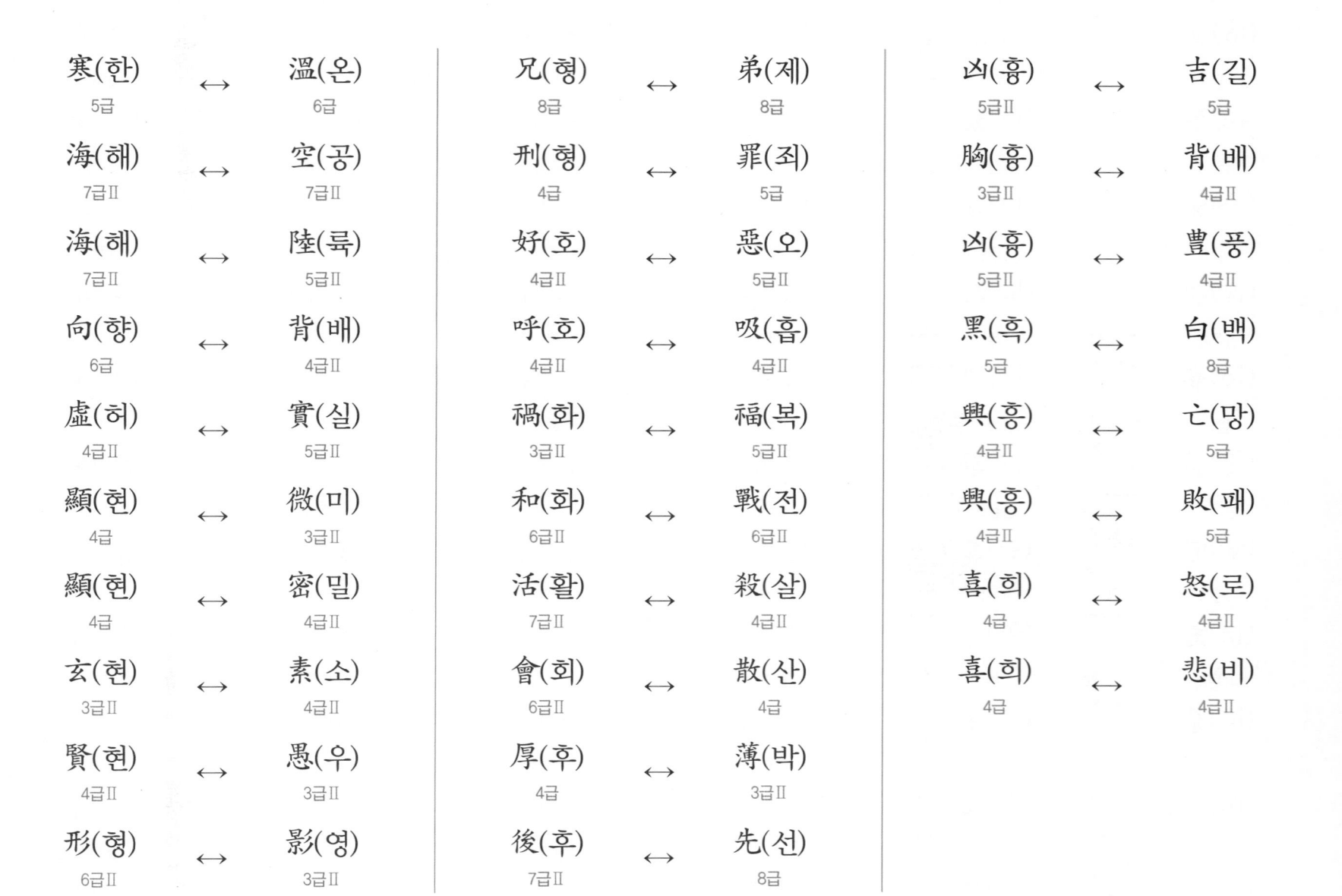

寒(한) 5급	↔	溫(온) 6급	兄(형) 8급	↔	弟(제) 8급	凶(흉) 5급Ⅱ	↔	吉(길) 5급
海(해) 7급Ⅱ	↔	空(공) 7급Ⅱ	刑(형) 4급	↔	罪(죄) 5급	胸(흉) 3급Ⅱ	↔	背(배) 4급Ⅱ
海(해) 7급Ⅱ	↔	陸(륙) 5급Ⅱ	好(호) 4급Ⅱ	↔	惡(오) 5급Ⅱ	凶(흉) 5급Ⅱ	↔	豊(풍) 4급Ⅱ
向(향) 6급	↔	背(배) 4급Ⅱ	呼(호) 4급Ⅱ	↔	吸(흡) 4급Ⅱ	黑(흑) 5급	↔	白(백) 8급
虛(허) 4급Ⅱ	↔	實(실) 5급Ⅱ	禍(화) 3급Ⅱ	↔	福(복) 5급Ⅱ	興(흥) 4급Ⅱ	↔	亡(망) 5급
顯(현) 4급	↔	微(미) 3급Ⅱ	和(화) 6급Ⅱ	↔	戰(전) 6급Ⅱ	興(흥) 4급Ⅱ	↔	敗(패) 5급
顯(현) 4급	↔	密(밀) 4급Ⅱ	活(활) 7급Ⅱ	↔	殺(살) 4급Ⅱ	喜(희) 4급	↔	怒(로) 4급Ⅱ
玄(현) 3급Ⅱ	↔	素(소) 4급Ⅱ	會(회) 6급Ⅱ	↔	散(산) 4급	喜(희) 4급	↔	悲(비) 4급Ⅱ
賢(현) 4급Ⅱ	↔	愚(우) 3급Ⅱ	厚(후) 4급	↔	薄(박) 3급Ⅱ			
形(형) 6급Ⅱ	↔	影(영) 3급Ⅱ	後(후) 7급Ⅱ	↔	先(선) 8급			

반대어(反對語) – 뜻이 반대되는 한자어(漢字語)

可決(가결) 5급 5급II	↔	否決(부결) 4급 5급II	均等(균등) 4급 6급II	↔	差等(차등) 4급 6급II
架空(가공) 3급II 7급II	↔	實在(실재) 5급II 6급	近接(근접) 6급 4급II	↔	遠隔(원격) 6급 3급II
加重(가중) 5급 7급	↔	輕減(경감) 5급 4급II	及第(급제) 3급II 6급II	↔	落第(낙제) 5급 6급II
幹線(간선) 3급II 6급II	↔	支線(지선) 4급II 6급II	奇數(기수) 4급 7급	↔	偶數(우수) 3급II 7급
間接(간접) 7급II 4급II	↔	直接(직접) 7급II 4급II	納稅(납세) 4급 4급II	↔	徵稅(징세) 3급II 4급II
干潮(간조) 4급 4급	↔	滿潮(만조) 4급II 4급	朗讀(낭독) 5급II 6급II	↔	默讀(묵독) 3급II 6급II
減産(감산) 4급II 5급II	↔	增産(증산) 4급II 5급II	內包(내포) 7급II 4급II	↔	外延(외연) 8급 4급
感性(감성) 6급 5급II	↔	理性(이성) 6급II 5급II	弄談(농담) 3급II 5급	↔	眞談(진담) 4급II 5급
剛健(강건) 3급II 5급	↔	柔弱(유약) 3급II 6급II	農繁(농번) 7급II 3급II	↔	農閑(농한) 7급II 4급
概述(개술) 3급II 3급II	↔	詳述(상술) 3급II 3급II	能動(능동) 5급II 7급II	↔	被動(피동) 3급II 7급II
拒否(거부) 4급 4급	↔	承認(승인) 4급II 4급II	單式(단식) 4급II 6급	↔	複式(복식) 4급 6급
結果(결과) 5급II 6급II	↔	原因(원인) 5급 5급	當番(당번) 5급II 6급	↔	非番(비번) 4급II 6급
高雅(고아) 6급II 3급II	↔	卑俗(비속) 3급II 4급II	對話(대화) 6급II 7급II	↔	獨白(독백) 5급II 8급
困難(곤란) 4급 4급II	↔	容易(용이) 4급II 4급	漠然(막연) 3급II 7급	↔	確然(확연) 4급II 7급
供給(공급) 3급II 5급	↔	需要(수요) 3급II 5급II	滅亡(멸망) 3급II 5급	↔	隆盛(융성) 3급II 4급II
過失(과실) 5급II 6급	↔	故意(고의) 4급II 6급II	未熟(미숙) 4급II 3급II	↔	老鍊(노련) 7급 3급II
寬大(관대) 3급II 8급	↔	嚴格(엄격) 4급 5급II	微視(미시) 3급II 4급II	↔	巨視(거시) 4급 4급II
拘束(구속) 3급II 5급II	↔	放免(방면) 6급II 3급II	發生(발생) 6급II 8급	↔	消滅(소멸) 6급II 3급II

白晝(백주) 8급 6급	↔	深夜(심야) 4급II 6급
複雜(복잡) 4급 4급	↔	單純(단순) 4급II 4급II
富裕(부유) 4급II 3급II	↔	貧窮(빈궁) 4급II 4급
紛爭(분쟁) 3급II 5급	↔	和解(화해) 6급II 4급II
辭任(사임) 4급 5급II	↔	就任(취임) 4급 5급II
相逢(상봉) 5급II 3급II	↔	離別(이별) 4급 6급
生面(생면) 8급 7급	↔	熟面(숙면) 3급II 7급
消滅(소멸) 6급II 3급II	↔	生成(생성) 8급 6급II
送舊(송구) 4급II 5급II	↔	迎新(영신) 4급 6급II
拾得(습득) 3급II 4급II	↔	遺失(유실) 4급 6급
昇天(승천) 3급II 7급	↔	降臨(강림) 4급 3급II
新婦(신부) 6급II 4급II	↔	新郞(신랑) 6급II 3급II
愼重(신중) 3급II 7급	↔	輕率(경솔) 5급 3급II
惡化(악화) 5급II 5급II	↔	好轉(호전) 4급II 4급
安靜(안정) 7급II 4급	↔	興奮(흥분) 4급II 3급II
抑制(억제) 3급II 4급II	↔	促進(촉진) 3급II 4급II
溫暖(온난) 6급 4급II	↔	寒冷(한랭) 5급 5급
外柔(외유) 8급 3급II	↔	內剛(내강) 7급II 3급II

容易(용이) 4급II 4급	↔	難解(난해) 4급II 4급II	情神(정신) 5급II 6급II	↔	物質(물질) 7급II 5급II
韻文(운문) 3급 7급	↔	散文(산문) 4급 7급	左遷(좌천) 7급II 3급II	↔	榮轉(영전) 4급II 4급
原告(원고) 5급 5급II	↔	被告(피고) 3급II 5급II	重厚(중후) 7급 4급	↔	輕薄(경박) 5급 3급II
原書(원서) 5급 6급II	↔	譯書(역서) 3급II 6급II	增進(증진) 4급II 4급II	↔	減退(감퇴) 4급II 4급II
遠心(원심) 6급 7급	↔	求心(구심) 4급II 7급	支出(지출) 4급II 7급	↔	收入(수입) 4급II 7급
遠洋(원양) 6급 6급	↔	近海(근해) 6급 7급II	進步(진보) 4급II 4급II	↔	保守(보수) 4급II 4급II
怨恨(원한) 4급 4급	↔	恩惠(은혜) 4급II 4급II	質疑(질의) 5급II 4급	↔	應答(응답) 4급II 7급II
柔和(유화) 3급II 6급II	↔	強硬(강경) 6급 3급II	贊成(찬성) 3급II 6급II	↔	反對(반대) 6급II 6급II
隆起(융기) 3급II 4급II	↔	沈降(침강) 3급II 4급	聽者(청자) 4급 6급	↔	話者(화자) 7급II 6급
應用(응용) 4급II 6급II	↔	原理(원리) 5급 6급II	超人(초인) 3급II 8급	↔	凡人(범인) 3급II 8급
義務(의무) 4급II 4급II	↔	權利(권리) 4급II 6급II	總角(총각) 4급II 6급II	↔	處女(처녀) 4급II 8급
異端(이단) 4급 4급II	↔	正統(정통) 7급II 4급II	忠臣(충신) 4급II 5급II	↔	逆臣(역신) 4급II 5급II
人爲(인위) 8급 4급II	↔	自然(자연) 7급II 7급	治世(치세) 4급II 7급II	↔	亂世(난세) 4급 7급II
臨時(임시) 3급II 7급II	↔	經常(경상) 4급II 4급II	稱讚(칭찬) 4급 4급	↔	非難(비난) 4급II 4급II
潛在(잠재) 3급II 6급	↔	顯在(현재) 4급 6급	快樂(쾌락) 4급II 6급II	↔	苦痛(고통) 6급 4급
低下(저하) 4급II 7급II	↔	向上(향상) 6급 7급II	脫退(탈퇴) 4급 4급II	↔	加入(가입) 5급 7급
漸進(점진) 3급II 4급II	↔	急進(급진) 6급II 4급II	退步(퇴보) 4급II 4급II	↔	進步(진보) 4급II 4급II
精算(정산) 4급II 7급	↔	槪算(개산) 3급II 7급	破壞(파괴) 4급II 3급	↔	建設(건설) 5급 4급II

平等(평등) 7급II 6급II	↔	差別(차별) 4급 6급
廢業(폐업) 3급II 6급II	↔	開業(개업) 6급 6급II
被害(피해) 3급II 5급II	↔	加害(가해) 5급 5급II
畢讀(필독) 3급II 6급II	↔	始讀(시독) 6급II 6급II
必然(필연) 5급II 7급	↔	偶然(우연) 3급II 7급
下待(하대) 7급II 6급	↔	恭待(공대) 3급II 6급
夏至(하지) 7급 4급II	↔	冬至(동지) 7급 4급II
陷沒(함몰) 3급II 3급II	↔	隆起(융기) 3급II 4급II
解散(해산) 4급II 4급	↔	集合(집합) 6급II 6급
許可(허가) 5급 5급	↔	禁止(금지) 4급II 5급
虛僞(허위) 4급II 3급II	↔	眞實(진실) 4급II 5급II
革新(혁신) 4급 6급II	↔	保守(보수) 4급II 4급II
顯官(현관) 4급 4급II	↔	微官(미관) 3급II 4급II
現實(현실) 6급II 5급II	↔	理想(이상) 6급II 4급II
紅顔(홍안) 4급 3급II	↔	白髮(백발) 8급 4급
訓讀(훈독) 6급 6급II	↔	音讀(음독) 6급II 6급II
吸氣(흡기) 4급II 7급II	↔	排氣(배기) 3급II 7급II
興奮(흥분) 4급II 3급II	↔	鎭靜(진정) 3급II 4급

可燃性(가연성)
5급 4급 5급Ⅱ
↔
不燃性(불연성)
7급Ⅱ 4급 5급Ⅱ

非需期(비수기)
4급Ⅱ 3급Ⅱ 5급
↔
盛需期(성수기)
4급Ⅱ 3급Ⅱ 5급

開架式(개가식)
6급 3급Ⅱ 6급
↔
閉架式(폐가식)
4급 3급Ⅱ 6급

上終價(상종가)
7급Ⅱ 5급 5급Ⅱ
↔
下終價(하종가)
7급Ⅱ 5급 5급Ⅱ

開放性(개방성)
6급 6급Ⅱ 5급Ⅱ
↔
閉鎖性(폐쇄성)
4급 3급Ⅱ 5급Ⅱ

夕刊紙(석간지)
7급 3급Ⅱ 7급
↔
朝刊紙(조간지)
6급 3급Ⅱ 7급

巨視的(거시적)
4급 4급Ⅱ 5급Ⅱ
↔
微視的(미시적)
3급Ⅱ 4급Ⅱ 5급Ⅱ

小口徑(소구경)
8급 7급 3급Ⅱ
↔
大口徑(대구경)
8급 7급 3급Ⅱ

高踏的(고답적)
6급Ⅱ 3급Ⅱ 5급Ⅱ
↔
世俗的(세속적)
7급Ⅱ 4급Ⅱ 5급Ⅱ

送荷人(송하인)
4급Ⅱ 3급Ⅱ 8급
↔
受荷人(수하인)
4급Ⅱ 3급Ⅱ 8급

及第點(급제점)
3급Ⅱ 6급Ⅱ 4급
↔
落第點(낙제점)
5급 6급Ⅱ 4급

輸入國(수입국)
3급Ⅱ 7급 8급
↔
輸出國(수출국)
3급Ⅱ 7급 8급

奇順列(기순열)
4급 5급Ⅱ 4급Ⅱ
↔
偶順列(우순열)
3급Ⅱ 5급Ⅱ 4급Ⅱ

收入額(수입액)
4급Ⅱ 7급 4급
↔
支出額(지출액)
4급Ⅱ 7급 4급

落選人(낙선인)
5급 5급 8급
↔
當選人(당선인)
5급Ⅱ 5급 8급

拾得物(습득물)
3급Ⅱ 4급Ⅱ 7급Ⅱ
↔
紛失物(분실물)
3급Ⅱ 6급 7급Ⅱ

老處女(노처녀)
7급 4급Ⅱ 8급
↔
老總角(노총각)
7급 4급Ⅱ 6급Ⅱ

勝利者(승리자)
6급 6급Ⅱ 6급
↔
敗北者(패배자)
5급 8급Ⅱ 6급

農繁期(농번기)
7급Ⅱ 3급Ⅱ 5급
↔
農閑期(농한기)
7급Ⅱ 4급 5급

昇壓器(승압기)
3급Ⅱ 4급Ⅱ 4급Ⅱ
↔
降壓器(강압기)
4급 4급Ⅱ 4급Ⅱ

單純性(단순성)
4급Ⅱ 4급Ⅱ 5급Ⅱ
↔
複雜性(복잡성)
4급 4급 5급Ⅱ

始發驛(시발역)
6급Ⅱ 6급Ⅱ 3급Ⅱ
↔
終着驛(종착역)
5급 5급Ⅱ 3급Ⅱ

大殺年(대살년)
8급 4급Ⅱ 8급
↔
大有年(대유년)
8급 7급 8급

兩非論(양비론)
4급Ⅱ 4급Ⅱ 4급Ⅱ
↔
兩是論(양시론)
4급Ⅱ 4급Ⅱ 4급Ⅱ

都給人(도급인)
5급 5급 8급
↔
受給人(수급인)
4급Ⅱ 5급 8급

嚴侍下(엄시하)
4급 3급Ⅱ 7급Ⅱ
↔
慈侍下(자시하)
3급Ⅱ 3급Ⅱ 7급Ⅱ

同質化(동질화)
7급 5급Ⅱ 5급Ⅱ
↔
異質化(이질화)
4급 5급Ⅱ 5급Ⅱ

逆轉勝(역전승)
4급Ⅱ 4급 6급
↔
逆轉敗(역전패)
4급Ⅱ 4급 5급

買受人(매수인)
5급 4급Ⅱ 8급
↔
賣渡人(매도인)
5급 3급Ⅱ 8급

外斜面(외사면)
8급 3급Ⅱ 7급
↔
內斜面(내사면)
7급Ⅱ 3급Ⅱ 7급

門外漢(문외한)
8급 8급 7급Ⅱ
↔
專門家(전문가)
4급 8급 7급Ⅱ

外疏薄(외소박)
8급 3급Ⅱ 3급Ⅱ
↔
內疏薄(내소박)
7급Ⅱ 3급Ⅱ 3급Ⅱ

發信人(발신인)
6급Ⅱ 6급Ⅱ 8급
↔
受信人(수신인)
4급Ⅱ 6급Ⅱ 8급

賃貸料(임대료)
3급Ⅱ 3급Ⅱ 5급
↔
賃借料(임차료)
3급Ⅱ 3급Ⅱ 5급

白眼視(백안시)
8급 4급Ⅱ 4급Ⅱ
↔
靑眼視(청안시)
8급 4급Ⅱ 4급Ⅱ

立席券(입석권)
7급Ⅱ 6급 4급
↔
座席券(좌석권)
4급 6급 4급

富益富(부익부)
4급Ⅱ 4급Ⅱ 4급Ⅱ
↔
貧益貧(빈익빈)
4급Ⅱ 4급Ⅱ 4급Ⅱ

積極策(적극책)
4급 4급Ⅱ 3급Ⅱ
↔
消極策(소극책)
6급Ⅱ 4급Ⅱ 3급Ⅱ

不文律(불문율)
7급Ⅱ 7급 4급Ⅱ
↔
成文律(성문율)
6급Ⅱ 7급 4급Ⅱ

早熟性(조숙성)
4급Ⅱ 3급Ⅱ 5급Ⅱ
↔
晩熟性(만숙성)
3급Ⅱ 3급Ⅱ 5급Ⅱ

(51)

縱斷面(종단면)
3급II 4급II 7급
↔
橫斷面(횡단면)
3급II 4급II 7급

增加率(증가율)
4급II 5급 3급II
↔
減少率(감소율)
4급II 7급 3급II

初盤戰(초반전)
5급 3급II 6급II
↔
終盤戰(종반전)
5급 3급II 6급II

出發驛(출발역)
7급 6급II 3급II
↔
到着驛(도착역)
5급II 5급II 3급II

就任辭(취임사)
4급 5급II 4급
↔
離任辭(이임사)
4급 5급II 4급

廢刊號(폐간호)
3급II 3급II 6급
↔
創刊號(창간호)
4급II 3급II 6급

必然性(필연성)
5급II 7급 5급II
↔
偶然性(우연성)
3급II 7급 5급II

歡送宴(환송연)
4급 4급II 3급II
↔
歡迎宴(환영연)
4급 4급 3급II

凶漁期(흉어기)
5급II 5급 5급
↔
豊漁期(풍어기)
4급II 5급 5급

輕擧妄動(경거망동)
5급 5급 3급II 7급II
↔
隱忍自重(은인자중)
4급 3급II 7급II 7급

景氣上昇(경기상승)
5급 7급II 7급II 3급II
↔
景氣下降(경기하강)
5급 7급II 7급II 4급

高臺廣室(고대광실)
6급II 3급II 5급II 8급
↔
一間斗屋(일간두옥)
8급 7급II 4급II 5급

高山流水(고산유수)
6급II 8급 5급II 8급
↔
市道之交(시도지교)
7급II 7급II 3급II 6급

奇數拍子(기수박자)
4급 7급 4급 7급II
↔
偶數拍子(우수박자)
3급II 7급 4급 7급II

吉則大凶(길즉대흉)
5급 5급 8급 5급II
↔
凶則大吉(흉즉대길)
5급II 5급 8급 5급

樂觀論者(낙관론자)
6급II 5급II 4급II 6급
↔
悲觀論者(비관론자)
4급II 5급II 4급II 6급

暖房裝置(난방장치)
4급II 4급II 4급 4급II
↔
冷房裝置(냉방장치)
5급 4급II 4급 4급II

凍氷寒雪(동빙한설)
3급II 5급 5급 6급II
↔
和風暖陽(화풍난양)
6급II 6급II 4급II 6급

歲入豫算(세입예산)
5급II 7급 4급 7급
↔
歲出豫算(세출예산)
5급II 7급 4급 7급

始終一貫(시종일관)
6급II 5급 8급 3급II
↔
龍頭蛇尾(용두사미)
4급 6급 3급II 3급II

我田引水(아전인수)
3급II 4급II 4급II 8급
↔
易地思之(역지사지)
4급 7급 5급 3급II

卒年月日(졸년월일)
5급II 8급 8급 8급
↔
生年月日(생년월일)
8급 8급 8급 8급

支出豫算(지출예산)
4급II 7급 4급 7급
↔
收入豫算(수입예산)
4급II 7급 4급 7급

下意上達(하의상달)
7급II 6급II 7급II 4급II
↔
上意下達(상의하달)
7급II 6급II 7급II 4급II

興盡悲來(흥진비래)
4급II 4급 4급II 7급
↔
苦盡甘來(고진감래)
6급 4급 4급 7급

歌(가) 7급	曲(곡) 5급	簡(간) 4급	擇(택) 4급	降(강) 4급	下(하) 7급II
街(가) 4급II	道(도) 7급II	感(감) 6급	覺(각) 4급	講(강) 4급II	解(해) 4급II
街(가) 4급II	路(로) 6급	監(감) 4급II	觀(관) 5급II	開(개) 6급	啓(계) 3급II
家(가) 7급II	室(실) 8급	減(감) 4급II	削(삭) 3급II	蓋(개) 3급II	覆(복) 3급II
歌(가) 7급	樂(악) 6급II	減(감) 4급II	省(생) 6급II	客(객) 5급II	旅(려) 5급II
家(가) 7급II	屋(옥) 5급	減(감) 4급II	損(손) 4급	居(거) 4급	家(가) 7급II
歌(가) 7급	謠(요) 4급II	監(감) 4급II	視(시) 4급II	居(거) 4급	館(관) 3급II
加(가) 5급	增(증) 4급II	敢(감) 4급	勇(용) 6급II	巨(거) 4급	大(대) 8급
歌(가) 7급	唱(창) 5급	監(감) 4급II	察(찰) 4급II	擧(거) 5급	動(동) 7급II
價(가) 5급II	値(치) 3급II	剛(강) 3급II	健(건) 5급	居(거) 4급	留(류) 4급II
家(가) 7급II	宅(택) 5급II	強(강) 6급	健(건) 5급	距(거) 3급II	離(리) 4급
家(가) 7급II	戶(호) 4급II	剛(강) 3급II	堅(견) 4급	居(거) 4급	住(주) 7급
刻(각) 4급	銘(명) 3급II	強(강) 6급	硬(경) 3급II	健(건) 5급	剛(강) 3급II
覺(각) 4급	悟(오) 3급II	強(강) 6급	固(고) 5급	建(건) 5급	立(립) 7급II
刊(간) 3급II	刻(각) 4급	綱(강) 3급II	紀(기) 4급	檢(검) 4급II	督(독) 4급II
間(간) 7급II	隔(격) 3급II	康(강) 4급II	寧(녕) 3급II	檢(검) 4급II	査(사) 5급
簡(간) 4급	略(략) 4급	講(강) 4급II	釋(석) 3급II	檢(검) 4급II	察(찰) 4급II
懇(간) 3급II	誠(성) 4급II	綱(강) 3급II	維(유) 3급II	隔(격) 3급II	間(간) 7급II
懇(간) 3급II	切(절) 5급II	江(강) 7급II	河(하) 5급	激(격) 4급	烈(렬) 4급

格(격) 5급II	_	式(식) 6급	敬(경) 5급II	_	恭(공) 3급II	繼(계) 4급	_	續(속) 4급II
激(격) 4급	_	衝(충) 3급II	經(경) 4급II	_	過(과) 5급II	計(계) 6급II	_	數(수) 7급
擊(격) 4급	_	打(타) 5급	景(경) 5급	_	光(광) 6급II	繼(계) 4급	_	承(승) 4급II
堅(견) 4급	_	剛(강) 3급II	京(경) 6급	_	都(도) 5급	契(계) 3급II	_	約(약) 5급II
堅(견) 4급	_	强(강) 6급	傾(경) 4급	_	倒(도) 3급II	界(계) 6급II	_	域(역) 4급
堅(견) 4급	_	硬(경) 3급II	經(경) 4급II	_	歷(력) 5급II	季(계) 4급	_	節(절) 5급II
堅(견) 4급	_	固(고) 5급	經(경) 4급II	_	理(리) 6급II	計(계) 6급II	_	策(책) 3급II
結(결) 5급II	_	構(구) 4급	慶(경) 4급II	_	福(복) 5급II	溪(계) 3급II	_	川(천) 7급
決(결) 5급II	_	斷(단) 4급II	傾(경) 4급	_	斜(사) 3급II	階(계) 4급	_	層(층) 4급
潔(결) 4급II	_	白(백) 8급	境(경) 4급II	_	域(역) 4급	故(고) 4급II	_	舊(구) 5급II
訣(결) 3급II	_	別(별) 3급II	經(경) 4급II	_	營(영) 4급	考(고) 5급	_	究(구) 4급II
結(결) 5급II	_	束(속) 5급II	競(경) 5급	_	爭(쟁) 5급	苦(고) 6급	_	難(난) 4급II
結(결) 5급II	_	約(약) 5급II	慶(경) 4급II	_	祝(축) 5급	孤(고) 4급	_	獨(독) 5급II
潔(결) 4급II	_	淨(정) 3급II	慶(경) 4급II	_	賀(하) 3급II	考(고) 5급	_	慮(려) 4급
決(결) 5급II	_	判(판) 4급	界(계) 6급II	_	境(경) 4급II	告(고) 5급II	_	白(백) 8급
謙(겸) 3급II	_	讓(양) 3급II	契(계) 3급II	_	券(권) 4급	告(고) 5급II	_	示(시) 5급
警(경) 4급II	_	覺(각) 4급	階(계) 4급	_	級(급) 6급	高(고) 6급II	_	卓(탁) 5급
鏡(경) 4급	_	鑑(감) 3급II	階(계) 4급	_	段(단) 4급	穀(곡) 4급	_	糧(량) 4급
境(경) 4급II	_	界(계) 6급II	季(계) 4급	_	末(말) 5급	困(곤) 4급	_	窮(궁) 4급
警(경) 4급II	_	戒(계) 4급	計(계) 6급II	_	算(산) 7급	攻(공) 4급	_	擊(격) 4급

恭(공) 3급II	_	敬(경) 5급II	觀(관) 5급II	_	覽(람) 4급	舊(구) 5급II	_	故(고) 4급II
供(공) 3급II	_	給(급) 5급	管(관) 4급	_	理(리) 6급II	丘(구) 3급II	_	陵(릉) 3급II
貢(공) 3급II	_	納(납) 4급	關(관) 5급II	_	鎖(쇄) 3급II	區(구) 6급	_	別(별) 6급
共(공) 6급II	_	同(동) 7급	慣(관) 3급II	_	習(습) 6급	區(구) 6급	_	分(분) 6급II
攻(공) 4급	_	伐(벌) 4급II	觀(관) 5급II	_	視(시) 4급II	具(구) 5급II	_	備(비) 4급II
供(공) 3급II	_	與(여) 4급	關(관) 5급II	_	與(여) 4급	求(구) 4급II	_	索(색) 3급II
工(공) 7급II	_	作(작) 6급II	管(관) 4급	_	掌(장) 3급II	區(구) 6급	_	域(역) 4급
工(공) 7급II	_	造(조) 4급II	觀(관) 5급II	_	察(찰) 4급II	久(구) 3급II	_	遠(원) 6급
攻(공) 4급	_	討(토) 4급	貫(관) 3급II	_	徹(철) 3급II	救(구) 5급	_	援(원) 4급
空(공) 7급II	_	虛(허) 4급II	貫(관) 3급II	_	通(통) 6급	救(구) 5급	_	濟(제) 4급II
貢(공) 3급II	_	獻(헌) 3급II	廣(광) 5급II	_	漠(막) 3급II	構(구) 4급	_	造(조) 4급II
孔(공) 4급	_	穴(혈) 3급II	光(광) 6급II	_	明(명) 6급II	構(구) 4급	_	築(축) 4급II
果(과) 6급II	_	敢(감) 4급	廣(광) 5급II	_	博(박) 4급II	群(군) 4급	_	黨(당) 4급II
過(과) 5급II	_	去(거) 5급	光(광) 6급II	_	色(색) 7급	軍(군) 8급	_	旅(려) 5급II
科(과) 6급II	_	目(목) 6급	光(광) 6급II	_	彩(채) 3급II	軍(군) 8급	_	兵(병) 5급II
寡(과) 3급II	_	少(소) 7급	怪(괴) 3급II	_	奇(기) 4급	軍(군) 8급	_	士(사) 5급II
果(과) 6급II	_	實(실) 5급II	怪(괴) 3급II	_	異(이) 4급	君(군) 4급	_	王(왕) 8급
過(과) 5급II	_	失(실) 6급	橋(교) 5급	_	梁(량) 3급II	郡(군) 6급	_	邑(읍) 7급
過(과) 5급II	_	誤(오) 4급II	巧(교) 3급II	_	妙(묘) 4급	君(군) 4급	_	主(주) 7급
課(과) 5급II	_	程(정) 4급II	敎(교) 8급	_	訓(훈) 6급	群(군) 4급	_	衆(중) 4급II
館(관) 3급II	_	閣(각) 3급II	究(구) 4급II	_	考(고) 5급			

屈(굴) 4급	_	曲(곡) 5급	規(규) 5급	_	範(범) 4급	機(기) 4급	_	械(계) 3급II
屈(굴) 4급	_	折(절) 4급	規(규) 5급	_	式(식) 6급	奇(기) 4급	_	怪(괴) 3급II
宮(궁) 4급II	_	家(가) 7급II	規(규) 5급	_	律(율) 4급II	器(기) 4급II	_	具(구) 5급II
窮(궁) 4급	_	困(곤) 4급	規(규) 5급	_	則(칙) 5급	記(기) 7급II	_	錄(록) 4급II
窮(궁) 4급	_	究(구) 4급II	規(규) 5급	_	度(탁) 6급	起(기) 4급II	_	立(립) 7급II
窮(궁) 4급	_	極(극) 4급II	均(균) 4급	_	等(등) 6급II	企(기) 3급II	_	望(망) 5급II
窮(궁) 4급	_	塞(색) 3급II	均(균) 4급	_	調(조) 5급II	起(기) 4급II	_	發(발) 6급II
宮(궁) 4급II	_	殿(전) 3급II	均(균) 4급	_	平(평) 7급II	寄(기) 4급	_	付(부) 3급II
窮(궁) 4급	_	盡(진) 4급	極(극) 4급II	_	窮(궁) 4급	技(기) 5급	_	術(술) 6급II
券(권) 4급	_	契(계) 3급II	極(극) 4급II	_	端(단) 4급II	己(기) 5급II	_	身(신) 6급II
勸(권) 4급	_	勵(려) 3급II	克(극) 3급II	_	勝(승) 6급	技(기) 5급	_	藝(예) 4급II
勸(권) 4급	_	勉(면) 4급	極(극) 4급II	_	盡(진) 4급	記(기) 7급II	_	識(지) 5급II
勸(권) 4급	_	獎(장) 4급	根(근) 6급	_	本(본) 6급	祈(기) 3급II	_	祝(축) 5급
權(권) 4급II	_	稱(칭) 4급	禽(금) 3급II	_	鳥(조) 4급II	緊(긴) 3급II	_	要(요) 5급II
權(권) 4급II	_	衡(형) 3급II	金(금) 8급	_	鐵(철) 5급	羅(나) 4급II	_	列(열) 4급II
鬼(귀) 3급II	_	神(신) 6급II	急(급) 6급II	_	迫(박) 3급II	絡(낙) 3급II	_	脈(맥) 4급II
貴(귀) 5급	_	重(중) 7급	急(급) 6급II	_	速(속) 6급	難(난) 4급II	_	苦(고) 6급
歸(귀) 4급	_	還(환) 3급II	給(급) 5급	_	與(여) 4급	納(납) 4급	_	貢(공) 3급II
規(규) 5급	_	格(격) 5급II	急(급) 6급II	_	促(촉) 3급II	納(납) 4급	_	入(입) 7급
規(규) 5급	_	例(례) 6급	紀(기) 4급	_	綱(강) 3급II	納(납) 4급	_	獻(헌) 3급II

耐(내)	_	忍(인)	端(단)	_	正(정)	盜(도)	_	賊(적)
3급Ⅱ		3급Ⅱ	4급Ⅱ		7급Ⅱ	4급		4급
冷(냉)	_	涼(량)	達(달)	_	成(성)	到(도)	_	着(착)
5급		3급Ⅱ	4급Ⅱ		6급Ⅱ	5급Ⅱ		5급Ⅱ
冷(냉)	_	寒(한)	達(달)	_	通(통)	逃(도)	_	避(피)
5급		5급	4급Ⅱ		6급	4급		4급
勞(노)	_	勤(근)	談(담)	_	說(설)	圖(도)	_	畫(화)
5급Ⅱ		4급	5급		5급Ⅱ	6급Ⅱ		6급
努(노)	_	力(력)	談(담)	_	言(언)	導(도)	_	訓(훈)
4급Ⅱ		7급Ⅱ	5급		6급	4급Ⅱ		6급
勞(노)	_	務(무)	擔(담)	_	任(임)	獨(독)	_	孤(고)
5급Ⅱ		4급Ⅱ	4급Ⅱ		5급Ⅱ	5급Ⅱ		4급
綠(녹)	_	靑(청)	談(담)	_	話(화)	毒(독)	_	害(해)
6급		8급	5급		7급Ⅱ	4급Ⅱ		5급Ⅱ
論(논)	_	議(의)	堂(당)	_	室(실)	突(돌)	_	忽(홀)
4급Ⅱ		4급Ⅱ	6급Ⅱ		8급	3급Ⅱ		3급Ⅱ
農(농)	_	耕(경)	大(대)	_	巨(거)	同(동)	_	等(등)
7급Ⅱ		3급Ⅱ	8급		4급	7급		6급Ⅱ
雷(뇌)	_	震(진)	刀(도)	_	劍(검)	洞(동)	_	里(리)
3급Ⅱ		3급Ⅱ	3급Ⅱ		3급Ⅱ	7급		7급
樓(누)	_	閣(각)	到(도)	_	達(달)	同(동)	_	一(일)
3급Ⅱ		3급Ⅱ	5급Ⅱ		4급Ⅱ	7급		8급
樓(누)	_	館(관)	徒(도)	_	黨(당)	洞(동)	_	穴(혈)
3급Ⅱ		3급Ⅱ	4급		4급Ⅱ	7급		3급Ⅱ
陵(능)	_	丘(구)	道(도)	_	途(도)	頭(두)	_	首(수)
3급Ⅱ		3급Ⅱ	7급Ⅱ		3급Ⅱ	6급		5급Ⅱ
斷(단)	_	決(결)	道(도)	_	路(로)	等(등)	_	級(급)
4급Ⅱ		5급Ⅱ	7급Ⅱ		6급	6급Ⅱ		6급
段(단)	_	階(계)	道(도)	_	理(리)	等(등)	_	類(류)
4급		4급	7급Ⅱ		6급Ⅱ	6급Ⅱ		5급Ⅱ
單(단)	_	獨(독)	逃(도)	_	亡(망)	磨(마)	_	硏(연)
4급Ⅱ		5급Ⅱ	4급		5급	3급Ⅱ		4급Ⅱ
端(단)	_	末(말)	徒(도)	_	輩(배)	末(말)	_	端(단)
4급Ⅱ		5급	4급		3급Ⅱ	5급		4급Ⅱ
團(단)	_	圓(원)	都(도)	_	市(시)	末(말)	_	尾(미)
5급Ⅱ		4급Ⅱ	5급		7급Ⅱ	5급		3급Ⅱ
斷(단)	_	切(절)	都(도)	_	邑(읍)	每(매)	_	常(상)
4급Ⅱ		5급Ⅱ	5급		7급	7급Ⅱ		4급Ⅱ
斷(단)	_	絕(절)	導(도)	_	引(인)	脈(맥)	_	絡(락)
4급Ⅱ		4급Ⅱ	4급Ⅱ		4급Ⅱ	4급Ⅱ		3급Ⅱ

57

猛(맹) 3급II	勇(용) 6급II	文(문) 7급	書(서) 6급II	方(방) 7급II	正(정) 7급II
猛(맹) 3급II	暴(포) 4급II	文(문) 7급	章(장) 6급	妨(방) 4급	害(해) 5급II
勉(면) 4급	勵(려) 3급II	文(문) 7급	彩(채) 3급II	配(배) 4급II	分(분) 6급II
面(면) 7급	貌(모) 3급II	門(문) 8급	戶(호) 4급II	配(배) 4급II	偶(우) 3급II
面(면) 7급	顏(안) 3급II	物(물) 7급II	件(건) 5급	繁(번) 3급II	茂(무) 3급II
面(면) 7급	容(용) 4급II	物(물) 7급II	品(품) 5급II	番(번) 6급	第(제) 6급II
滅(멸) 3급II	亡(망) 5급	美(미) 6급	麗(려) 4급II	番(번) 6급	次(차) 4급II
明(명) 6급II	光(광) 6급II	尾(미) 3급II	末(말) 5급	法(법) 5급II	規(규) 5급
明(명) 6급II	朗(랑) 5급II	微(미) 3급II	細(세) 4급II	法(법) 5급II	度(도) 6급
命(명) 7급	令(령) 5급	微(미) 3급II	小(소) 8급	法(법) 5급II	例(례) 6급
明(명) 6급II	白(백) 8급	迫(박) 3급II	急(급) 6급II	法(법) 5급II	律(률) 4급II
名(명) 7급II	稱(칭) 4급	朴(박) 6급	素(소) 4급II	法(법) 5급II	式(식) 6급
名(명) 7급II	號(호) 6급	朴(박) 6급	質(질) 5급II	法(법) 5급II	典(전) 5급II
慕(모) 3급II	戀(련) 3급II	迫(박) 3급II	脅(협) 3급II	法(법) 5급II	則(칙) 5급
毛(모) 4급II	髮(발) 4급	飯(반) 3급II	食(식) 7급II	碧(벽) 3급II	綠(록) 6급
模(모) 4급	範(범) 4급	發(발) 6급II	起(기) 4급II	碧(벽) 3급II	靑(청) 8급
慕(모) 3급II	愛(애) 6급	發(발) 6급II	射(사) 4급	變(변) 5급II	改(개) 5급
謀(모) 3급II	策(책) 3급II	發(발) 5급II	展(전) 6급II	變(변) 5급II	更(경) 4급
茂(무) 3급II	盛(성) 4급II	方(방) 7급II	道(도) 7급II	變(변) 5급II	易(역) 4급
貿(무) 3급II	易(역) 4급	放(방) 6급II	釋(석) 3급II	邊(변) 4급II	際(제) 4급II

變(변) 5급II	_	革(혁) 4급	奉(봉) 5급II	_	獻(헌) 3급II	批(비) 4급	_	評(평) 4급
變(변) 5급II	_	化(화) 5급II	部(부) 6급II	_	隊(대) 4급II	貧(빈) 4급II	_	困(곤) 4급
別(별) 6급	_	離(리) 4급	部(부) 6급II	_	類(류) 5급II	貧(빈) 4급II	_	窮(궁) 4급
別(별) 6급	_	選(선) 5급	附(부) 3급II	_	屬(속) 4급	査(사) 5급	_	檢(검) 4급II
別(별) 6급	_	差(차) 4급	賦(부) 3급II	_	與(여) 4급	斜(사) 3급II	_	傾(경) 4급
兵(병) 5급II	_	士(사) 5급II	扶(부) 3급II	_	翼(익) 3급II	思(사) 5급	_	考(고) 5급
兵(병) 5급II	_	卒(졸) 5급II	扶(부) 3급II	_	助(조) 4급II	思(사) 5급	_	念(념) 5급II
病(병) 6급	_	患(환) 5급	副(부) 4급II	_	次(차) 4급II	思(사) 5급	_	慮(려) 4급
報(보) 4급II	_	告(고) 5급II	附(부) 3급II	_	着(착) 5급II	使(사) 6급	_	令(령) 5급
報(보) 4급II	_	道(도) 7급II	負(부) 4급	_	荷(하) 3급II	思(사) 5급	_	慕(모) 3급II
報(보) 4급II	_	償(상) 3급II	扶(부) 3급II	_	護(호) 4급II	事(사) 7급II	_	務(무) 4급II
保(보) 4급II	_	衛(위) 4급II	分(분) 6급II	_	區(구) 6급	士(사) 5급II	_	兵(병) 5급II
保(보) 4급II	_	護(호) 4급II	分(분) 6급II	_	配(배) 4급II	思(사) 5급	_	想(상) 4급II
覆(복) 3급II	_	蓋(개) 3급II	分(분) 6급II	_	別(별) 6급	辭(사) 4급	_	說(설) 5급II
福(복) 5급II	_	慶(경) 4급II	奔(분) 3급II	_	走(주) 4급II	辭(사) 4급	_	讓(양) 3급II
本(본) 6급	_	根(근) 6급	分(분) 6급II	_	割(할) 3급II	事(사) 7급II	_	業(업) 6급II
本(본) 6급	_	源(원) 4급	比(비) 5급	_	較(교) 3급II	使(사) 6급	_	役(역) 3급II
奉(봉) 5급II	_	仕(사) 5급II	悲(비) 4급II	_	哀(애) 3급II	舍(사) 4급II	_	屋(옥) 5급
奉(봉) 5급II	_	承(승) 4급II	費(비) 5급	_	用(용) 6급II	査(사) 5급	_	察(찰) 4급II
逢(봉) 3급II	_	遇(우) 4급	卑(비) 3급II	_	賤(천) 3급II	舍(사) 4급II	_	宅(택) 5급II

社(사) 6급II	_	會(회) 6급II	書(서) 6급II	_	籍(적) 4급	小(소) 8급	_	微(미) 3급II
削(삭) 3급II	_	減(감) 4급II	書(서) 6급II	_	冊(책) 4급	素(소) 4급II	_	朴(박) 6급
削(삭) 3급II	_	除(제) 4급II	釋(석) 3급II	_	放(방) 6급II	訴(소) 3급II	_	訟(송) 3급II
山(산) 8급	_	陵(릉) 3급II	善(선) 5급	_	良(량) 5급II	素(소) 4급II	_	質(질) 5급II
産(산) 5급II	_	生(생) 8급	鮮(선) 5급II	_	麗(려) 4급II	損(손) 4급	_	減(감) 4급II
算(산) 7급	_	數(수) 7급	選(선) 5급	_	拔(발) 3급II	損(손) 4급	_	傷(상) 4급
森(삼) 3급II	_	林(림) 7급	選(선) 5급	_	別(별) 6급	損(손) 4급	_	失(실) 6급
想(상) 4급II	_	念(념) 5급II	選(선) 5급	_	擇(택) 4급	損(손) 4급	_	害(해) 5급II
商(상) 5급II	_	量(량) 5급	旋(선) 3급II	_	回(회) 4급II	訟(송) 3급II	_	訴(소) 3급II
想(상) 4급II	_	思(사) 5급	設(설) 4급II	_	施(시) 4급II	衰(쇠) 3급II	_	弱(약) 6급II
上(상) 7급II	_	昇(승) 3급II	說(설) 5급II	_	話(화) 7급II	秀(수) 4급	_	傑(걸) 4급
喪(상) 3급II	_	失(실) 6급	性(성) 5급II	_	心(심) 7급	首(수) 5급II	_	頭(두) 6급
狀(상) 4급II	_	態(태) 4급II	姓(성) 7급II	_	氏(씨) 4급	受(수) 4급II	_	領(령) 5급
色(색) 7급	_	彩(채) 3급II	聲(성) 4급II	_	音(음) 6급II	樹(수) 6급	_	林(림) 7급
省(생) 6급II	_	減(감) 4급II	省(성) 6급II	_	察(찰) 4급II	壽(수) 3급II	_	命(명) 7급
省(생) 6급II	_	略(략) 4급	成(성) 6급II	_	就(취) 4급	樹(수) 6급	_	木(목) 8급
生(생) 8급	_	産(산) 5급II	世(세) 7급II	_	界(계) 6급II	輸(수) 3급II	_	送(송) 4급II
生(생) 8급	_	出(출) 7급	世(세) 7급II	_	代(대) 6급II	修(수) 4급II	_	習(습) 6급
生(생) 8급	_	活(활) 7급	細(세) 4급II	_	微(미) 3급II	收(수) 4급II	_	拾(습) 3급II
徐(서) 3급II	_	緩(완) 3급II	消(소) 6급II	_	滅(멸) 3급II	修(수) 4급II	_	飾(식) 3급II

授(수) 4급Ⅱ	與(여) 4급	施(시) 4급Ⅱ	設(설) 4급Ⅱ	樂(악) 6급Ⅱ	歌(가) 7급
守(수) 4급Ⅱ	衛(위) 4급Ⅱ	始(시) 6급Ⅱ	創(창) 4급Ⅱ	安(안) 7급Ⅱ	康(강) 4급Ⅱ
殊(수) 3급Ⅱ	異(이) 4급	始(시) 6급Ⅱ	初(초) 5급	安(안) 7급Ⅱ	寧(녕) 3급Ⅱ
獸(수) 3급Ⅱ	畜(축) 3급Ⅱ	試(시) 4급Ⅱ	驗(험) 4급Ⅱ	顔(안) 3급Ⅱ	面(면) 7급
殊(수) 3급Ⅱ	特(특) 6급	式(식) 6급	例(례) 6급	眼(안) 4급Ⅱ	目(목) 6급
熟(숙) 3급Ⅱ	練(련) 5급Ⅱ	飾(식) 3급Ⅱ	粧(장) 3급Ⅱ	安(안) 7급Ⅱ	全(전) 7급Ⅱ
肅(숙) 4급	嚴(엄) 4급	植(식) 7급	栽(재) 3급Ⅱ	安(안) 7급Ⅱ	平(평) 7급Ⅱ
淑(숙) 3급Ⅱ	淸(청) 6급Ⅱ	式(식) 6급	典(전) 5급Ⅱ	壓(압) 4급Ⅱ	抑(억) 3급Ⅱ
宿(숙) 5급Ⅱ	寢(침) 4급	申(신) 4급Ⅱ	告(고) 5급Ⅱ	愛(애) 6급	戀(련) 3급Ⅱ
純(순) 4급Ⅱ	潔(결) 4급Ⅱ	神(신) 6급Ⅱ	鬼(귀) 3급Ⅱ	愛(애) 6급	慕(모) 3급Ⅱ
術(술) 6급Ⅱ	藝(예) 4급Ⅱ	神(신) 6급Ⅱ	靈(령) 3급Ⅱ	約(약) 5급Ⅱ	結(결) 5급Ⅱ
崇(숭) 4급	高(고) 6급Ⅱ	愼(신) 3급Ⅱ	重(중) 7급	略(약) 4급	省(생) 6급Ⅱ
崇(숭) 4급	尙(상) 3급Ⅱ	身(신) 6급Ⅱ	體(체) 6급Ⅱ	約(약) 5급Ⅱ	束(속) 5급Ⅱ
習(습) 6급	慣(관) 3급Ⅱ	室(실) 8급	家(가) 7급Ⅱ	糧(양) 4급	穀(곡) 4급
習(습) 6급	練(련) 5급Ⅱ	實(실) 5급Ⅱ	果(과) 6급Ⅱ	良(양) 5급Ⅱ	善(선) 5급
濕(습) 3급Ⅱ	潤(윤) 3급Ⅱ	失(실) 6급	敗(패) 5급	養(양) 5급Ⅱ	育(육) 7급
習(습) 6급	學(학) 8급	審(심) 3급Ⅱ	査(사) 5급	樣(양) 4급	態(태) 4급Ⅱ
承(승) 4급Ⅱ	繼(계) 4급	心(심) 7급	性(성) 5급Ⅱ	壤(양) 3급Ⅱ	土(토) 8급
承(승) 4급Ⅱ	奉(봉) 5급Ⅱ	阿(아) 3급Ⅱ	丘(구) 3급Ⅱ	良(양) 5급Ⅱ	好(호) 4급Ⅱ
時(시) 7급Ⅱ	期(기) 5급	兒(아) 5급Ⅱ	童(동) 6급Ⅱ	御(어) 3급Ⅱ	領(령) 5급

語(어)	_	辭(사)	連(연)	_	續(속)	藝(예)	_	術(술)
7급		4급	4급Ⅱ		4급Ⅱ	4급Ⅱ		6급Ⅱ
抑(억)	_	壓(압)	硏(연)	_	修(수)	例(예)	_	式(식)
3급Ⅱ		4급Ⅱ	4급Ⅱ		4급Ⅱ	6급		6급
言(언)	_	談(담)	練(연)	_	習(습)	例(예)	_	典(전)
6급		5급	5급Ⅱ		6급	6급		5급Ⅱ
言(언)	_	辭(사)	戀(연)	_	愛(애)	誤(오)	_	錯(착)
6급		4급	3급Ⅱ		6급	4급Ⅱ		3급Ⅱ
言(언)	_	說(설)	緣(연)	_	因(인)	屋(옥)	_	舍(사)
6급		5급Ⅱ	4급		5급	5급		4급Ⅱ
言(언)	_	語(어)	悅(열)	_	樂(락)	屋(옥)	_	宇(우)
6급		7급	3급Ⅱ		6급Ⅱ	5급		3급Ⅱ
嚴(엄)	_	肅(숙)	念(염)	_	慮(려)	溫(온)	_	暖(난)
4급		4급	5급Ⅱ		4급	6급		4급Ⅱ
業(업)	_	務(무)	念(염)	_	想(상)	緩(완)	_	徐(서)
6급Ⅱ		4급Ⅱ	5급Ⅱ		4급Ⅱ	3급Ⅱ		3급Ⅱ
業(업)	_	事(사)	永(영)	_	久(구)	完(완)	_	全(전)
6급Ⅱ		7급Ⅱ	6급		3급Ⅱ	5급		7급Ⅱ
餘(여)	_	暇(가)	領(영)	_	率(솔)	要(요)	_	求(구)
4급Ⅱ		4급	5급		3급Ⅱ	5급Ⅱ		4급Ⅱ
旅(여)	_	客(객)	領(영)	_	受(수)	要(요)	_	緊(긴)
5급Ⅱ		5급Ⅱ	5급		4급Ⅱ	5급Ⅱ		3급Ⅱ
女(여)	_	娘(랑)	靈(영)	_	神(신)	料(요)	_	量(량)
8급		3급Ⅱ	3급Ⅱ		6급Ⅱ	5급		5급
麗(여)	_	美(미)	永(영)	_	遠(원)	料(요)	_	度(탁)
4급Ⅱ		6급	6급		6급	5급		6급
域(역)	_	境(경)	映(영)	_	照(조)	勇(용)	_	敢(감)
4급		4급Ⅱ	4급		3급Ⅱ	6급Ⅱ		4급
役(역)	_	使(사)	領(영)	_	統(통)	勇(용)	_	猛(맹)
3급Ⅱ		6급	5급		4급Ⅱ	6급Ⅱ		3급Ⅱ
硏(연)	_	究(구)	英(영)	_	特(특)	容(용)	_	貌(모)
4급Ⅱ		4급Ⅱ	6급		6급	4급Ⅱ		3급Ⅱ
硏(연)	_	磨(마)	靈(영)	_	魂(혼)	用(용)	_	費(비)
4급Ⅱ		3급Ⅱ	3급Ⅱ		3급Ⅱ	6급Ⅱ		5급
戀(연)	_	慕(모)	榮(영)	_	華(화)	憂(우)	_	慮(려)
3급Ⅱ		3급Ⅱ	4급Ⅱ		4급	3급Ⅱ		4급
年(연)	_	歲(세)	例(예)	_	規(규)	憂(우)	_	愁(수)
8급		5급Ⅱ	6급		5급	3급Ⅱ		3급Ⅱ
燃(연)	_	燒(소)	例(예)	_	法(법)	羽(우)	_	翼(익)
4급		3급Ⅱ	6급		5급Ⅱ	3급Ⅱ		3급Ⅱ

宇(우) 3급II	_	宙(주) 3급II	育(육) 7급	_	養(양) 5급II
憂(우) 3급II	_	患(환) 5급	陸(육) 5급II	_	地(지) 7급
運(운) 6급II	_	動(동) 7급II	肉(육) 4급II	_	體(체) 6급II
援(원) 4급	_	救(구) 5급	潤(윤) 3급II	_	濕(습) 3급II
願(원) 5급	_	望(망) 5급	潤(윤) 3급II	_	澤(택) 3급II
院(원) 5급	_	宇(우) 3급II	律(율) 4급II	_	法(법) 5급II
怨(원) 4급	_	恨(한) 4급	隆(융) 3급II	_	盛(성) 4급II
偉(위) 5급II	_	大(대) 8급	隆(융) 3급II	_	昌(창) 3급II
委(위) 4급	_	任(임) 5급II	隆(융) 3급II	_	興(흥) 4급II
危(위) 4급	_	殆(태) 3급II	隱(은) 4급	_	祕(비) 4급
悠(유) 3급II	_	久(구) 3급II	恩(은) 4급II	_	惠(혜) 4급II
流(유) 5급II	_	浪(랑) 3급II	音(음) 6급II	_	聲(성) 4급II
儒(유) 4급	_	士(사) 5급II	音(음) 6급II	_	韻(운) 3급II
幼(유) 3급II	_	少(소) 7급	依(의) 4급	_	據(거) 4급
遺(유) 4급	_	失(실) 6급	議(의) 4급II	_	論(논) 4급II
裕(유) 3급II	_	足(족) 7급II	衣(의) 6급	_	服(복) 6급
留(유) 4급II	_	住(주) 7급	意(의) 6급II	_	思(사) 5급
幼(유) 3급II	_	稚(치) 3급II	意(의) 6급II	_	義(의) 4급II
遊(유) 4급	_	戲(희) 3급II	意(의) 6급II	_	志(지) 4급II
肉(육) 4급II	_	身(신) 6급II	意(의) 6급II	_	趣(취) 4급

離(이) 4급	_	別(별) 6급
移(이) 4급II	_	運(운) 6급II
利(이) 6급II	_	益(익) 4급II
移(이) 4급II	_	轉(전) 4급
忍(인) 3급II	_	耐(내) 3급II
引(인) 4급II	_	導(도) 4급II
認(인) 4급II	_	識(식) 5급II
因(인) 5급	_	緣(연) 4급
仁(인) 4급	_	慈(자) 3급II
認(인) 4급II	_	知(지) 5급II
一(일) 8급	_	同(동) 7급
賃(임) 3급II	_	貸(대) 3급II
入(입) 7급	_	納(납) 4급
自(자) 7급II	_	己(기) 5급II
姿(자) 4급	_	貌(모) 3급II
慈(자) 3급II	_	愛(애) 6급
慈(자) 3급II	_	仁(인) 4급
資(자) 4급	_	財(재) 5급II
資(자) 4급	_	質(질) 5급II
刺(자) 3급II	_	衝(충) 3급II

資(자) 4급	_	貨(화) 4급II		貯(저) 5급	_	蓄(축) 4급II		絶(절) 4급II	_	斷(단) 4급II
殘(잔) 4급	_	餘(여) 4급II		抵(저) 3급II	_	抗(항) 4급		接(접) 4급II	_	續(속) 4급II
掌(장) 3급II	_	管(관) 4급		賊(적) 4급	_	盜(도) 4급		淨(정) 3급II	_	潔(결) 4급II
長(장) 8급	_	久(구) 3급II		積(적) 4급	_	累(루) 3급II		停(정) 5급	_	留(류) 4급II
獎(장) 4급	_	勸(권) 4급		積(적) 4급	_	貯(저) 5급		正(정) 7급II	_	方(방) 7급II
獎(장) 4급	_	勵(려) 3급II		寂(적) 3급II	_	靜(정) 4급		征(정) 3급II	_	伐(벌) 4급II
帳(장) 4급	_	幕(막) 3급II		積(적) 4급	_	蓄(축) 4급II		情(정) 5급II	_	意(의) 6급II
丈(장) 3급II	_	夫(부) 7급		典(전) 5급II	_	例(례) 6급		靜(정) 4급	_	寂(적) 3급II
將(장) 4급II	_	帥(수) 3급II		典(전) 5급II	_	範(범) 4급		整(정) 4급	_	齊(제) 3급II
裝(장) 4급	_	飾(식) 3급II		典(전) 5급II	_	法(법) 5급II		停(정) 5급	_	住(주) 7급
才(재) 6급II	_	術(술) 6급II		典(전) 5급II	_	式(식) 6급		停(정) 5급	_	止(지) 5급
栽(재) 3급II	_	植(식) 7급		全(전) 7급II	_	完(완) 5급		正(정) 7급II	_	直(직) 7급II
才(재) 6급II	_	藝(예) 4급II		典(전) 5급II	_	律(율) 4급II		貞(정) 3급II	_	直(직) 7급II
災(재) 5급	_	禍(화) 3급II		轉(전) 4급	_	移(이) 4급II		除(제) 4급II	_	減(감) 4급II
財(재) 5급II	_	貨(화) 4급II		戰(전) 6급II	_	爭(쟁) 5급		題(제) 6급II	_	目(목) 6급
爭(쟁) 5급	_	競(경) 5급		典(전) 5급II	_	籍(적) 4급		祭(제) 4급II	_	祀(사) 3급II
爭(쟁) 5급	_	鬪(투) 4급		戰(전) 6급II	_	鬪(투) 4급		帝(제) 4급	_	王(왕) 8급
著(저) 3급II	_	述(술) 3급II		轉(전) 4급	_	回(회) 4급II		製(제) 4급II	_	作(작) 6급II
著(저) 3급II	_	作(작) 6급II		節(절) 5급II	_	季(계) 4급		齊(제) 3급II	_	整(정) 4급
貯(저) 5급	_	積(적) 4급		切(절) 5급II	_	斷(단) 4급II		製(제) 4급II	_	造(조) 4급II

第(제) 6급II	次(차) 4급II	罪(죄) 5급	過(과) 5급II	質(질) 5급II	朴(박) 6급
第(제) 6급II	宅(택) 5급II	住(주) 7급	居(거) 4급	疾(질) 3급II	病(병) 6급
調(조) 5급II	均(균) 4급	主(주) 7급	君(군) 4급	秩(질) 3급II	序(서) 5급
租(조) 3급II	賦(부) 3급II	州(주) 5급II	郡(군) 6급	質(질) 5급II	素(소) 4급II
租(조) 3급II	稅(세) 4급II	珠(주) 3급II	玉(옥) 4급II	質(질) 5급II	正(정) 7급II
早(조) 4급II	速(속) 6급	周(주) 4급	圍(위) 4급	疾(질) 3급II	患(환) 5급
照(조) 3급II	映(영) 4급	朱(주) 4급	紅(홍) 4급	集(집) 6급II	團(단) 5급II
造(조) 4급II	作(작) 6급II	重(중) 7급	複(복) 4급	集(집) 6급II	會(회) 6급II
組(조) 4급	織(직) 4급	中(중) 8급	央(앙) 3급II	徵(징) 3급II	聘(빙) 3급
調(조) 5급II	和(화) 6급II	增(증) 4급II	加(가) 5급	徵(징) 3급II	收(수) 4급II
尊(존) 4급II	高(고) 6급II	憎(증) 3급II	惡(오) 5급II	差(차) 4급	別(별) 6급
尊(존) 4급II	貴(귀) 5급	知(지) 5급II	識(식) 5급II	差(차) 4급	異(이) 4급
尊(존) 4급II	崇(숭) 4급	志(지) 4급II	意(의) 6급II	次(차) 4급II	第(제) 6급II
存(존) 4급	在(재) 6급	智(지) 4급	慧(혜) 3급II	錯(착) 3급II	誤(오) 4급II
卒(졸) 5급II	兵(병) 5급II	珍(진) 4급	寶(보) 4급II	讚(찬) 4급	譽(예) 3급II
終(종) 5급	結(결) 5급II	辰(진) 3급II	宿(수) 5급II	贊(찬) 3급II	助(조) 4급II
終(종) 5급	端(단) 4급II	眞(진) 4급II	實(실) 5급II	察(찰) 4급II	見(견) 5급II
終(종) 5급	末(말) 5급	陳(진) 3급II	列(열) 4급II	察(찰) 4급II	觀(관) 5급II
終(종) 5급	止(지) 5급	進(진) 4급II	出(출) 7급	參(참) 5급II	與(여) 4급
座(좌) 4급	席(석) 6급	進(진) 4급II	就(취) 4급	唱(창) 5급	歌(가) 7급

倉(창) 3급II	庫(고) 4급	靑(청) 8급	蒼(창) 3급II	衝(충) 3급II	突(돌) 3급II
創(창) 4급II	始(시) 6급II	滯(체) 3급II	塞(색) 3급II	充(충) 5급II	滿(만) 4급II
創(창) 4급II	作(작) 6급II	體(체) 6급II	身(신) 6급II	趣(취) 4급	意(의) 6급II
創(창) 4급II	初(초) 5급	超(초) 3급II	過(과) 5급II	測(측) 4급II	度(탁) 6급
彩(채) 3급II	紋(문) 3급II	超(초) 3급II	越(월) 3급II	層(층) 4급	階(계) 4급
彩(채) 3급II	色(색) 7급	初(초) 5급	創(창) 4급II	治(치) 4급II	理(리) 6급II
採(채) 4급	擇(택) 4급	促(촉) 3급II	急(급) 6급II	稚(치) 3급II	幼(유) 3급II
策(책) 3급II	謀(모) 3급II	促(촉) 3급II	迫(박) 3급II	沈(침) 3급II	沒(몰) 3급II
冊(책) 4급	書(서) 6급II	村(촌) 7급	落(락) 5급	沈(침) 3급II	默(묵) 3급II
責(책) 5급II	任(임) 5급II	村(촌) 7급	里(리) 7급	侵(침) 4급II	犯(범) 4급
踐(천) 3급II	踏(답) 3급II	寸(촌) 8급	節(절) 5급II	沈(침) 3급II	潛(잠) 3급II
淺(천) 3급II	薄(박) 3급II	催(최) 3급II	促(촉) 3급II	浸(침) 3급II	透(투) 3급II
天(천) 7급	覆(부) 3급II	追(추) 3급II	隨(수) 3급II	打(타) 5급	擊(격) 4급
鐵(철) 5급	鋼(강) 3급II	追(추) 3급II	從(종) 4급	度(탁) 6급	量(량) 5급
淸(청) 6급II	潔(결) 4급II	祝(축) 5급	慶(경) 4급II	卓(탁) 5급	越(월) 3급II
靑(청) 8급	綠(록) 6급	築(축) 4급II	構(구) 4급	探(탐) 4급	求(구) 4급II
聽(청) 4급	聞(문) 6급II	畜(축) 3급II	牛(우) 5급	探(탐) 4급	訪(방) 4급II
靑(청) 8급	碧(벽) 3급II	蓄(축) 4급II	積(적) 4급	探(탐) 4급	索(색) 3급II
淸(청) 6급II	淑(숙) 3급II	出(출) 7급	生(생) 8급	態(태) 4급II	樣(양) 4급
淸(청) 6급II	淨(정) 3급II	衝(충) 3급II	激(격) 4급	泰(태) 3급II	平(평) 7급II

유의자

宅(택) 5급II	舍(사) 4급II	特(특) 6급	異(이) 4급	豊(풍) 4급II	足(족) 7급II
討(토) 4급	伐(벌) 4급II	波(파) 4급II	浪(랑) 3급II	豊(풍) 4급II	厚(후) 4급
土(토) 8급	壤(양) 3급II	判(판) 4급	決(결) 5급II	疲(피) 4급	困(곤) 4급
土(토) 8급	地(지) 7급	敗(패) 5급	亡(망) 5급	疲(피) 4급	勞(로) 5급II
通(통) 6급	貫(관) 3급II	敗(패) 5급	北(배) 8급	皮(피) 3급II	革(혁) 4급
洞(통) 7급	達(달) 4급II	便(편) 7급	安(안) 7급II	下(하) 7급II	降(강) 4급
通(통) 6급	達(달) 4급II	平(평) 7급II	均(균) 4급	賀(하) 3급II	慶(경) 4급II
統(통) 4급II	領(령) 5급	平(평) 7급II	等(등) 6급II	河(하) 5급	川(천) 7급
統(통) 4급II	率(솔) 3급II	平(평) 7급II	安(안) 7급II	學(학) 8급	習(습) 6급
統(통) 4급II	帥(수) 3급II	平(평) 7급II	和(화) 6급II	寒(한) 5급	冷(랭) 5급
通(통) 6급	徹(철) 3급II	廢(폐) 3급II	亡(망) 5급	恨(한) 4급	歎(탄) 4급
洞(통) 7급	通(통) 6급	弊(폐) 3급II	害(해) 5급II	陷(함) 3급II	沒(몰) 3급II
通(통) 6급	透(투) 3급II	包(포) 4급II	容(용) 4급II	抗(항) 4급	拒(거) 4급
統(통) 4급II	合(합) 6급	包(포) 4급II	圍(위) 4급	航(항) 4급II	船(선) 5급
鬪(투) 4급	爭(쟁) 5급	包(포) 4급II	含(함) 3급II	害(해) 5급II	毒(독) 4급II
鬪(투) 4급	戰(전) 6급II	捕(포) 3급II	獲(획) 3급II	解(해) 4급II	放(방) 6급II
透(투) 3급II	徹(철) 3급II	暴(폭) 4급II	露(로) 3급II	解(해) 4급II	散(산) 4급
透(투) 3급II	浸(침) 3급II	表(표) 6급II	皮(피) 3급II	解(해) 4급II	釋(석) 3급II
透(투) 3급II	通(통) 6급	品(품) 5급II	件(건) 5급	解(해) 4급II	消(소) 6급II
特(특) 6급	殊(수) 3급II	品(품) 5급II	物(물) 7급II	害(해) 5급II	損(손) 4급

海(해) 7급II	_	洋(양) 6급	形(형) 6급II	_	象(상) 4급	還(환) 3급II	_	歸(귀) 4급
行(행) 6급	_	動(동) 7급II	形(형) 6급II	_	式(식) 6급	歡(환) 4급	_	悅(열) 3급II
行(행) 6급	_	爲(위) 4급II	形(형) 6급II	_	容(용) 4급II	患(환) 5급	_	憂(우) 3급II
鄕(향) 4급II	_	村(촌) 7급	形(형) 6급II	_	態(태) 4급II	歡(환) 4급	_	喜(희) 4급
許(허) 5급	_	可(가) 5급	惠(혜) 4급II	_	恩(은) 4급II	皇(황) 3급II	_	王(왕) 8급
虛(허) 4급II	_	空(공) 7급II	慧(혜) 3급II	_	智(지) 4급	皇(황) 3급II	_	帝(제) 4급
許(허) 5급	_	諾(락) 3급II	惠(혜) 4급II	_	澤(택) 3급II	荒(황) 3급II	_	廢(폐) 3급II
虛(허) 4급II	_	無(무) 5급	混(혼) 4급	_	亂(란) 4급	回(회) 4급II	_	歸(귀) 4급
虛(허) 4급II	_	僞(위) 3급II	魂(혼) 3급II	_	靈(령) 3급II	會(회) 6급II	_	社(사) 6급II
獻(헌) 3급II	_	納(납) 4급	混(혼) 4급	_	雜(잡) 4급	回(회) 4급II	_	旋(선) 3급II
憲(헌) 4급	_	法(법) 5급II	畫(화) 6급	_	圖(도) 6급II	回(회) 4급II	_	轉(전) 4급
賢(현) 4급II	_	良(량) 5급II	和(화) 6급II	_	睦(목) 3급II	會(회) 6급II	_	集(집) 6급II
玄(현) 3급II	_	妙(묘) 4급	化(화) 5급II	_	變(변) 5급II	悔(회) 3급II	_	恨(한) 4급
顯(현) 4급	_	著(저) 3급II	話(화) 7급II	_	說(설) 5급II	獲(획) 3급II	_	得(득) 4급II
顯(현) 4급	_	現(현) 6급II	話(화) 7급II	_	言(언) 6급	訓(훈) 6급	_	敎(교) 8급
脅(협) 3급II	_	迫(박) 3급II	禍(화) 3급II	_	災(재) 5급	訓(훈) 6급	_	導(도) 4급II
協(협) 4급II	_	和(화) 6급II	貨(화) 4급II	_	財(재) 5급II	休(휴) 7급	_	息(식) 4급II
形(형) 6급II	_	貌(모) 3급II	和(화) 6급II	_	平(평) 7급II	凶(흉) 5급II	_	猛(맹) 3급II
刑(형) 4급	_	罰(벌) 4급II	和(화) 6급II	_	協(협) 4급II	凶(흉) 5급II	_	惡(악) 5급II
形(형) 6급II	_	像(상) 3급II	確(확) 4급II	_	固(고) 5급	凶(흉) 5급II	_	暴(포) 4급II

吸(흡)	_	飮(음)	喜(희)	_	樂(락)	希(희)	_	願(원)
4급Ⅱ		6급Ⅱ	4급		6급Ⅱ	4급Ⅱ		5급
興(흥)	_	起(기)	希(희)	_	望(망)	戲(희)	_	遊(유)
4급Ⅱ		4급Ⅱ	4급Ⅱ		5급Ⅱ	3급Ⅱ		4급
興(흥)	_	隆(륭)	稀(희)	_	少(소)			
4급Ⅱ		3급Ⅱ	3급Ⅱ		7급			
稀(희)	_	貴(귀)	喜(희)	_	悅(열)			
3급Ⅱ		5급	4급		3급Ⅱ			

유의어(類義語) - 뜻이 비슷한 한자어(漢字語)

架空(가공)	虛構(허구)	鼓吹(고취)	鼓舞(고무)	奇計(기계)	妙策(묘책)
3급II 7급II	4급II 4급	3급II 3급II	3급II 4급	4급 6급II	4급 3급II
佳約(가약)	婚約(혼약)	古賢(고현)	先哲(선철)	器量(기량)	才能(재능)
3급II 5급II	4급 5급II	6급 4급II	8급 3급II	4급II 5급	6급II 5급II
簡拔(간발)	選拔(선발)	古稀(고희)	從心(종심)	氣品(기품)	風格(풍격)
4급 3급II	5급 3급II	6급 3급II	4급 7급	7급II 5급II	6급II 5급II
簡冊(간책)	竹簡(죽간)	曲解(곡해)	誤解(오해)	浪費(낭비)	徒消(도소)
4급 4급	4급II 4급	5급 4급II	4급II 4급II	3급II 5급	4급 6급II
講士(강사)	演士(연사)	功業(공업)	功烈(공렬)	勞作(노작)	力作(역작)
4급II 5급II	4급II 5급II	6급II 6급II	6급II 4급	5급II 6급II	7급II 6급II
強風(강풍)	猛風(맹풍)	貢獻(공헌)	寄與(기여)	短命(단명)	薄命(박명)
6급 6급II	3급II 6급II	3급II 3급II	4급 4급	6급II 7급	3급II 7급
開拓(개척)	開荒(개황)	過激(과격)	急進(급진)	丹粧(단장)	化粧(화장)
6급 3급II	6급 3급II	5급II 4급	6급II 4급II	3급II 3급II	5급II 3급II
巨商(거상)	豪商(호상)	管見(관견)	短見(단견)	當到(당도)	到達(도달)
4급 5급II	3급II 5급II	4급 5급II	6급II 5급II	5급II 5급II	5급II 4급II
激勵(격려)	鼓舞(고무)	廣才(광재)	逸才(일재)	大寶(대보)	至寶(지보)
4급 3급II	3급II 4급	5급II 6급II	3급II 6급II	8급 4급II	4급II 4급II
決心(결심)	覺悟(각오)	久疾(구질)	宿病(숙병)	待遇(대우)	處遇(처우)
5급II 7급	4급 3급II	3급II 3급II	5급II 6급	6급 4급	4급II 4급
敬老(경로)	尙齒(상치)	求婚(구혼)	請婚(청혼)	大河(대하)	長江(장강)
5급II 7급	3급II 4급II	4급II 4급	4급II 4급	8급 5급	8급 7급II
敬仰(경앙)	仰慕(앙모)	窮民(궁민)	難民(난민)	同甲(동갑)	同齒(동치)
5급II 3급II	3급II 3급II	4급 8급	4급II 8급	7급 4급	7급 4급II
傾向(경향)	動向(동향)	貴家(귀가)	尊宅(존택)	同意(동의)	贊成(찬성)
4급 6급	7급II 6급	5급 7급II	4급II 5급II	7급 6급II	3급II 6급II
計略(계략)	方略(방략)	歸宅(귀택)	還家(환가)	頭緖(두서)	條理(조리)
6급II 4급	7급II 4급	4급 5급II	3급II 7급II	6급 3급II	4급 6급II
高見(고견)	尊意(존의)	極力(극력)	盡力(진력)	登極(등극)	卽位(즉위)
6급II 5급II	4급II 6급II	4급II 7급II	4급 7급II	7급 4급II	3급II 5급
考量(고량)	思料(사료)	根幹(근간)	基礎(기초)	晩年(만년)	老年(노년)
5급 5급	5급 5급	6급 3급II	5급II 3급II	3급II 8급	7급 8급
固守(고수)	墨守(묵수)	給料(급료)	給與(급여)	望鄕(망향)	懷鄕(회향)
5급 4급II	3급II 4급II	5급 5급	5급 4급	5급II 4급II	3급II 4급II
故友(고우)	故舊(고구)	急所(급소)	要點(요점)	面相(면상)	容貌(용모)
4급II 5급II	4급II 5급II	6급II 7급	5급II 4급	7급 5급II	4급II 3급II

名勝(명승) 7급II 6급	景勝(경승) 5급 6급	祕本(비본) 4급 6급	珍書(진서) 4급 6급II	修飾(수식) 4급II 3급II	治粧(치장) 4급II 3급II
謀略(모략) 3급II 4급	方略(방략) 7급II 4급	比翼(비익) 5급 3급II	連理(연리) 4급II 6급II	熟歲(숙세) 3급II 5급II	豊年(풍년) 4급II 8급
目讀(목독) 6급 6급II	默讀(묵독) 3급II 6급II	射技(사기) 4급 5급	弓術(궁술) 3급II 6급II	承諾(승낙) 4급II 3급II	許諾(허락) 5급 3급II
沒頭(몰두) 3급II 6급	專心(전심) 4급 7급	事前(사전) 7급II 7급II	未然(미연) 4급II 7급	昇進(승진) 3급II 4급II	榮轉(영전) 4급II 4급
武術(무술) 4급II 6급II	武藝(무예) 4급II 4급II	私通(사통) 4급 6급	通情(통정) 6급 5급II	視野(시야) 4급II 6급	眼界(안계) 4급II 6급II
默諾(묵낙) 3급II 3급II	默認(묵인) 3급II 4급II	山林(산림) 8급 7급	隱士(은사) 4급 5급II	始祖(시조) 6급II 7급	鼻祖(비조) 5급 7급
問候(문후) 7급 4급	問安(문안) 7급 7급II	散策(산책) 4급 3급II	散步(산보) 4급 4급II	食言(식언) 7급II 6급	負約(부약) 4급 5급II
未久(미구) 4급II 3급II	不遠(불원) 7급II 6급	賞美(상미) 5급 6급	稱讚(칭찬) 4급 4급	神算(신산) 6급II 7급	神策(신책) 6급II 3급II
美酒(미주) 6급 4급	佳酒(가주) 3급II 4급	狀況(상황) 4급II 4급	情勢(정세) 5급II 4급II	心友(심우) 7급 5급II	知音(지음) 5급II 6급II
密通(밀통) 4급II 6급	暗通(암통) 4급II 6급	仙境(선경) 5급II 4급II	桃源(도원) 3급 4급	我軍(아군) 3급II 8급	友軍(우군) 5급II 8급
薄情(박정) 3급II 5급II	冷淡(냉담) 5급 3급II	先納(선납) 8급 4급	豫納(예납) 4급 4급	壓迫(압박) 4급II 3급II	威壓(위압) 4급 4급II
反逆(반역) 6급II 4급II	謀反(모반) 3급II 6급II	善治(선치) 5급 4급II	善政(선정) 5급 4급II	哀歡(애환) 3급II 4급	喜悲(희비) 4급 4급II
發端(발단) 6급II 4급II	始作(시작) 6급II 6급II	說破(설파) 5급II 4급II	論破(논파) 4급II 4급II	野合(야합) 6급 6급	私通(사통) 4급 6급
發送(발송) 6급II 4급II	郵送(우송) 4급 4급II	成就(성취) 6급II 4급	達成(달성) 4급II 6급II	約婚(약혼) 5급II 4급	佳約(가약) 3급II 5급II
方法(방법) 7급II 5급II	手段(수단) 7급II 4급	所望(소망) 7급 5급II	念願(염원) 5급II 5급	御聲(어성) 3급II 4급II	德音(덕음) 5급II 6급II
凡夫(범부) 3급II 7급	俗人(속인) 4급II 8급	所願(소원) 7급 5급	希望(희망) 4급II 5급II	業績(업적) 6급II 4급	功績(공적) 6급II 4급
變遷(변천) 5급II 3급II	沿革(연혁) 3급II 4급	素行(소행) 4급II 6급	品行(품행) 5급II 6급	旅館(여관) 5급II 3급II	客舍(객사) 5급II 4급II
本末(본말) 6급 5급	首尾(수미) 5급II 3급II	俗論(속론) 4급II 4급II	流議(유의) 5급II 4급II	逆轉(역전) 4급II 4급	反轉(반전) 6급II 4급
部門(부문) 6급II 8급	分野(분야) 6급II 6급	刷新(쇄신) 3급II 6급II	革新(혁신) 4급 6급II	戀歌(연가) 3급II 7급	情歌(정가) 5급II 7급
負約(부약) 4급 5급II	僞言(위언) 3급II 6급	首尾(수미) 5급II 3급II	始終(시종) 6급II 5급	然否(연부) 7급 4급	與否(여부) 4급 4급

永眠(영면) 6급 3급II	他界(타계) 5급 6급II	壯志(장지) 4급 4급II	雄志(웅지) 5급 4급II	尺土(척토) 3급II 8급	寸土(촌토) 8급 8급
領域(영역) 5급 4급	分野(분야) 6급II 6급	在廷(재정) 6급 3급II	在朝(재조) 6급 6급	天地(천지) 7급 7급	覆載(부재) 3급II 3급II
領土(영토) 5급 8급	版圖(판도) 3급II 6급II	著姓(저성) 3급II 7급	名族(명족) 7급II 6급	滯拂(체불) 3급II 3급II	滯納(체납) 3급II 4급
優待(우대) 4급 6급	厚待(후대) 4급 6급	摘出(적출) 3급II 7급	摘發(적발) 3급II 6급II	招請(초청) 4급 4급II	招待(초대) 4급 6급
運送(운송) 6급II 4급II	通運(통운) 6급 6급II	轉居(전거) 4급 4급	移轉(이전) 4급II 4급	出荷(출하) 7급 3급II	積出(적출) 4급 7급
原因(원인) 5급 5급	理由(이유) 6급II 6급	專決(전결) 4급 5급II	獨斷(독단) 5급II 4급II	治粧(치장) 4급II 3급II	裝飾(장식) 4급 3급II
威儀(위의) 4급 4급	儀觀(의관) 4급 5급II	轉變(전변) 4급 5급II	變化(변화) 5급II 5급II	寢床(침상) 4급 4급II	寢臺(침대) 4급 3급II
留級(유급) 4급II 6급	落第(낙제) 5급 6급II	漸漸(점점) 3급II 3급II	次次(차차) 4급II 4급II	脫獄(탈옥) 4급 3급II	破獄(파옥) 4급II 3급II
維新(유신) 3급II 6급II	革新(혁신) 4급 6급II	精讀(정독) 4급 6급II	熟讀(숙독) 3급II 6급II	吐說(토설) 3급II 5급II	實吐(실토) 5급II 3급II
幼稚(유치) 3급II 3급II	未熟(미숙) 4급II 3급II	情勢(정세) 5급II 4급II	狀況(상황) 4급II 4급	痛感(통감) 4급 6급	切感(절감) 5급II 6급
倫理(윤리) 3급II 6급II	道德(도덕) 7급II 5급II	情趣(정취) 5급II 4급	風情(풍정) 6급II 5급II	統率(통솔) 4급II 3급II	統領(통령) 4급II 5급
潤文(윤문) 3급II 7급	改稿(개고) 5급 3급II	操心(조심) 5급 7급	注意(주의) 6급II 6급II	特酒(특주) 6급 4급	名酒(명주) 7급II 4급
潤澤(윤택) 3급II 3급II	豊富(풍부) 4급II 4급II	尊稱(존칭) 4급II 4급	敬稱(경칭) 5급II 4급	破産(파산) 4급II 5급II	倒産(도산) 3급II 5급II
應辯(응변) 4급II 4급	隨機(수기) 3급II 4급	從心(종심) 4급 7급	稀壽(희수) 3급II 3급II	評論(평론) 4급 4급II	批評(비평) 4급 4급
利潤(이윤) 6급II 3급II	利文(이문) 6급II 7급	仲介(중개) 3급II 3급II	居間(거간) 4급 7급II	風燈(풍등) 6급II 4급II	累卵(누란) 3급II 4급
移葬(이장) 4급II 3급II	遷墓(천묘) 3급II 4급	進步(진보) 4급II 4급II	向上(향상) 6급 7급II	下技(하기) 7급II 5급	末藝(말예) 5급 4급II
認可(인가) 4급II 5급	許可(허가) 5급 5급	進退(진퇴) 4급II 4급II	去就(거취) 5급 4급	閑居(한거) 4급 4급	燕息(연식) 3급II 4급II
逸才(일재) 3급II 6급II	秀才(수재) 4급 6급II	贊反(찬반) 3급II 6급II	可否(가부) 5급 4급	抗爭(항쟁) 4급 5급	抗戰(항전) 4급 6급II
入寂(입적) 7급 3급II	歸元(귀원) 4급 5급II	贊助(찬조) 3급II 4급II	協贊(협찬) 4급II 3급II	海外(해외) 7급II 8급	異域(이역) 4급 4급
殘命(잔명) 4급 7급	餘壽(여수) 4급II 3급II	蒼空(창공) 3급II 7급II	碧空(벽공) 3급II 7급II	獻供(헌공) 3급II 3급II	獻納(헌납) 3급II 4급

顯職(현직)	_	達官(달관)	皇恩(황은)	_	皇澤(황택)	訓戒(훈계)	_	勸戒(권계)
4급 4급		4급II 4급II	3급II 4급II		3급II 3급II	6급 4급		4급 4급
脅迫(협박)	_	威脅(위협)	會得(회득)	_	理解(이해)	凶報(흉보)	_	哀啓(애계)
3급II 3급II		4급 3급II	6급II 4급II		6급II 4급II	5급II 4급II		3급II 3급II
護國(호국)	_	衛國(위국)	回覽(회람)	_	轉照(전조)	興亡(흥망)	_	盛衰(성쇠)
4급II 8급		4급II 8급	4급II 4급		4급 3급II	4급II 5급		4급II 3급II
忽變(홀변)	_	突變(돌변)	劃一(획일)	_	一律(일률)	喜樂(희락)	_	喜悅(희열)
3급II 5급II		3급II 5급II	3급II 8급		8급 4급II	4급 6급II		4급 3급II

懇親會(간친회)	_	親睦會(친목회)	都大體(도대체)	_	大關節(대관절)
3급II 6급 6급II		6급 3급II 6급II	5급 8급 6급II		8급 5급II 5급II
改良種(개량종)	_	育成種(육성종)	桃源境(도원경)	_	理想鄕(이상향)
5급 5급II 5급II		7급 6급II 5급II	3급II 4급 4급II		6급II 4급II 4급II
開催者(개최자)	_	主催者(주최자)	毒舌家(독설가)	_	險口家(험구가)
6급 3급II 6급		7급 3급II 6급	4급II 4급 7급II		4급 7급 7급II
巨細事(거세사)	_	大小事(대소사)	模造紙(모조지)	_	白上紙(백상지)
4급 4급II 7급II		8급 8급 7급II	4급 4급II 7급		8급 7급II 7급
儉約家(검약가)	_	節約家(절약가)	貿易國(무역국)	_	通商國(통상국)
4급 5급II 7급II		5급II 5급II 7급II	3급II 4급 8급		6급 5급II 8급
景勝地(경승지)	_	名勝地(명승지)	未曾有(미증유)	_	破天荒(파천황)
5급 6급 7급		7급II 6급 7급	4급II 3급II 7급		4급II 7급 3급II
經驗談(경험담)	_	體驗談(체험담)	放浪者(방랑자)	_	流浪者(유랑자)
4급II 4급II 5급		6급II 4급II 5급	6급II 3급II 6급		5급II 3급II 6급
孤兒院(고아원)	_	保育院(보육원)	訪問記(방문기)	_	探訪記(탐방기)
4급 5급II 5급		4급II 7급 5급	4급II 7급 7급II		4급 4급II 7급II
高潮線(고조선)	_	滿潮線(만조선)	本土種(본토종)	_	在來種(재래종)
6급II 4급 6급II		4급II 4급 6급II	6급 8급 5급II		6급 7급 5급II
空想家(공상가)	_	夢想家(몽상가)	浮浪者(부랑자)	_	無賴漢(무뢰한)
7급II 4급 7급II		3급II 4급II 7급II	3급II 3급II 6급		5급 3급II 7급II
共通點(공통점)	_	同一點(동일점)	不老草(불로초)	_	不死藥(불사약)
6급II 6급 4급		7급 8급 4급	7급II 7급 7급		7급II 6급 6급II
敎鍊場(교련장)	_	訓鍊場(훈련장)	比翼鳥(비익조)	_	連理枝(연리지)
8급 3급II 7급II		6급 3급II 7급II	5급 3급II 4급II		4급II 6급II 3급II
交通業(교통업)	_	運輸業(운수업)	私有地(사유지)	_	民有地(민유지)
6급 6급 6급II		6급II 3급II 6급II	4급 7급 7급		8급 7급 7급
極上品(극상품)	_	最上品(최상품)	相思病(상사병)	_	花風病(화풍병)
4급II 7급II 5급II		5급 7급II 5급II	5급 5급 6급		7급 6급II 6급
金蘭契(금란계)	_	魚水親(어수친)	喪布契(상포계)	_	爲親契(위친계)
8급 3급II 3급II		5급 8급 6급	3급II 4급II 3급II		4급II 6급 3급II
騎馬術(기마술)	_	乘馬術(승마술)	設計圖(설계도)	_	靑寫眞(청사진)
3급II 5급 6급II		3급II 5급 6급II	4급II 6급II 6급II		8급 5급 4급

73

所有物(소유물) 7급 7급 7급II	_	掌中物(장중물) 3급II 8급 7급II	各樣各色(각양각색) 6급II 4급 6급II 7급	_	形形色色(형형색색) 6급II 6급II 7급 7급

所有物(소유물) 7급 7급 7급II _ 掌中物(장중물) 3급II 8급 7급II
各樣各色(각양각색) 6급II 4급 6급II 7급 _ 形形色色(형형색색) 6급II 6급II 7급 7급

瞬息間(순식간) 3급II 4급II 7급II _ 轉瞬間(전순간) 4급 3급II 7급II
干城之材(간성지재) 4급 4급II 3급II 5급II _ 命世之才(명세지재) 7급 7급II 3급II 6급II

新年辭(신년사) 6급II 8급 4급 _ 年頭辭(연두사) 8급 6급 4급
甲男乙女(갑남을녀) 4급 7급II 3급II 8급 _ 張三李四(장삼이사) 4급 8급 6급 8급

愛酒家(애주가) 6급 4급 7급II _ 好酒家(호주가) 4급II 4급 7급II
擊壤之歌(격양지가) 4급 3급II 3급II 7급 _ 鼓腹擊壤(고복격양) 3급II 3급II 4급 3급II

魚水親(어수친) 5급 8급 6급 _ 知音人(지음인) 5급 6급II 8급
見利思義(견리사의) 5급II 6급II 5급 4급II _ 見危受命(견위수명) 5급II 4급 4급II 7급

力不足(역부족) 7급II 7급II 7급II _ 力不及(역불급) 7급II 7급II 3급II
犬兎之爭(견토지쟁) 4급 3급II 3급II 5급 _ 漁夫之利(어부지리) 5급 7급 3급II 6급II

永久性(영구성) 6급 3급II 5급II _ 恒久性(항구성) 3급II 3급II 5급II
傾國之色(경국지색) 4급 8급 3급II 7급 _ 月態花容(월태화용) 8급 4급II 7급 4급II

宇宙船(우주선) 3급II 3급II 5급 _ 衛星船(위성선) 4급II 4급II 5급
高閣大樓(고각대루) 6급II 3급II 8급 3급II _ 高臺廣室(고대광실) 6급II 3급II 5급II 8급

月旦評(월단평) 8급 3급II 4급 _ 月朝評(월조평) 8급 6급 4급
高山流水(고산유수) 6급II 8급 5급II 8급 _ 淡水之交(담수지교) 3급II 8급 3급II 6급

雜所得(잡소득) 4급 7급 4급II _ 雜收入(잡수입) 4급 4급II 7급
姑息之計(고식지계) 3급II 4급II 3급II 6급II _ 臨時方便(임시방편) 3급II 7급II 7급II 7급

再構成(재구성) 5급 4급 6급II _ 再編成(재편성) 5급 3급II 6급II
骨肉之親(골육지친) 4급 4급II 3급II 6급 _ 血肉之親(혈육지친) 4급II 4급II 3급II 6급

精米所(정미소) 4급II 6급 7급 _ 製粉所(제분소) 4급II 4급 7급
近墨者黑(근묵자흑) 6급 3급II 6급 5급 _ 近朱者赤(근주자적) 6급 4급 6급 5급

周遊家(주유가) 4급 4급 7급II _ 旅行家(여행가) 5급II 6급 7급II
金蘭之契(금란지계) 8급 3급II 3급II 3급II _ 水魚之交(수어지교) 8급 5급 3급II 6급

地方色(지방색) 7급 7급II 7급 _ 鄕土色(향토색) 4급II 8급 7급
金城湯池(금성탕지) 8급 4급II 3급II 3급II _ 難攻不落(난공불락) 4급II 4급 7급II 5급

推定量(추정량) 4급 6급 5급 _ 想定量(상정량) 4급II 6급 5급
難伯難仲(난백난중) 4급II 3급II 4급II 3급II _ 難兄難弟(난형난제) 4급II 8급 4급II 8급

通俗物(통속물) 6급 4급 7급II _ 大衆物(대중물) 8급 4급II 7급II
累卵之危(누란지위) 3급II 4급 3급II 4급 _ 風前燈火(풍전등화) 6급II 7급II 4급II 8급

合法性(합법성) 6급 5급II 5급II _ 適法性(적법성) 4급 5급II 5급II
淡水之交(담수지교) 3급II 8급 3급II 6급 _ 莫逆之友(막역지우) 3급II 4급II 3급II 5급II

鄕愁病(향수병) 4급II 3급II 6급 _ 懷鄕病(회향병) 3급II 4급II 6급
道不拾遺(도불습유) 7급II 7급II 3급II 4급 _ 太平聖代(태평성대) 6급 7급II 4급II 6급II

紅一點(홍일점) 4급 8급 4급 _ 一點紅(일점홍) 8급 4급 4급
莫上莫下(막상막하) 3급II 7급II 3급II 7급II _ 伯仲之間(백중지간) 3급II 3급II 3급II 7급II

休耕地(휴경지) 7급 3급II 7급 _ 休閑地(휴한지) 7급 4급 7급
麥秀之歎(맥수지탄) 3급II 4급 3급II 4급 _ 亡國之恨(망국지한) 5급 8급 3급II 4급

靈 _ 灵,霊 신령 령 3급II	輩 _ 輩 무리 배: 3급II	聲 _ 声 소리 성 4급II	巖 _ 岩 바위 암 3급II
禮 _ 礼 예도 례: 6급	拜 _ 拝 절 배: 4급II	歲 _ 岁,峛 해 세 5급II	壓 _ 圧 누를 압 4급II
勞 _ 労 일할 로 5급II	繁 _ 繁 번성할 번 3급II	燒 _ 焼 사를 소 3급II	藥 _ 薬 약 약 6급II
爐 _ 炉 화로 로 3급II	變 _ 変 변할 변 5급II	屬 _ 属 붙일 속 4급	壤 _ 壌 흙덩이 양: 3급II
錄 _ 录 기록할 록 4급II	邊 _ 辺,边 가[側] 변 4급II	續 _ 続 이을 속 4급II	讓 _ 譲 사양할 양 3급II
龍 _ 竜 용 룡 4급	寶 _ 宝 보배 보 4급II	壽 _ 寿 목숨 수 3급II	嚴 _ 厳 엄할 엄 4급
樓 _ 楼 다락 루 3급II	富 _ 冨 부자 부 4급II	收 _ 収 거둘 수 4급II	與 _ 与 더불/줄 여: 4급
離 _ 难 떠날 리 4급	佛 _ 仏 부처 불 4급II	數 _ 数 셈 수: 7급	餘 _ 余 남을 여 4급II
臨 _ 临 임할 림 3급II	寫 _ 写,写,冩 베낄 사 5급	獸 _ 獣 짐승 수 3급II	譯 _ 訳 번역할 역 3급II
滿 _ 満 찰 만(:) 4급II	師 _ 师 스승 사 4급II	隨 _ 随 따를 수 3급II	驛 _ 駅 역 역 3급II
萬 _ 万 일만 만: 8급	辭 _ 辞 말씀 사 4급	帥 _ 帅 장수 수 3급II	硏 _ 研 갈 연 4급II
賣 _ 売 팔 매(:) 5급	殺 _ 殺 죽일 살 감할/빠를 쇄: 4급II	肅 _ 甫,肃 엄숙할 숙 4급	鉛 _ 鈆 납 연 4급
麥 _ 麦 보리 맥 3급II	桑 _ 桒 뽕나무 상 3급II	濕 _ 湿 젖을 습 3급II	鹽 _ 塩 소금 염 3급II
貌 _ 皃 모양 모 3급II	狀 _ 狀 형상 상 문서 장 4급II	乘 _ 乗 탈 승 3급II	榮 _ 栄 영화 영 4급II
夢 _ 梦 꿈 몽 3급II	緖 _ 緒 실마리 서: 3급II	實 _ 実 열매 실 5급II	營 _ 営 경영할 영 4급
墨 _ 墨 먹 묵 3급II	釋 _ 釈 풀 석 3급II	雙 _ 双 두/쌍 쌍 3급II	藝 _ 芸,藝 재주 예: 4급II
默 _ 黙 잠잠할 묵 3급II	船 _ 舩 배 선 5급	亞 _ 亜 버금 아(:) 3급II	譽 _ 誉 기릴/명예 예: 3급II
迫 _ 廹 핍박할 박 3급II	禪 _ 禅 선 선 3급II	兒 _ 児 아이 아 5급II	豫 _ 予 미리 예: 4급
發 _ 発 필 발 6급II		惡 _ 悪 악할 악 미워할 오 5급	溫 _ 温 따뜻할 온 6급

謠	謡	藏	蔵	鑄	鋳	遷	迁
노래 요	4급II	감출 장	3급II	쇠불릴 주	3급II	옮길 천:	3급II
員	貟	爭	争	準	凖	鐵	鉄
인원 원	4급II	다툴 쟁	5급	준할 준	4급II	쇠 철	5급
遠	逺	傳	伝	卽	即	廳	庁
멀 원:	6급	전할 전	5급II	곧 즉	3급II	관청 청	4급
僞	偽	戰	战,戦	增	増	聽	聴
거짓 위	3급II	싸움 전:	6급II	더할 증	4급II	들을 청	4급
圍	囲	轉	転	曾	曽	體	体
에워쌀 위	4급	구를 전:	4급	일찍 증	3급II	몸 체	6급II
爲	為	錢	銭	蒸	苤	觸	触
하/할 위(:)	4급II	돈 전:	4급	찔 증	3급II	닿을 촉	3급II
隱	隠,隱	節	節	證	証	總	総,總
숨을 은	4급	마디 절	5급II	증거 증	4급	다[皆] 총:	4급II
應	応	點	点,㸃	珍	珎	蟲	虫
응할 응:	4급II	점 점(:)	4급	보배 진	4급	벌레 충	4급II
醫	医	靜	静	盡	尽	醉	酔
의원 의	6급	고요할 정	4급	다할 진:	4급	취할 취:	3급II
者	者	淨	浄	質	貭	齒	歯
놈 자	6급	깨끗할 정	3급II	바탕 질	5급II	이 치	4급II
殘	残	定	㝎	徵	徴	稱	称
남을 잔	4급	정할 정:	6급	부를 징	3급II	일컬을 칭	4급
雜	雑	濟	済	贊	賛	彈	弾
섞일 잡	4급	건널 제	4급II	도울 찬:	3급II	탄알 탄:	4급
壯	壮	齊	斉	讚	讃	擇	択
장할 장:	4급	가지런할 제	3급II	기릴 찬:	4급	가릴 택	4급
將	将	條	条	參	参	澤	沢
장수 장(:)	4급II	가지 조	4급	참여할 참/석 삼	5급II	못 택	3급II
莊	荘	卒	卆	處	処	兎	兔
씩씩할 장	3급II	마칠 졸	5급II	곳 처:	4급II	토끼 토	3급II
裝	装	從	从,従	淺	浅	廢	廃
꾸밀 장	4급	좇을 종(:)	4급	얕을 천:	3급II	폐할 폐:버릴 폐:	3급II
獎	奨,奬	縱	縦	賤	賎	學	学
장려할 장(:)	4급	세로 종	3급II	천할 천:	3급II	배울 학	8급
臟	臓	晝	昼	踐	践	鄕	郷
오장 장	3급II	낮 주	6급	밟을 천:	3급II	시골 향	4급II

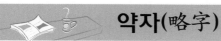

虛 _ 虚		賢 _ 賢		畫 _ 画		效 _ 効	
빌 허	4급Ⅱ	어질 현	4급Ⅱ	그림 화: 그을 획(劃)	6급	본받을 효	5급Ⅱ
獻 _ 献		顯 _ 顕		歡 _ 欢, 歓		黑 _ 黒	
드릴 헌:	3급Ⅱ	나타날 현:	4급	기쁠 환	4급	검을 흑	5급
險 _ 険		惠 _ 恵		懷 _ 懐		興 _ 兴	
험할 험:	4급	은혜 혜	4급Ⅱ	품을 회	3급Ⅱ	일[盛] 흥(:)	4급Ⅱ
驗 _ 験		號 _ 号		會 _ 会		戲 _ 戯, 戱	
시험 험:	4급Ⅱ	이름 호(:)	6급	모일 회:	6급Ⅱ	놀이 희	3급Ⅱ

한자능력검정시험

3급II 예상문제 (1~10회)

- 예상문제(1~10회)
- 정답(133p~136p)

➜ 본 예상문제는 수험생들의 기억에 의하여 재생된 기출문제를
토대로 분석하고 연구하여 만든 문제입니다.